出奇制胜

CHU QI
ZHI SHENG

诉讼代理技战术

SUSONG DAILI JIZHANSHU

张怀奇◎著

法律出版社 LAW PRESS · CHINA

厚积薄发　平中见奇
（代序）

向　荣

在互联网低门槛时代，全民娱乐式写作渐成风潮，具有强烈风格化色彩的"非虚构创作"，就显得十分难得。张怀奇，作为有着35年法律生涯的工作者，能将亲历两年多的一宗"反败为胜"的诉讼个案，忠于事实真相且运用文学笔调，创作成20多万字的专著，我所感受到的，不只是他在社会转型期宝贵的职业坚守和执着追求，而且，个案一波三折、终归正义的结局，也激发着当事人对法律本身的敬畏，以及社会大众对法律"公器"的信心。

早先认识张怀奇，他还是法院的一名秘书，喜爱读书，勤于写作，为如今的厚积薄发，奠定了良好的基础。与抽象、概念化的纯粹专业读本曲高和寡不同，张怀奇写作本书时，勇于跳出"一本正经"的窠臼，柔性放低了身段。他所代理的这宗从被索赔375万元到获赔7.5万元的"逆转"案件，空间跨度过千公里、时间跨度两年有余，要做到素材取舍有度、节奏张弛恰当，并融抽象的法律条文与生动、形象的故事描述于一体，兼有法律的严肃性与文学的戏剧性，委实是一大挑战。就像历经8轮"攻防"、越挫越勇一样，张怀奇将个案实践转化为生动文本的执着和毅力，同样值得肯定。这不独是一种精神上的积极磨炼,更是法律、文学修养的自信表达,两者缺一不可。甚至可以说:介入敏感领域,潜心写作此书,对于经验、知识、智慧的要求,并不低于办案本身。

张怀奇选择传统章回小说的标题方式,将全书分解为15个篇章,间以插题,将知识点、经验点、阅读点概括性标出,脉络清晰,逻辑严谨,既环环相扣,寓教于乐,又起伏跌宕,渐入高潮,让人读来欲罢不能。这和办案一样,除了依靠专业的扎实、经验的老道,还须有洞察世相的理性认知、包容情怀和智巧悟性。比如,作者以自身的法官经历为"由头",注重与办案法官的交流、沟通,设身处地为对方换位思考,显示着人性在律师工作中的润滑、弥合作用,更有利于双方找到工作上的"最大公约数",化解因猜疑、隔阂造成的误会和摩擦,为最终占据主动,做好应有的铺垫。

《出奇制胜——诉讼代理技战术》一书拍案称奇,表面上看描述的是一宗石料供应合同纠纷案件,但其背景呈现的是人情与法律、地方保护与司法公正、私利与公权复杂纠缠的斑驳图景,国家和社会要真正纳入法制轨道,还有很长的一段路要走。过程皆是序章,"山重水复疑无路,柳暗花明又一村",公平、正义终究是整个社会共同的理想,而书中个案呈现的结局,充分证明了"信心比什么都重要"。

努力让人民群众在每一个司法案件中都感受到公平正义!习近平总书记的殷切期望,让我们从《出奇制胜——诉讼代理技战术》的鲜活案例中,看到了真正的希望。

2020年2月

前　言

法务实践中，不少年轻律师代理诉讼案件，由于缺少思路和经验，往往草率或盲目行事，终致当事人利益得不到最好的保护，甚至受损。事实上，诉讼代理不仅需要技术，而且需要战术，特别是一些是非难辨、胜败难料的案件，更有巨大的、潜在的转换空间，关键是看能否奇巧应对。

笔者从事法官工作 20 年、律师工作 15 年，裁判和代理讼案数千件，兼具法官和律师的双向思维。在诉讼代理中，时常融入智慧、技术和经验，攻坚克难，帮助身处困境、窘境、险境中的当事人，扭转败局。

《出奇制胜——诉讼代理技战术》一书，从一起普通的买卖纠纷案例入手，细致地讲述了江苏人许民，因与重庆人罗虎签订一纸石料购销合同中途未提货，而被索赔 375 万元。慌乱之中，许民带船提货以求和解，不料罗虎供一船货后开价高昂，被吓退的许民眼看败局已定，向笔者求助。笔者遂以石料规格不符为突破口布阵，宁可支付空船运费也要完成现场取证，接着反戈一击诉求罗虎退货，旋又利用法官查明案情之机，促成三方现场勘验，确定货品规格不符。谁知一审法院以业内 90% 规格符合即为货品合格为由，判决许民酌赔 37.5 万元，并驳回许民诉请。许民继续抗争，激烈交锋后的二审驳回罗虎诉请，并支持许民部分诉求。峰回路转之际，许民又诉罗虎赔偿可得利益损失，罗虎狂掀波澜到高院翻案，再入险境的许民情法并用得以胜诉，最终获得7.5万元赔偿，展现了一起陷入败局的官司，经历8轮惊心动魄的“攻防”，最终实现反败为胜的戏剧性结果。

本书具有很强的实践性，希望能为主打诉讼的律师、年轻律师及法律职业资格考生，提供有益的帮助和借鉴；同时，也希望能为公司、企业和其他市场经济主体及广大的法律爱好者，提供有益的维权启示。

在文体上，笔者采用近年文坛兴起的“非虚构创作”方式写作，“用小说的技法来写真实的故事”，在故事的起承转合中穿针引线，通过场景再现让读者靠近真实，融知识性、可读性为一体，避免法律读本的枯燥无味。为保护案涉人员的法定权益，本书人名均使用化名，图片等项均作技术处理。

由于学识和水平不足，本书难免有疏漏和不当之处，还请读者朋友赐教。

目　录

引　子

一个成功的诉讼代理，靠的是什么？

1985 年，我进入法院工作。在基层法庭当书记员还不到 1 年，就告别了给我提供宝贵养分的乡村泥土。接下来的 3 年，我从事法院的文秘工作，因为会议记录的需要，有幸亲历审判委员会研讨疑难、复杂案件，资深的院、庭委员们对案件独到的见解，每每让我在无形中获益匪浅。继而，法院先后安排我在经济庭、民庭、行政庭、执行庭从事审判和执行工作，形形色色案件的承办，不断锻炼着自己的思维，考验着自己办案的驾驭能力。

2004 年，我因举家迁居，依依不舍地离开了工作 20 年的法院，从此走上专职律师的道路。一入行，我感觉律师职业与法官职业有那么多的相同点，而又有那么多的不同点。我天性喜爱思考，在新领域，我思想海洋有浩瀚的自由，感觉像空气般的快乐。我总喜欢承接比较难办的法律事务，特别是将一些疑难诉讼案件代理成功，每每有获得感，成就感。渐渐地，我将自己发展成为一个主打诉讼的专业律师，并建立起了自己的律师团队。

就这样，时光不知不觉地流淌到 2019 年 10 月中旬。

这一天，我站在办公室窗前，正想着如何把诉讼代理做得更好、更精之时，“笃笃笃”地响起了敲门声。我回头一看，是我的助手小钟,他兴高采烈地对我说:"张律师,有人给您送锦旗来啦,不少人都在会议室等着您呢。"

我随他走向会议室。一进门,一面崭新的锦旗呈现在我面前。手持这面锦旗的,是我已交往两年多的一位当事人——许民,看得出,他是想给我一份意外的惊喜。见到我,他十分激动地说:"张律师,法院查封我的房子上周已经解封了,一切问题都圆满地解决了,我真没想到呀,这个官司我不仅没赔钱,还让对方赔钱给我,至今我好像还在梦里啊!"随许民而来的一行人,也接连不断地向我道谢,我满心欢喜。继而,许民神采飞扬地向在场人讲述起事情的大致经过,说到兴奋处,时不时放声大笑。大概是被许民爽朗的笑声所吸引,会议室的律师同事越聚越多,大家被许民的快乐所感染,满屋充满欢声笑语。

送别许民一行,所里律师同事和我那些年轻的助手们围着我,他们对这个案件的代理结果,表现出浓烈的兴趣和好奇,纷纷问我是怎么做到的,并再三要求我介绍一下诉讼代理经验。

我推辞不下,稍作思考后说道:

"那我就谈谈吧。

"一个诉讼的成功代理,靠的是什么?靠的不是运气,也不是'关系',靠的是代理律师的奇巧思路和专业技能。这个案件的结果,之所以能够实现反败为胜,当然也不例外。如何让诉讼代理走向成功?结合这个案例,我有五点粗浅体会与大家分享。

"第一,清晰的思路。律师在承接诉讼以后,首先,要细致了解和掌握全盘案情,在此基础上,走出第一步,确定总体的战略目标;目标明确后,再进行第二步,规划已方的进军路线;有了进军路线,接下来,再做第三步,设定各个阶段的作战方法;最后,我们再在各阶段中针对重心环节,组织不同的火力进行实战。

"第二,有力的举措。在思路明晰的基础上,我们就需要配上强有力的举措。当事人不同的诉讼地位，不同的案情，宜采用不同的办法和不同的手段。诉讼保全、证据保全、反诉、另诉等法律手段，都可能落定或扭转局面。

“第三，优质的证据。永远记住打官司就是打证据，始终把证据作为抓手。既要努力采集证据，又要善于运用证据，同时，还要注意避免两面性的证据对己方造成的伤害。

“第四，精准的说理。说理是为了让人信服，为了让自己的观点被人接受，所说之理应该符合法律和法理，尽可能不要长篇大论，更不要不着边际，要把想讲的‘点’讲准讲透。

“第五，智巧的沟通。要知道，诉讼案件的裁判者——无论是审判员还是仲裁员——他们也是普普通通的人。他们对诉讼案件的裁判，只能凭现有的案情作出自己的主观判断。但有的时候你所想到的，他们不一定了解或知道。因此，一个情商高的律师，总会让他人的思维在不知不觉中受其影响。

“当然，除了我谈的这五点以外，还有诸多其他的因素，这也不是只言片语所能表达的。”

“张律师，您所谈的体会都十分宝贵，可对我们来说，还是有点抽象，能否就此案写点东西，告诉我们一些经验，也好帮助我们提高些专业技能？”小钟不无几分调皮地说。

小钟的提议，得到大家的拍手称赞。

我看着现场那一张张笑脸和一双双充满期待的眼神，回想这一场充满酸甜苦辣、历时两年多的艰难诉讼，心潮起伏。凝思片刻后，我欣然地对他们说：“好吧！”

上篇　抗　击

第一章

吃透案情，是开启诉讼代理之前提

第一节　面对求助，案情不明前不宜盲目支着儿

2016年10月30日，一个秋高气爽、阳光灿烂的周日。

早晨，打开小区院门，漫步在莫愁湖边。一棵棵丹桂，一株株金菊，飘散着诱人的香气，沁人心脾；火红火红的石榴，金黄金黄的柿子，在肥油油的麦冬草陪伴下，倒映在平静的湖面上，探究着莫愁湖深远的底蕴。

忽然，手机铃声骤然响起……

“你好！是张律师吗?”急切而又有点慌乱的声音冲击着耳膜。

“你好！你是——”

“我是许民，你可能不记得我了，我是A市S镇卖鹅卵石的。”

“几年前，你曾经到我那里买过卵石，你自己庭院用的。”

“……”我在努力搜寻记忆。

终于，我想起来了。那是一个40多岁的男人，当地的一个经商老板，身材高大，肩膀宽厚，眉毛浓密，双眼有神。他挺直的鼻梁下，一张大嘴特别爱笑，笑容中闪动着农家人的几许憨厚和朴实。他所

开办的景观石加工厂，大概占用了十几亩土地，场地上堆放了好多石子、机械什么的。

“是你呀，想起来了。”

“是这样，我被人害苦了，现在人家要我赔他 375 万元……”

“是怎么回事？不急，你慢慢说。”

原来，多年来许民一直在生产、经销景观装饰用的卵石，去年，重庆市 J 区的一个叫罗虎的老板到他厂里，同他签订了一份买卖合同，两年内，许民应买罗虎卵石 5 万吨，每年 25000 吨，总额 775 万元。由于许民去年没去提货，对方已诉至法院，向他索赔 375 万元，并且查封了价值近千万元的门市房，冻结了他厂里 19 万多元的资金。

无奈之下，今天他派了一条船到罗虎货场，提了大约 2200 吨卵石，打算用行动争取对方的谅解，要对方撤回索赔，但对方坚决不同意，不仅继续索赔，还要求他付现款继续提完今年下余的 22800 吨卵石。

许民在电话里，陆陆续续说了这些案情，接着话题一转：

“我现在人在重庆 J 区，电话约他好多次，才同意晚上和我见面，我该怎么办呢？张律师。”

许民的问话焦急万分。

“你先不要急。如果你方便，可以先加我微信，然后把合同先传给我看看。”我用平稳的语气告诉许民。

在这方面，多年的司法实践经验告诉我，在情况不明前，不可随便给出咨询或指导意见。如同老中医给病人看病一样，病人没见着，只听来人口述病情是不行的，只有对病人一番望、闻、问、切后，才能开出药方子。毕竟，当事人不精通法律，书面合同内容中，他认为不重要的，可能正好是相反的。因为有的时候，多一字和少一字，结果都完全不一样。

我在法院时，曾遇到过合同中多一个顿号就损失几十万元的案件。需方要求供应新疆伊犁的优质毛皮，结果供方供来的是整个新疆区域的劣质毛皮和部分伊犁区域的优质毛皮，价差几十万元。写合同的人在写“新疆伊犁”字样中间随手用笔习惯性地丢了个“、”，变成了“新疆、伊犁”，法院据此判决供方没有违约，教训何其深刻。

因此，在没有看到合同或其他书面材料、没有深入弄清案情之前，是不能开出任何“方子”的，否则可能会害人不浅。

第二节　对合同的审查，应该从重到轻抽丝剥茧

“好的好的。”许民很快加了我微信，并将合同发来给我。

这是一个极普通、很常见的买卖合同。我要做的事，是对合同进行全面审查。

首先，对合同效力进行判断。因为一个合同的效力决定着案件不同的审判方向，决定着案件不同的实体处理。诚然，在有些合同中，有效和无效区别并不大，比如说建设工程合同，无论合同有效还是无效，只要经竣工验收合格，法律都保护工程款。而在绝大多数案件中，有效和无效有着天壤之别。比如，甲将一古物卖给乙，乙已付500万元，余款300万元未付。二年后，该古物增值到1500万元，若法律准许买卖，则合同有效，乙需继续履行支付甲300万元的义务，古物归乙所有，增值亦归乙；若法律不准买卖该古物而认定合同无效，依法适用返还原则，古物归甲所有，甲返还乙500万元，增值归甲所获。许民传送过来的合同，名为《鹅卵石购销合同》，涉及的标的物是卵石买卖，这是法律允许的范畴，显然该合同为有效合同。

鹅卵石购销合同

供方：________________________（以下简称甲方）

需方：[redacted]市[redacted]砼公司 许[redacted]民（以下简称乙方）

签订地点：重庆市[redacted]区

签订时间：

依照《中华人民共和国合同法》及有关法律法规，遵守平等、自愿、公平和诚实信用的原则，双方就鹅卵石购销事项协商一致，订立本合同。

一、合同概况

1、乙方在__重庆市[redacted]区范围内__，使用甲方的鹅卵石，甲方保证按需按时按规格向乙方供应鹅卵石。

2、供货期：从2015年1月1日至2016年12月31日止

3、购买量：乙方年购买量不得低于贰万伍仟吨左右.

二、产品名称、规格、颜色

1、产品名称：鹅卵石

2、产品规格：(2cm--6cm)

3、产品颜色：重庆市[redacted]地区常规褐色（以样品封存大致颜色为准）。

三、交货时间、地点及运输方式

1、交货时间：由乙方电话通知，但乙方必须提前__20__天通知甲方所需数量。

2、交货地点：重庆市[redacted]区甲方生产地。

3、运输方式：乙方自行组织运输方式，运输过程中所产生的一切费用和全部责任均由乙方自行承担。

四、价格、结算和付款方式

1、鹅卵石155元/吨（不含税费），涨水季节另议。

2、每次供货数量以现场核准单据为准。

3、付款方式：乙方提货时一次性付清。

五、违约责任

1、乙方购买量若未达到约定购买量，所差数额按150元/吨补偿给甲方。

2、因甲方人为因素造成不能及时履行合同，应赔偿给乙方造成的损失。

3、乙方中途擅自解除合同，应支付给甲方造成的一切损失。

六、其它约定

1、甲方为乙方重庆市[redacted]区唯一供货方。若发现乙方在重庆市[redacted]区范围内有其他供货方，乙方应赔偿本合同第一款关于购买数量的总金额。（南京市场甲方是唯一经销商）.

2、乙方在提货前检验产品质量，提货后发现质量问题，甲方概不负责。

3、因不可抗力因素造成甲方不能及时履行合同，应提前通知乙方。

七、合同争议的解决方式

1、本合同在履行过程中发生争议，由双方当事人协商解决，若双方无法协商一致，由本合同签订地人民法院管辖进行诉讼。

本合同一式两份，甲乙双方各执一份。经双方签字或盖章生效。

甲方：[redacted]　　　　乙方：

联系方式

[illegible]

2014年12月26日　　　　年　月　日

其次，对合同的各个主要要素进行审查。

一是对合同主体审查。合同甲方主体是自然人罗虎；合同乙方主体并列两个：一个是工艺品厂，另一个是自然人许民，显见乙方两者构成共同的连带权利、义务人。除特许经营等情况以外，自然人从事经营基本也是允许的，即使自然人有违工商行政管理的相关要求，法院一般也不会因此判定合同无效。

二是对合同的主要内容审查。合同的条款并不多，双方在第一/3 条中明确了合同标的物是卵石，约定 2015 年 1 月 1 日至 2016 年 12 月 31 日期间，“乙方年购买量不低于 25000 吨左右”。其中的一个“年”字，分明是指两年一共是买卖 5 万吨卵石。

再次，我把目光停留在双方对违约责任的约定上。

合同第五/1 条上说：“乙方购买量若未达到约定的购买量，所差数额按 150 元/吨补偿给甲方。”看到此处，我不由得心头一紧，对照合同第一/3 条“乙方年购买量不得低于贰万伍仟吨左右”，意味着若许民未提货，两年须按 5 万吨补偿。按照许民电话里所说，直到现在许民一共才提货 2200 吨，下余约 47800 吨未提，按 150 元/吨计算，这项的补偿款就是 717 万元，若按年度来划分，第一年完全没提货是 375 万元，第二年除了提货是 342 万元。许民说的“人家要我赔 375 万元”，大概就是算的第一年的。更为担心的是，条款措辞用的是“补偿”。这里的“补偿”两个字，觉得十分刺眼。那么，对方应该承担许民方什么样的违约责任呢？合同第五/2 条约定：“因甲方人为因素造成不能及时履行合同，应赔偿给乙方造成的实际损失。”此处不是约定“若甲方不能供给合同所约定的购买量，所差数额按 150 元/吨补偿给乙方”，而是转换了概念，将可以计算的“150 元/吨补偿”转化为不可推算的“实际损失”。甲方这一责任的程度，显然要轻多了，而且乙方日后要证明自己有实际损失，其举证难度大多了。

接下来，我对管辖权进行审查。双方约定若发生诉讼“由本合同签订地人民法院管辖。”而本合同的签订地在第一页上写得很清楚：“签订地点：重庆市 J 区”。许民虽电话里告诉我是在他厂里签订的合同，但《最高人民法院关于适用〈中华人民共和国合同法〉若干问题的解释（二）》第四条规定，“采用书面形式订立合同，合同约定的签订地与实际签字或者盖章地点不符的，人民法院应当认定约定的签订地为合同签订地”，这个案件的管辖当然到不了许民所在地——A 市法院。

最后，对署名进行审查。合同的末尾，虽然许民并没有签字，但有罗虎的签字。未签字的文件持有人，所持有的文件因为认可同样有效。

上述合同字里行间，似乎有点暗藏玄机。

第三节　通过可鉴案例，预测案件可能的走势

“补偿”两字的刺激，深深触动了我的记忆。

前不久，我代理结束的一起钢材买卖纠纷案，合同中是这样约定的：“如果乙方所采购的钢材量低于本合同的数量，乙方应该按实际供货量与本合同第×条约定总量的差额，按每吨300元对甲方进行补偿”。某市中级人民法院审理认定，该补偿款属于可得利益损失，乙方对该项损失是可以预期的。因此，乙方“尚有3244吨未按照合同采购，根据双方当事人在《钢材买卖合同》中确定300元每吨的差额款补偿的计算方法，该项补偿金额总计973200元”，应由乙方向甲方支付。

判决后，乙方不服上诉认为：该钢材补偿款不属可得利益范畴，而是一种违约责任的约定，依法可以调整。退言之，即使该补偿款是可得利益损失，该可得利益也存在不确定性，甲方不可能得到如此多的利润。

某省高级人民法院判决认为：该约定系双方对乙方“未足量采购钢材的情况下”，将导致甲方“可得利益损失而作出的补偿约定，该约定不违反相关法律规定，应为有效”。双方约定的金额为每吨300元，应为甲方的合理利润，因此，乙方上诉理由不予支持，故驳回上诉，维持原判。

由此可见，两级人民法院对此“补偿款”的处理意见是一致的，即认定其性质是可得利益损失，且是可以预期的合理利润，因此不予调整。

如果该观点取得法律界广泛认同，相对于本案而言，当事人约定了“乙方购买量若未达到约定的购买量，所差数额按150元/吨补

偿给甲方”，结果自然不言而喻。

看来，许民是路遇行家设伏，凶多吉少。

第四节　重视交流，相信在交谈中能厘清头绪

孙子曰：“兵者，国之大事，死生之地，存亡之道，不可察也。”意思是说，战争，是国家的大事，它关系到生死存亡，是不可以不详加考察和研究的。代理诉讼案件，道理也是一模一样。情况不清不楚，则无从下手；情况半清半楚，则难保举措正确，所以，案情要了解透彻。所谓“知己知彼，百战不殆”，正是这个道理。所以，我自然要从了解、熟悉情况着手。

我把许民的电话打通，“双方就一份合同吗？”

“是的。”许民回答。

“你还有其他书面材料吗？”

“应该没有了。”

“合同签订后，去提过多少次货？”

“就一次，”许民迟疑了一下，又说，“就是今天上午才去提取了一船货，2200 吨”。

“你有没有跟他要过货呢？”

“我合同签订后，就一直跟他要货的，他没有供。”

“你跟他要货有依据吗？”

“都是打的电话。”

“有没有发过书面的要货通知？”

“没有。我们合同里就是约定的电话要货。”

“通话记录还能查出来么？”

“我不知道，可能查不出来了，听说只能查出半年之内的，不过

我可以去试试。”

“那对方为什么不供货呢？”

“对方一直都没有货源，我催过几次，他连生产设备都没有，我不断地要货，要要要，要了半年多，也没要到，后来我就不再理他了，没想到他就到法院告我了。”

“你现在还要货吗？”

“现在的客户流失了呀，当然要不了这么多的货了。当然，他实在要我全部提完，也不是不可以考虑，就是资金困难点，而且会被长期占用。”

“对已经提的一船货，对方怎么说？”

“他说这是第二年供货量里的货，第一年没提货的 375 万元赔偿少不了。”

我停了停，又继续问：

“你收到法院的应诉材料了吗？”

“法院寄来过，当时我不在，又退回去了。”

“那你是怎么知道对方要你赔 375 万元的？”

“是这样，银行打电话给我，我去了银行，看到文书上写的冻结 375 万元，我还复印了一份呢。”

“那你将文书发给我看看。”

“好的。”

重庆市[redacted]区人民法院

协助冻结存款通知书

（2016）[redacted]0116 执保 924 号

[redacted]农村商业银行[redacted][illegible]支行：

关于原告罗[redacted]与被告许[redacted]民、[redacted]雨花石工艺品厂诉讼财产保全一案，本院作出的（2016）[redacted]0116 执保 924 号民事裁定书已生效。因被告在你行开设有账户，现需请你行对被告的下列存款予以冻结。冻结期间为壹年（从 2016 年 10 月 11 日起至 2017 年 10 月 11 日止）。在冻结期间届满或者我院另行通知提前解冻之前，此款不能支付。

存款户名：[redacted]雨花石工艺品厂

开户银行：[redacted]农村商业银行[redacted][illegible]支行

账　　号：[redacted]

存款种类：人民币基本账户

冻结金额：￥3750000（人民币：叁佰柒拾伍万元正）

附：（2016）[redacted]0116 执保 924 号民事裁定书一份。

重庆市[redacted]区人民法院

二〇一[illegible]日

这个文书，我可以读取到几个信息：一是文书作出单位是重庆市J区人民法院；二是原告罗虎、被告是许民和其工艺品厂，案件主体和当事人合同主体一致；三是冻结的金额是375万元；四是冻结起始日期是2016年10月12日。

想起许民曾告诉我，他名下价值千万元的门市房已被查封，工艺品厂账户已被冻结19万余元，这个情况意味着，若许民败诉，罗虎不用过多考虑执行兑现问题。

头绪基本清楚了，许民非常被动。

第五节　证据环节缺失，要及时给予指导

我思考了一下，便再次打通许民电话。

“你为什么要去提一船货？”

“我想同对方说说好话，能把事情协调处理掉，但对方不怎么愿意和我见面，说了半天，我说还要提货，他才答应晚上和我见面的。”

“你的想法也是对的。若能协调一致，问题也就解决了。”

“我正想问问你，晚上见面时，我该怎么做？”

我瞬间思考了一下，对他说：“我建议你，晚上协调时，将过程用手机视频悄悄摄录下来，不一定一直对着对方摄录，只要对方出现在画面几秒就可以了。在视频中，你要诱导对方亲口说出，你是一直打电话要货的，特别是合同签订后就一直要货不断，这样做是因为你要考虑到协调不下的局面。”

“这样呀……”

电话中，我再一次强调，不是录音，而是视频。为什么？因为录音的证据，在录音前须经对方同意，否则法律规定是无效的。司法实践中，诸多偷录的证据，几乎不会被法院采信。而用视频形式录音的证据，不

存在经对方允许的问题,且因其真实性极高,被采信的概率还很大。

第二天上午,许民打来了电话,沮丧地说:

“昨晚事情根本谈不下来。罗虎的意思,2015 年的 25000 吨我没有提货,要我赔 375 万元。2016 年的 25000 吨货,要我现款现货全部提走。然后,要我先打 200 万元赔偿款给他,剩余的违约金再商量让步多少。我只差下跪求他了,都没有用。”

“我该怎么办呢? 张律师。”许民刚刚叙述完,又一次问我,话语中满是无助。

“第一年他承认你打电话跟他要货么?”

“他承认的,一开始一直承认的,说了好几遍,但是他说这件事他自己做不了主,是他后面的股东——就是那天一起来签订合同的刘勇做主。”

“录像做了吗?”

“没有呀。”

“为什么?”

“我当时没好意思录啊。”

许民的回答,让我顿感错失良机。凭直觉,以后的取证可能就很困难了。我知道许民可能犯下了一个致命的大错,这个大错,可能使案件判决对许民完全不利。

“你下次还能录到吗?”

“啊呀,估计难了,因为谈了几个小时,最后分开的时候,罗虎已有警惕,并且说你以后也不要指望来我这里搞什么证据。”许民说完,突然低声问我,“这很重要吗? 张律师?”

我没有说话。

“唉……都怪我,没按你说的去做。”许民陷入自责。

“再想想办法吧。”我安慰着许民。

看来,这场硬仗很难打。

第二章

智巧应战，方可不断争取获胜空间

第一节　在未筹划好之前，要给自己争取宽松的时间

许民当晚没有采纳我的建议，未能摄录与罗虎谈话视频，显然是对这个录像的重要性认识不足。

根据合同约定，每次要货采用的形式是电话通知。只要证明许民第一年是电话跟罗虎要过货的，案情就会出现转机。究竟是罗虎不能供货，还是许民没有提货，就留下很大的争议空间。现在，没有要货的证据，通话记录也会因已超过6个月而打不出来了，如何应战？

孙子曰："多算胜，少算不胜。"意指筹划周密、条件具备就能取胜；筹划不周，条件缺乏就不能取胜。所以，无论如何，也不要急于应诉，必须要给自己争取足够的时间，精心构思，充分准备。

怎样才能赢得时间呢？

我告诉许民，要许民及其家人，以及工艺品厂上到负责人，下到传达室人员，暂缓签收J区法院寄过来的材料（是时，最高人民法院2017年《关于进一步加强民事送达工作的若干意见》还没出台）。

因为，若是签收了，而后对对方作出什么针对性的举动，无疑法官会认为你是出于规避、自利的目的，这样会陷入被动。而我方在不知罗虎已起诉的情况下，事先形成的所作所为，抗击力当然会更强。

当然，我也很清楚，不签收法院的应诉材料，法官对此无不反感，但在这样的特殊情形之下，也是不得已而为之。这就犹如一个衣服单薄的人，难以和一个身披盔甲的对手战斗一样。因此，尽管法官反感，但我还得这么做。因为毕竟律师的职责，首先考虑的应该是注重维护当事人的合法权益。

许民很快领会我的意思，很后悔没有听从我摄录的建议，对我的信任感有所增强，表示立即打电话，要求家人和厂里务必这样做，保证不会有闪失。

第二节　只有反复研析案情，才能找出制敌的突破口

按照罗虎的要求，许民即使将第二年的 25000 吨货全部提完，第一年的 375 万元仍要赔付。这也就意味着，无论提货还是不提货，都要吃大亏。即使每年赔偿不到 375 万元，赔偿多少是个未知数，但结果肯定是要赔偿的。

这个结果，是许民万万不能接受的。

我的突破口在哪里？

兵法上说，上兵伐谋。是说用兵的上策，是用谋略来战胜敌人。眼下，我的谋略何来？

我把合同看了又看，一遍遍回想着许民介绍的案情……左思右想，确信有一招可用。

我拨通了许民的电话，对他说：

“许民,你去买一把卷尺。”

许民大惑不解。

我接着说:“你到现场,用卷尺把卵石量一量,看看卵石是否在2~6公分之间。”

手足无措中的许民,立即茅塞顿开:“啊呀,张律师,你这话把我说的心头一亮啊!”

我接着告诉他,按照双方合同第二/2条“产品规格(2~6公分)”的约定,对方供给我方的卵石,必须在此规格之间,超出这一区间,货物质量是不合格的。

“只要质量不合格,你懂的。”我说。

“我懂我懂!”许民的声音上扬了许多。

约一小时后,许民在现场异常兴奋地给我打来电话:

“我尺量了许多卵石,有好多不合规格,最大的有12公分,小于2公分的倒还好,有一些,但不是很多。”

“那很好啊!”我高兴地说,其实这也是我早已预料到的。因为任何一个产品,只要涉及质量问题,谁敢保证百分百合格呢。

“下一步,我该怎么做?”许民又急切地问我。

我并没有立即回答他的问题,而是又问了他另外一个问题:

“现场的货物有25000吨吗?”

“没有,大概只有一船多点的货,3000吨左右吧。”许民十分肯定地告诉我。

这时,我告诉他,你要现场取证。

第一,你要将现场所有的货物摄录视频,这个视频要围绕货堆一周拍摄,不要间断。

第二,你要从远处、高处不同方位,拍摄照片,要能够看出货物存量。

第三,你要近距离拍摄照片和视频,拍摄时将尺子靠近卵石,要能够看出卵石规格。

第四,如果在当地找不到其他证人的话,至少将你随行的之人带去现场,日后作为我方的证人,并将证人摄录到画面里。

许民心领神会。

我这样做,当然是为了固定两个证据:一是卵石规格不符;二是卵石数量不足。有了这两个证据,我就有了与对方战斗的武器。但是,这样的武器到底能不能起到制胜的作用呢?

第三节　挖掘自己的破绽,想方设法补救

许民在现场进行的录像,拍摄的照片,以及随行去的证人,这样的证据究竟行不行?我在反复推敲着。渐渐地我发现,即使做得再完美,也可能会遇到以下问题:

其一,视频资料是许民单方拍摄完成的,罗虎会说货场和货物都不是自己的。

其二,视频资料里的证人,可能会因与许民有利害关系或其他关系,证词效力低,不能满足法律上要求。

显然,日后向法院提交了这样的证据,可能还是不行。若对方不认可,法院也不会轻易认同。

那么,许民明确地跟我说过的已经提取的一船 2200 吨货呢?这里面能不能找出有利的证据?我相信,这卵石既然是罗虎供货的,不可能做到规格完全相符。如果也发现超大、超小规格的,不也可以证明其货物不合格吗?想到这里,心中不由地增添些许宽慰。你看,没有提货的现场,视频证明了卵石规格不合格;已经提货的现场,也能提交视频证明不合格,两者相印证,岂不很完美?!

在宽慰之余,我心中又泛疑云。

罗虎若抗辩，已经提到的货物，属于合同第六/2 条约定的“提货后发现质量问题，甲方概不负责”范畴，是许民在货物出厂后做了手脚，将不符合规格的卵石充进货堆，甚至进行了调包。这样的抗辩，许民又如何能够澄清？如何自证？法院如何能够得出许民已提货物就是罗虎百分百所供货物这唯一结论？由此看来，现在所做的一切，是卵石砌房子——根基不牢啊！

我把这些疑虑向许民阐述后，许民又陷入茫然。

看来，问题还是不能很好地解决。

有没有更好的取证和固定证据的奇招呢？我思考良久、良久……

我想下一步险棋。

第四节 “舍不得孩子套不住狼”，赔点小本儿有时也值

我问许民是否愿意花几万元成本，冒点儿赔本的小风险，把证据做得更扎实一些，更可靠一些，更充分一些。

我对许民说，三十六计中有一计叫李代桃僵，指的是面对困难，以小的代价舍弃“李”，换取大的胜利“桃”的谋略。我们可以少花一点儿钱，舍小保大，弃车保帅，忍痛割爱，换取对我们有利的局面。

许民毫不犹豫，一口答应。

于是，我告诉许民要如此这般这般……

11 月 6 日上午，一艘编号为航业 9 * 2 的 2000 多吨位的货船，在重庆 J 区长江上航行。

驾驶舱内，许民和随行曹达引导着船老大沿江直上，开往罗虎的货场。

途中，许民打通了罗虎电话。

“罗虎，我派船来提货了，大概一小时就到，你货没问题吧？”

“没问题，我货多的是，你尽管来提。”

“好的，你准备一下，我过来就装船。”

“没问题，我在货场等你。”

许民挂断电话。随行曹达将通话过程和电话号码同时摄录下来。

不到一个小时，船到货场，罗虎已先到了。

船刚停妥，许民走上岸来，同罗虎去握手。罗虎很不情愿地伸出手，把手交给许民去握，随即很快抽回，像是完成了任务一样。两人交谈几句，罗虎即打算要货车装货。

“先别忙，我验收一下。”许民一边拦阻着罗虎，一面从衣服口袋里拿出一把卷尺，当着罗虎的面，弯腰随手捡起一个卵石，尺量起来。

“这规格不对呀。”许民一面继续捡起卵石尺量一面说，“罗虎，这是怎么回事？我要的是2～6公分的，这已经是十几公分了，不是我要的货呀。”

罗虎被许民这个突如其来的举动搞晕了，也不知道说什么好，一边看许民量这些大大小小的卵石，一边从口袋掏出一根烟，点燃起来。

“这种货我不能要啊，你也知道，我是供货给上海的客户，上海的客户很挑剔的。”许民显得很为难，“再说，这种货也卖不到这种价钱呢。”

罗虎一旁仍旧是默不作声地抽烟。随行曹达在一旁悄悄摄录。

许民的取证，进展有点出乎意料地顺利。

至此，是否可以收场了呢？实际还没有到位。因为日后在法庭上，罗虎可能还会提出抗辩，这些属于许民自行取证，不能成立，诸如取证方法不适当啦，取证手段不合法啦……所以取证工作必须进一步深入下去。

许民对船老大说：“实在不好意思，今天这个货运不了，让你船空放了一趟，你们回去吧。”

“那不行！”船老大是个走惯江湖的人，黝黑的脸上，一脸的不好说话：“你得把船运费全付喽。”

“你也没运货，怎么好给钱呢？”

“你说什么？”船老大立即上前，像是要跟许民动手似的，“不给钱，你休想离开半步！”

双方僵持不下。

许民顺势打 110 报警，称船民要打人。

不久，警察到场了。

许民立即向警察陈述事发经过，当场又尺量卵石的尺寸给警察看，好让在场警察证明货场和货物都是罗虎的，并要求警察录入笔录，言明日后需要到警局调取。

罗虎抢着告诉警察说，许民是在故意找茬。

船民则在一旁，叫嚷着要运费。

警察一看，现场是疯子打架——没法评理，遂在几方之间“和稀泥”。最终，许民同意先付给 16000 元船舶放空费，余款 71500 元日后再说，船民拿到钱，也不再说什么，回到了自己的船上。

这从头到尾的全部过程，早已被随行曹达一一摄下视频。

警察刚刚离去，许民心中好不得意。刚要撤离，突然，罗虎一个键步冲上前来，立马横在许民的面前，操着一口浓重的重庆口音，厉声吼道：“你不好走！”

罗虎的这一吼，许民着实为之一震，受惊不小。

原来，许民在前天提取第一船货物时，由于货物时价已下跌，罗虎同意许民下调价款。现在，双方现场闹出了如此风波，罗虎就此翻脸，坚持要求许民补齐上一船卵石的价款。

许民现场不能决断给付与否，抽身打来电话。我当即毫不犹豫地要他全部付清。许民当时也没有细算，按对方要求付款 76400 元，但按合同价应补 68000 元，实际多付了 8400 元。

因为按照双方合同第四/3 条约定：“付款方式：乙方提货时一次性付清。”现在因为没有去提货，已经给对方认为我方违约了，若再不付清全部货款，岂不又多一个违约事项，我方绝不能将麻烦进一步扩大。

许民很快明白我的意思，立即用银行转账方式支付了补款。并按我的意思，许民要罗虎写了收款收条，而且是全部货物的收款收条。

这一取证风波总算有了收场。

第五节　花足时间弄清底细，摸得越细越能成竹在胸

次日，许民回来了，迫不及待地要和我见面。

时值初冬，落叶已尽，寒气逼人。

许民走进我的办公室，面带笑容与我紧紧地握手。似乎觉得有点热，随即脱了外套，然后落座，用一种崇敬又欣喜、忧伤又企盼的眼神看着我。他似乎遭遇对手如此攻击，受到无比的伤害；又似乎从此前的操作中，看到几许希望。

我递上一杯热茶，要他静下心来，谈谈事情的来龙去脉。

许民开始了向我叙述，说自己这十几年来，一直是做卵石生意的，除了自己有加工厂生产外，还进行贸易。

“2014 年 12 月初，一个朋友介绍我认识了重庆市 J 区的罗虎，他原来是做建设工程施工的，现在刚刚转行，干起卵石产销，朋友告诉我，罗虎有很硬的后台，在当地势力很强，若跟他合作，什么事情都不用愁。在朋友的撮合下，我和罗虎有了电话联系。罗虎告诉我说，你要的货，我什么规格的都有，货多的是，说要到我这边来谈谈。

“当年 12 月 25 日，罗虎告诉我航班信息，我知道与罗虎同行的还有一个人，名字叫刘勇，这个人我一点也不认识。他们的航班是晚上的，到达南京后，他们在南京住了一晚。

“第二天，也就是 12 月 26 日上午，罗虎和刘勇来到我厂里。两人的年龄都在 40 多岁，那个叫刘勇的，看上去很老练。罗虎向我介

绍刘勇在J区是一个神通广大的人物，说这个行业没有谁敢不听他的，当他们俩知道我每年的要货量很大时，显得非常兴奋，当下要和我订合同。我想，对方在当地既然这么有势力，同他们做买卖要比一般人强，我也就同意了。双方商议合同期两年，一共供货5万吨左右。

“我正打算要人起草合同时，罗虎对我说，他们把空白合同已经带来了。然后，把空白合同给了我几份，要我填写。我就照着合同开始填写起来。在写到购买量时，由于合同上事先留下的空白，不好填写5万吨，我就只好填写成每年25000吨。这样填好后，罗虎将签字的这份交给了我，我将签字的那份交给了他。刘勇没有在合同上签字，他说有罗虎签字就行了。

“他们走后，第二天罗虎说开始着手设备的事，这时，我才知道，罗虎刚转行，他们生产卵石的设备还没有。

“又过了几天，我打电话要罗虎赶快供应卵石，告诉他是上海一家客户在要货，而且要的很急。罗虎说设备正在安装，很快就能供货了。我等啊等，左等右等，就这么等了一两个月，期间电话打了无数次，罗虎都没有货物能够供给我。

“在焦急等待之中，整个上半年都过去了，由于他不能供货给我，我一时又不能在短时间内找到那么多的货，我上海的客户就这样流失了，这回我苦头吃大了。

“后来，我不再理他们了。这样大约又过了一年，万万没想到的是，罗虎到当地法院告我了。唉……”许民长长地叹了一口气，接着说，“张律师，我遇上这种麻烦事，现在真是寝食难安啊。”

说到这里，许民将双手向前一摊，双肩往上耸了一耸，显出自己很无辜，又很无奈，他的眼神中充满了怨愤。

“假设对方同你和解，你愿意赔偿他多少钱？”我问许民，想把底线弄清楚。

许民略一沉思，吞吞吐吐地说："最多也就赔他 40 万元吧，因为再赔他多，我心里不平衡，实在太气人了。"说完，把嘴唇一噘，长长地吐了一口气。

我开始安慰许民，告诉他事情总有处理结束的那一天，不必过于纠结于心。

不过，眼下我最担心的，是合同里的"按 150 元/吨补偿"这几个字，一旦法院认定我方没去提货构成违约，就可能如数补偿。

我将此前判决书调取出来，许民看后脸都绿了，用焦急的眼神看着我……

"别过分担心，这毕竟是外省法院的判决，不是重庆本地法院判的。再说，我们国家也不是判例法，这种判例是起不到多大的指引作用的。"我继续安慰着许民。

对于我来说，并不存在什么慌乱。因为案件的真相，确实发生过许民要货而对方供应不上，相信人间自有公理。

第三章

立足证据，就是抓牢了诉讼的根本

第一节 “打官司就是打证据”，要牢牢记住这句话

我的朋友们曾经有过激烈的争论，一派说：打官司就是打证据；另一派说：打官司就是打关系。各派旁征博引，各说各理，争论不下。

最终，从理性和社会进步的角度出发，双方能够达成共识的结论只有一条：打官司无论关系有无，证据还是最根本的。所以，在做诉讼案件时，“用证据说话”才是最有力量的。

我把这样的道理告诉许民，让许民了解证据在诉讼案件之中是何等的重要，法律注重的是“法律事实的真实”，而不是“真实事实的真实”。

我亲手裁判过一起民事纠纷，甲女工下班时将手上祖传的金戒指借给乙女工佩戴，结果乙女工说戒指搞丢了，为此涉讼。乙女工辩称，借戴戒指情况属实，但该戒指是铜做的，因此返还金戒指的诉求不成立。甲女工因为不能举证证明该戒指是金的，终被判决驳回其诉讼

请求。在这起案例中,"真实事实"谁都相信戒指是金的,但在"法律事实"上由于缺失证据支撑,只能由甲女工承担败诉的结果。

我觉得在诉讼案件中怎么强调证据的作用都不过分。在本案中,我当然要把证据作为重中之重。我开始对涉案已有的证据作出以下梳理:

1. 许民在船上打电话要货的视频;

2. 收款收据及银行转账凭证;

3. 在现场尺量卵石规格不符和数量不足的视频;

4. 现场摄录证人;

5. 船方收取的船舶放空费;

6. 日后船方证人证言;

7. 警察出警记录;

8. 已提取的一船 2200 吨货物的实物。

上述八项证据,基本能够证明以下事实:

1. 已提取的一船 2200 吨货物,规格是不合格的;

2. 放空船这一天要提货但未提到,其原因是因为规格有争议。

那么,凭上述八项证据,许民能否打赢这场官司?打赢的把握又到底有多大?

第二节　证据一旦薄弱,就要设法补强

经过深入思考,仅凭上述八项证据我得出的结论是:一点胜算的把握都没有。因为可能还会存在以下几大问题:

1. 许民虽要货,但要货的"数量"上无法证明。因为合同第三/1条明确约定:"乙方必须提前 20 天通知甲方所需的数量。"

2. 许民要罗虎供货的"时间"上,没有满足合同"提前 20 天通

知甲方”的要求。罗虎即使承认规格不符,也会辩称若有 20 天的生产时间,规格一定合格。

3. 在放空船提货的所涉货场以外,罗虎若有其他货场,哪怕现在就去精心准备足够的、并且符合合同规格要求的货物,也随时可满足供货,由于是时还在合同履行期内,许民也将前功尽弃。

4. 2015 年要货的事实,至今没有证据证明。

可以确定,出现以上任一问题,我都难以帮助许民打赢这场官司,特别是 2015 年要货的事实。

许民听完这些,喃喃自语道:“我真后悔,那天晚上没有将罗虎的谈话摄录下来,他当时是承认去年我要货不断的,是他自己不能供货。”许民又一次陷入自责之中。

我告诉许民,机会已失,后悔无用,让我们一起来想想办法。

孙子说,“昔之善战者,先为不可胜,以待敌之可胜”,意指善于用兵的人,先创造条件使自己不被敌人战胜,然后等待可以战胜敌人的机会。如何使许民先不被罗虎战胜呢?看来,最重要的还是证据。我对许民说:“下一步,我们一起来进一步深化证据吧。”

我把《合同》打开,指着上面的合同期,对许民说:“今天是 2016 年 11 月 7 日,离合同履行期结束,还有 54 天,这个时候我们出击,补强证据,应该还不迟。”

我制作好一份《催告函》,交给了许民。

催 告 函

罗虎先生:

依据贵我双方 2014 年 12 月 26 日《鹅卵石购销合同》,我方现致函贵方通知如下:

一、贵方应在接到本通知之日起 21 日内(即最迟在 2016 年 12 月 3 日前),依照贵我双方合同“按需”“按时”“按规格”的供货约定,向我方供应该合同所约定的应供给我方的重庆市J区地区2-6公分的下余鹅卵石,且产品颜色须为重庆市J区地区常见褐色。

二、贵方按要求备足本通知第一项货物后,以书面通知或手机短信通知的形式立即通知我方提货。

三、贵方若不能按本通知第一项要求供货,或我方在2016年12月2日前收不到贵方提货的书面通知或短信,我方或将解除合同,并将进一步采取相关行动,一切责任由贵方全部承担。

恳望贵方接函后以诚信为本,积极履行合同义务,以避免经济损失的进一步扩大,和不必要的时间、人力、财力、精力的消耗。

顺讼:

商祺!

催告人:***雨花石工艺品厂

催告人:许民

2016年11月7日

我要许民打印出来签字、盖章,尽早发出。

这一份《催告函》,我可以解决两个问题:其一,要货数量是合同所约定的应供给我方的"下余"卵石;其二,要货的时间满足了提前20天的要求。

现在,最重要的是《催告函》的"送达",我要把这些"意思表示"按双方合同约定和《合同法》的规定到达对方。

根据以往经验,不排除对方拒绝收函。故此,我必须要求许民用多种形式进行送达。

其一,EMS特快专递;

其二,电话要货并用视频全程录下被拨打的号码和通话内容;

其三,用手机短信,直接发往合同上载明的电话号码,并从相关部门打印好短信记录单,盖好公章。

许民如数照办。

我想,若 EMS 被退回,但发送的短信,罗虎是无法退回的。

其实,送达的事倒不是很伤脑筋。让人更为难的是,从对方诉讼保全的数字上分析,对方已将合同约定的两年期,人为地拆分为两个阶段。假如法院也认可对方的这一拆分,只谈 2015 年的事,那么,即使 2016 年许民的要货被这些证据证明,那么 2015 年的要货却无证据证明,2015 年的 375 万元还得赔呀。

这真是令人头痛的事。

第三节　抓住了关键性证据,就是锁住了对方的咽喉

在我苦思良久仍无良策之际,许民打来电话,有点兴奋地对我说:“张律师,我在旧手机上找到罗虎发来的几条短信,都是 2015 年的,其中有说自己供货有问题的。”

我一听,非常兴奋,要求许民截图用微信发来我看。

“以后贡(供)货就应该没有问题了”这一封发出于 2015 年 3 月 11 日的短信内容,真是太给力了!我喜出望外。虽然,这封短信没有许民向罗虎直接要货的内容,但这封短信已间接反映出许民要不到货。

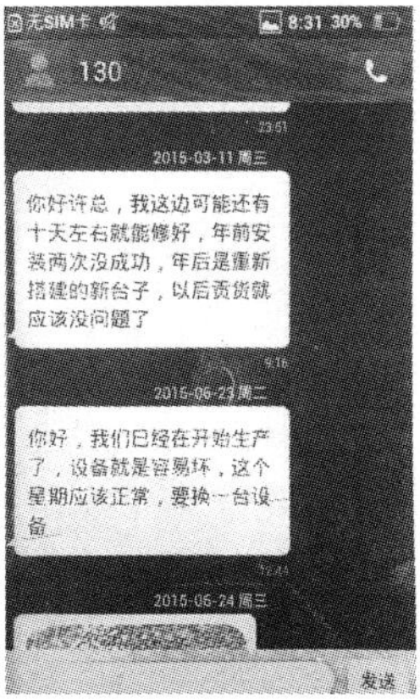

罗虎 6 月 23 日的短信,说已经开始生产了,但是设备还是容易坏,还要更换设备。这就说明 6 月之前,罗虎没有产出卵石啊,那还谈什么上半年的供货呢。

我立即在微信上给许民竖了个大拇指。

若无这些短信,我们与对方打官司的核心争议焦点,可能只有一个,即到底两年只有一个合同履行期,还是两年里每年一个合同履行期?有此短信,核心争议焦点就会扩大,若两年分为两个合同履行期,则第一年许民到底要没要过货,又会成为核心争议焦点。第二年许民到底要没要过货,又会成为另一个核心争议焦点。

耶!太好了!这些短信简直是封喉利器,真是天无绝人之路!

第四节　为打造有利的证据,不妨借题发挥

眼下,已经发生的一节事实是:2016 年 10 月 30 日,许民去提取的 2200 吨货物,经过十天左右的航运,船舶到达许民指定的 A 市码头。尺量卵石有不少都大到 10 公分以上,小到 2 公分以下,并夹杂碎石、泥沙。

何不抓住此节事实不放,把“文章”做大呢。

既然其规格不符,说明其质量有问题;既然其质量有问题,我方就可以借题发挥,以此对抗、抵消对方的进攻。

于是,我根据《合同法》第 158 条关于质量不符应通知对方的要求,于 2016 年 11 月 12 日向罗虎发出第二份书面文件——《通知》。

通　　知

罗虎先生:

2016 年 10 月 30 日,贵方在向我方供应鹅卵石时,竟采取了偷梁换柱、以次充好的做法,卵石质量不合格。鉴于此,我方特通知贵方如下:

一、贵方应在本月 20 日前来我方存货的现场,双方就地商谈解

决或退货、或更换、或减少价款及损失赔偿等系列事宜。

二、贵方若不按时来人处理，我方拟将追究贵方的违约责任，并要求贵方赔偿场地费、保管费、运费等相关系列损失。

特此通知。

通知人：*** 雨花石工艺品厂

通知人：许民

2016 年 11 月 12 日

继续沿用视频、电话、短信、EMS 特快专递的方式送达。

然而，用 EMS 特快专寄发出的落款日期为 2016 年 11 月 7 日的《催告函》，果不其然被罗虎拒收，原样退回。我要许民不要拆封，以便开庭时现场拆封，证明 EMS 信封里，装的不是别的文件。

时隔不久，用 EMS 特快专寄发出的落款日期为 2016 年 11 月 12 日的《通知》，也被罗虎拒收退回。我要许民采取了同样的做法。

但是，要货和通知的电话视频证据，罗虎是无法退回的。同样，许民对罗虎手机号码上发送的上述两文件的短信，也是罗虎无法退回的。我要许民将视频备份后保管好，并将短信内容打印出来，再加盖通讯运营商的营业公章。

可是，罗虎日后否定视频，辩称里面说话的并非本人如何处理？对手机短信，其辩称手机早已丢失、自己从未见过这些短信的内容又怎么办？

第五节　为把证据做扎实，即使吃苦受累也值

在 2016 年 11 月 7 日发出的《催告函》限定的期限内，罗虎既没

有电话,又没有回信,石沉大海。

现在已是2016年12月2日了,离合同期结束还有29天。为了避免罗虎日后庭上抵赖,我方应该抓住这20多天,再进行新一轮要货,做个双份证据,日后,便于我在法庭上有双枪好使。

我和许民一商量,许民双手赞成。

我写好一份新的《催告》,将落款日期写为2016年12月7日。

催　　告

罗虎先生:

我方于2016年11月上、中旬先后向贵方发出《催告函》和《通知》,催告贵方最迟在2016年12月3日前依约供货,并告知贵方已供的货物质量不符合约定,要求贵方来人处理,但贵方一直没有回应。

2016年11月6日,我方到贵方货场提货时发现,贵方根本没有备好双方合同约定的货源,并且货场现有的少量货物,其质量也完全不符合双方合同约定的要求。由于贵方不能依约供货,已造成我方对第三方的违约,非常被动。据此,我方再次对贵方催告如下:

一、贵方务必在本月27日前抓紧备好双方合同约定的符合合同要求的所有数量的货物,并在按要求备好后的第一时间以书面通知或手机短信通知的形式立即通知我方提货。贵方若未在2016年12月27日前通知我方提货,或我方在此间收不到贵方提货的书面通知或短信,我方将视贵方没有货源,我方将采取相应措施。

二、贵方务必在本月13日前来我方存货的现场,双方就地商谈解决或退货、或更换、或减少价款及损失赔偿等系列事宜。贵方若不按时来人处理,我方将视贵方进一步违约,我方拟将追究贵方的违约责任，并要求贵方赔偿场地费、保管费、运费等相关系列损失费用。

顺讼：

商祺！

催告人：*** 雨花石工艺品厂

催告人：许民

2016 年 12 月 7 日

既然罗虎上次不收 EMS 特快，这一次，我在沿用上次的 EMS 送达方式时，将《催告》缩小打印成 32K，粘贴于 EMS 特快背面寄出。与此同时，要许民适时继续沿用手机短信、电话视频方式送达。

为了将事情做得更稳妥，打消此前的疑虑，我决定采取更进一步的方式——当面直接向罗虎送达！

就在 12 月 7 日同一天，被我事先已派到重庆市 J 区实地的许民，在随行曹达的陪同下，着手对罗虎当面送达这份《催告》。

然而，罗虎却不同意与许民见面。而许民又全然不知其住所，当面送达无法进展下去。

许民费尽周折，终于找到罗虎的身份证地址，一查，罗虎却已外迁，早就不在那个地址居住。

许民一时茫然无措。

我要许民不要急于回程，告诉他这个送达很重要，不妨可以在大街小巷，尝试性找找罗虎的车辆。若能找到，守株待兔，也不失为一举。

经历上一次错失视频录像以后，许民深知取证工作的重要，表示会按我指示全力去办。

J 区街道并不很大，主街道呈一线流转，次街道散落于高低不平的地形之上，有些则与主街道交汇交叉。

在罗虎曾经出没的地方,许民耐心寻找着,一直到夜晚 10 点多,却无半点收获。正想离开之际,许民在路边突然发现了罗虎的车辆。真是功夫不负有心人,意外来得如此突然。许民和随行曹达远远躲在一旁,静静地守候罗虎。可是,直到夜晚 12 点多,罗虎都没有出现。

两人一商量,决定第二天大早再来守候。

次日凌晨,天色渐亮,两人便来到现场,一看车辆还在,遂继续守候。

早上 8 点左右,一个熟悉的身影终于出现了,两人一看,正是罗虎,许民心头不由得一阵欣喜。

罗虎刚走到车旁,许民迅速上前将罗虎拦下:

"罗虎,我们是来要货的。"许民一面拿出《催告》,递往罗虎的手中,一面继续说,"你赶快准备准备,我 20 天来提。"

罗虎随手接过许民递过来的《催告》,瞄了一眼,也不看内容,就往许民胸前一丢,口中喃喃道:"我货多的是,你来提好了。"

"你上次那货规格不合格,如果还是那货,肯定是不行的。"

"规格不是你说不合格就不合格的……"罗虎一面说着,一面打起电话。只听他对着电话说,"许民又来弄证据了,送什么函告来,你看怎么弄,你派人过来一下"。

不用说,罗虎的这个电话,一定是打给他要请示的那个人的,这个人不是别人,应该就是罗虎的隐名股东刘勇。因为当时来谈合同时,是刘勇领着罗虎来的,罗虎对他是言听计从。

许民见罗虎挂断电话,就对罗虎说:

"罗虎,这个货,我向你催提多次了。去年,我一直要货不断,你没有货,一直没有生产。今年,你虽生产货物了,规格又弄得这么大,而且数量也只不过 3000 吨,要我怎么提呢?"罗虎并不说话。许民继续说,"罗虎,你赶快将货备齐,把规格弄好,现在货场上的货物规格不行，再不能耽误了，我20天就来提。”

“规格不是你说不合格就不合格的……”罗虎又说了一遍。

许民又将《催告》塞给罗虎，罗虎理都不理。

恰在此时，罗虎手机铃声突然响了。罗虎接听起电话，人向车头方向走去。

按照事先的计划，如果罗虎不收文书，许民就将《催告》用胶水贴在其车窗上。许民见时机已到，趁机贴上《催告》，然后转身快速离去。

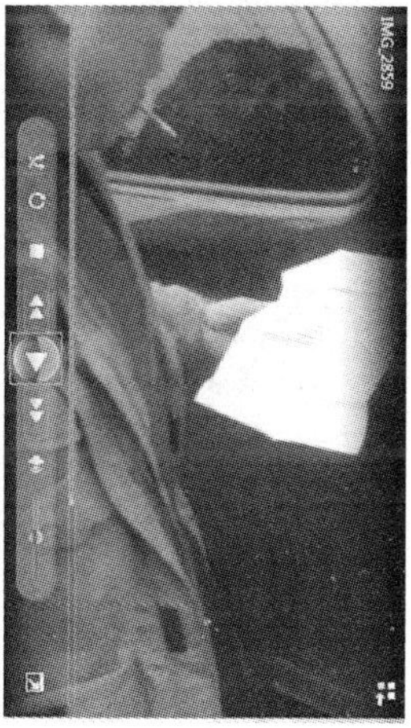

罗虎不知啥时候，已经转身对着许民，目睹着许民所做的这一切，一边接听电话，一边缓步上前，将许民刚刚贴上的《催告》揭下，随便瞄了一眼，便放手丢弃一边。

这整个过程，被曹达躲在暗处全都一一摄录下来。

曹达收起手机，刚转身要离开，几乎就在同时，罗虎一个快步冲上前来，一把抓住曹达，厉声吼道：“站住！”

第六节　突发情况下先保护好证据，而后再大胆机智应对

罗虎快速挂断电话，一手将手机收好，一手将曹达逼在墙角。双方争吵起来。

许民回头看到曹达受困，立即回赶。曹达一见急了，连忙向远处的许民挥手，促其快快离开，许民心领神会。

曹达挣脱开罗虎的手，立即拨打110电话报警。

罗虎紧逼曹达的同时,也不知给什么人打起电话。

许民来电急促地问我该怎么办。我要他告诉曹达,立即将视频转发至邮箱。

许民紧急电话曹达,说明了我的意思。曹达趁罗虎说话中一不留神,悄悄将录像发至自己的 QQ 邮箱。

就在双方争吵不休之际,一辆吉普车带着刺耳的刹车声,在他俩的路边骤然停下,车上快速下来几个膀大腰圆的马仔,瞬间将曹达团团围住。

这一刻,曹达却表现得异常沉着。他心里想,自己报警罗虎是听到的,警察很快会到,量罗虎也不敢要马仔们瞎来。

在几个马仔的包围中,罗虎厉声命令曹达将手机录像删除。曹达坚决不从。争吵中,110 警察到场了。

警察了解初步情况后,将曹达和罗虎一起带至派出所里。

在派出所门外,几个马仔仍在门口游荡。警察问明情况后,要求曹达删除录像。曹达故作不愿,在警察的再次要求下,当着警察与罗虎的面,删除了录像,罗虎以为证据已消灭,也就没再说什么。

曹达一颗悬着的心,也悄悄放了下来。

曹达走出派出所大门,恰巧来了一辆的士。曹达一招手,上车坐下,刚要关门,几个马仔突然用力拉开车门,一起挤上了他叫的车,将他夹坐在最里面。曹达见状,不由地倒吸一口凉气。正想下车,车已启动。

途中,无论曹达怎么质问,几个马仔也不说话。曹达真正感受到了处境的危险和威胁。不经意之间,车已过了几个路口。曹达当即要求的士司机,开往最近的派出所。司机大概见几个马仔既不说话,也不拦阻,顺从地把车开到了另一个派出所大门口。

司机催促车上人下车。曹达付了车费,随几个人一同下了车。

派出所门口台阶上,几个警察进进出出。曹达走上了台阶,几个马仔见状，并未跟进，在台阶下悠闲地游荡起来，其中一个马仔还不断地打着电话。

他们到底想干吗，是想把曹达拉到无人处，痛打一顿？还是想通过曹达找到许民，给许民一点颜色看看？还是另有其他图谋……曹达真是不得而知。

曹达将情况向警察作了反映，警察走到门口，看了几个马仔一眼，随后回到办公室，对曹达说："你这事，没什么要处理的，他们又没有对你做什么。"说完，看也不看曹达一眼，坐下来忙着操作电脑，将曹达晾在一边不再理会。

曹达见状，束手无策。

其间，在走道里与许民通了几次电话。

究竟该如何脱身呢？曹达一筹莫展，时间在分分秒秒地流过。

派出所警察不时从身边经过，无人问津。马仔们依然守候在外，没有任何撤离的迹象。看样子，那些人不达目的，不会罢休。就这样，曹达在派出所已被困 4 个多小时了，时间已经指向了下午 1 点。

曹达无奈地向窗外望去，派出所庭院被一道围墙与外界隔开，墙边几棵大树强劲挺立，浓阴像雨伞一样，遮挡住墙头两边。墙外，一排排居民小区的高楼整齐地排列着。

见此地形，曹达一个想法油然而生。

第四章

精心布局，须为全案进行深谋远划

第一节　要扭转被动局面，不妨给对方制造麻烦

几分钟后，曹达兴奋地给许民打来电话：

“我甩开他们出来了！”没等许民说话，曹达接着说：“我是攀树翻墙出来的”，随后绘声绘色地向许民描述自己攀树翻墙的经过，末了，还十分得意地嘿嘿一笑，“那些人还在原地呢。”

许民听完这一切，这才长长地舒了一口气。

经历了这一场风险，许民带着曹达来见我。曹达大约 30 来岁，个头不高，身板灵活，皮肤黝黑。初次见面，许民将曹达介绍给我，随后兴奋地跟我介绍曹达的历险细节，最后像拿宝贝似的，将一个 U 盘递到我的手上。

曹达坐在一旁，边听边笑，非常神气，不时地插话补充着细节。

我先对许民大大肯定了一番，赞赏他的执行力如此之强，许民显得非常开心；随后又夸奖曹达头脑灵活，遇事不慌，曹达笑声异常爽朗。

送他俩到门口，曹达在一旁接起电话，在等候曹达的空隙，我对

许民说，“难怪曹达能够轻易逃脱，你看他灵活得像个野猫一样。”

“嘿嘿，他是蛮活跃的。”许民笑着说。

“曹达是开一辆宝马车吧？”我问。

“是”许民随口答道，旋即又很惊讶地看着我，“你怎么知道的”？

“是3系的，还是白色的，对吧？”

“对呀。你是——怎么知道的？”许民大惑不解。

“呵呵，我是看出来的”我笑着说。

“看出来的？”许民满腹狐疑，急着追问：“你是怎么看出来的？”

看着许民那双睁得圆圆的、好奇的眼睛，我笑着说：“你看——他皮肤黑亮，眼睛有神，又穿着一双运动鞋，说明他比较喜欢运动；他的鞋子是白色的，说明他心理上比较偏好白色；他衣服的牌子是Onitsuka Tiger，这个牌子是中等消费群体比较喜欢的，说明他财富并没有很多；他笑声爽朗，说明他性格外扬，想被人重视，不想被别人小视；所以——”我吸了口气继续说：“综合这些因素，我分析他在买车时一定会选择买宝马，因为这个牌子比较吸引人的眼球，又由于他自己并不阔绰，因而他只能选择买3系，在颜色上，他当然会选择买自己喜欢的白色。”

我刚说完，曹达就来到我们身边，许民来不及说话，用充满敬佩的眼神看着我，一边情不自禁地点着头，一边用力地跟我握手道别。

现在“原料”都采购回来了，我这个厨师该怎样制作这桌菜肴呢？

对罗虎的起诉进行抗辩自然不必说，但通过抗辩卵石规格不合格，能否起到作用？若能起到作用，又能够起到多大的作用？

作为被告，处于吞并和抵消原告诉讼请求的地位，也就是说，即使我抗辩得最好，圆满地获得一百分，结果顶多也就是原告罗虎诉讼请求得不到支持。说白了，就是罗虎一分钱拿不到而已。

但是,要实现这个100分的结果,谈何容易呢?

作为担任过多年法官、裁判数以千计的民事、经济、行政案件的我来说,即使由我来裁判此案,可能也很难对原告罗虎的诉讼请求都不予支持。也就是说,我很难得到这个100分,这是因为法官职责是解决社会矛盾的。表现在个案之中,法官当然要平衡当事人双方之间的利益,在双方确有争议的诉讼案件之中,"一边倒"的裁判,是很难作出的,也是很不现实的,法官会或多或少地平衡另一方的利益。

相对于本案,假设法官经审理作出我方不违约的认定,但2015年未发生一粒卵石买卖是事实,没有电话要货证明是事实,因而,若作出这个结论,难度可想而知。假设法官经审理认定我方存在违约行为而界定我方是违约方,那么本案则可能会发生两个走向:

走向之一:涉案双方合同约定的是"差价补偿款",按某省高院已生效的判例,应该全额支持罗虎的诉讼请求;

走向之二:涉案双方合同约定的是"违约金",根据合同法"过分高于造成的实际损失"可予调整的规定,法院可能将375万元调整减少,至于少到什么程度,则由法官自由裁量。

显然,这两个走向得出的结论,都只是一个字——"赔"。

这个结果当然都不是我想要的。如果是这个结果,涉案代理与"成功"二字可能沾不上边。

这个棋不能这么下。

现在的情形,对方应该是以逸待劳,或许正架着个腿,一边喝茶一边听曲呢。

孙子说,敌人休整充分,就要设法使他疲困。要在敌人没有防备的地方发动攻击,要在敌人意料不到的时候采取行动,此"攻其无备,出其不意",正是兵家取胜的奥妙所在。由此看来,我必须要采取行动,要突袭对方,向对方开炮,给对方制造麻烦。直白地说,我要向对方提出我方的要求，并且我所提的要求应该超过甚至大大超过对方的要求，让对方疲于应付，最后，让法官在双方的这两个“要求”之间，去平衡，去相抵。只有这样做，实现不赔才有一定的可能性。

既然有了这个想法，那么，我应该通过什么方式来实现呢？

第二节　出手之前，选择好自己的最佳路径

要想向对方开炮，我首先想到的，当然是反诉。

学理上，反诉的定义是在已经开始的诉讼中，被告提出一个独立的反请求，目的是抵消或吞并本诉的诉讼请求。反诉的前提是，基于同一个法律事实或者同一个法律关系。由此可见，对本案适用反诉，是没有法律障碍的。

除了反诉之外，我能不能另外提起一个新的“诉”？即另行起诉一个新的案件？答案是肯定的，这当然也不存在什么法律障碍。

那么，反诉和另诉，孰优孰劣？

1. 从诉讼主体上来说，没有本质的区别。都是一样的合同主体，一样的当事人。

2. 从诉讼请求上来说，没有本质的区别。反诉是提出诉讼请求，另诉也是提出诉讼请求。

3. 从诉讼保全上来说，没有本质的区别。无论反诉、另诉，保全的提出、审查和适用的程序等，都是一样的。

4. 从决定权上来说，有区别。法官可以决定将本诉与反诉合并审理；也可以决定不合并审理，要求反诉方另行起诉。绝大多数法官，都喜欢要求另行起诉。因为法院对法官的考核，基本都是考核案件的结案数，若是合并审理，只会计算一件结案数；若是另诉，这

样结案数上就会多出一件，常规都是由审理本诉的法官承办，但也不排除极小的可能，另诉的案件是由其他法官承办。即使这样，对本诉承办法官也无任何不利。

5. 从时间上来说，区别非常之大。若并案审理，两案始终同步，捆绑在一起，并一般会归属于同一份裁判文书。而另诉，因为是另外的一个案件，与本诉的这个案件，极容易产生不同步的问题。可能，本诉的案件早已审结了，甚至上诉程序、执行程序都已完毕了，而另诉的案件，可能一审还没有终结。也有可能是相反的情况，即反诉的案件结案了，本诉的案件还在审理之中。

6. 从后果上来说，区别更为明显。假设本诉先执行终结，而另诉的裁判结果，又推翻了本诉的裁判结果，另诉人就要对本诉申请再审加以纠正，最终要通过执行回转以实现救济。对一些客观上已无法回转的执行标的，就可能通过其他替代方式予以补救，即使另诉人不同意补救，现实也让另诉人不得不如此，不得不接受。而在没有其他替代方式予以补救的情况下，甚至对方没有丝毫执行能力的情况下，另诉人赢得官司却实现不了自己的目的，只能自认倒霉。反过来，假设另诉先行执行终结，发生的情形也是一样的。

这样分析下来，相对于本案，若是合并起来，其好处是：诉讼同步进行，胜败、执行都会同时有结果。坏处有三：

其一，法官不同意合并时，为了不得罪法官，明智的做法只能是按法官要求，重新拆分案件，重新起诉。这对处于异地的我方当事人来说，等于前面做了无用功，从而增加了工作量和往返的次数。

其二，因为反诉与本诉的诉求不同，举证、质证上都会有一定的区别，难免出现在两案中重复举证或反复举证，否则容易出现说不清、道不明。

其三，若是遇上年轻、资历较浅的法官承办此案，由于本诉反诉交杂在一起，“剪不断、理还乱”，年轻法官往往不一定拎得清、理得顺，易产生“糊涂官判糊涂案”。

通过上述比较可以看出，尽管另诉易产生一定的不确定性和风险性，但还是利大于弊。这样，我不仅可以对罗虎在本诉中抗击一次，在另诉中打击一次，而且可以在两案的审理中，拾遗补漏，相互补救，把我方的事实与理由，说全、说深、说透。与此同时，我还可以用我的另诉，追求我的得分，并以此消减对方的得分。因此，我断然决定采取另诉。

第三节　通过对事件结果的预研预判，赢得当事人对举措的认同

方案既出，我约来许民。

许民坐下后，知道我是有话要对他说，也不着急，跟我聊了一会儿家常，才和我聊起案件来。

我把案情作了全面的回顾和概述后，对他说：

“按照我的研判，本案的最终结果，应该会出现三种：

“第一种结果：我赔偿你，但不是赔你一年 375 万元，或是两年 750 万元，而是适当少赔；

“第二种结果：我不赔你，你也不赔我，双方相抵；

“第三种结果：我不赔你，你还要倒赔我。

“我评估，第一种结果的可能性在 70%；第二种结果的可能性在 20%；第三种结果的可能性在 10%；因此，我对本案设定的战略，是力保第一种结果，追求第二种结果，奢盼第三种结果。”

许民入神地听着，眼睛睁得大大的。他很惊讶，他想不到在我这里竟能听到，案件还有可能出现第二种甚至第三种结果。在许民的心目中，赔偿是肯定要赔偿的。

“为了达到最有效的抗击目的,我们必须要拿出强有力的动作。”我握起一只拳头,“此案若是仅靠单纯的答辩加以抗击,力度远远不够,我们能做的最好效果就是不赔,但是,这个最好效果不是轻易能够实现的。所以,我们必须反过来向对方开炮。”

我接着说:“我们也要起诉他,提出我们的诉讼请求,这样才具备一定的打击能力。我们要通过反向打击,实现我们的目的。”

我喝了一口茶,继续说:“在打击方式上,不用反诉方式,而用另诉方式比较好,我曾细致地比较过利弊。”

说到这里,我详细向许民介绍了两种不同方法的优劣。接着,又向许民细致地阐述了我的诉讼方案。末了,我对许民说,“只是,这种另诉的抗击方法,是需要花费点成本的,因为我们的另诉分案处理了,就可能额外增加人力、财力成本,但这些成本都是有限的”。

许民听得非常认真、仔细。末了,许民对我说:“张律师,我不懂法律,但你说的我能听明白。我觉得你是一个做事认真、思路清晰、让人信赖的人。你想怎么干,我都赞成,我都会全力配合,费用这个方面,你就不用过多考虑。”

听到许民的表态,我很高兴。因为在律师实践之中,有时为了诉讼目的的需要,你苦思冥想,给当事人出了上好的金点子,当事人往往因为需要增加费用,而不同意去实施,有的当事人甚至想歪了,以致会怀疑你律师想借机额外捞财。

事实上,一个成功的诉讼代理,往往离不开当事人与律师之间的双向配合。配合中,有的当事人执行能力强,对律师布置的任务,能够设法完成,从而给你提供出有力的武器。有的当事人执行能力差,而有些事又是律师无法替代,因而在办事效果上,会大打折扣。律师与当事人,犹如一驾马车上的两侧车轮,若要前进,缺一不可。

非常欣慰的是,许民是属于前一类的,我应该继续用好许民的这一特长。

第四节　细致对比不同进攻手段的优劣，再做好相应准备

现在的时间是2016年12月中旬，仍处在双方当事人合同的履行期间之内。

这个另诉，让我碰到的第一个难题是：我是主张解除合同？还是要求继续履行合同？在第一次的《催告函》中，我曾威胁过对方如不按约供货，我方或将解除合同，此后一直未有定论。现在，这个问题已到了非解决不可的时候了。

以我的经验，大凡做任何事，在举棋不定之际，不妨事前先分析分析，采用不同做法可能得到的不同结果。

对于本案，解除合同和继续履行合同的做法，到底各会产生怎样的后果呢？

先分析提起解除合同的诉求。《合同法》规定有两种：一是约定解除；二是法定解除。在没有约定解除的情况下，适用法定解除。同时明确，在约定解除的情形下，只要满足一方违约、对方有权行使解除权的情形，解约方通知对方即可解除合同；在法定解除的情形下，对方出现非根本性违约等情形，需催告对方按约履行，并应予对方合理的履行期间，对方仍不按期履行的，本方才得以解除合同。

涉案双方的合同，并没有明确约定解除合同的条件。若要解除合同，则应适用法定解除。当然，现在适用法定解除，对我方来说毫无障碍，因为在第一次的《催告函》中，我方已经完成了催告程序，并且给予了对方合理的期限。即使对方抵赖说没有收到，我方第二次的《催告》和手机短信，也已解决了这个问题。我方只要向对方发个解除通知函，便可解决这个问题。即使不发这个解除通知，当事人

也有权直接向法院起诉,要求解除合同。至此可以得出结论,我方要求解除合同的诉求,不会有障碍。

再分析关于继续履行合同的诉求。涉案合同,尚处于履行期内。双方合同约定的货物交易数量是5万吨左右,现在实际供货才2200吨,履行数量远远不足。至此也可以得出结论,我方要求继续履行合同的诉求,也不会有障碍。

接下来,需要对两者不同的实体结果,作进一步的分析认证。

解除合同后,法律规定未履行的不再履行,已履行的部分,适用双方约定处理,双方的责任应依约依法承担;继续履行合同的,法律要求当事人按约完成自己的义务,双方责任同样也是依约依法承担。

对照本案,若解除合同,意味着许民不再要货;若继续履行,意味着罗虎要全额供货。我再三作反复思考、比较后,决定提出要求继续履行合同的诉讼请求。这是因为:

其一,在许民不再要货的情形下,法官一般会深入考虑,许民究竟什么原因不再要货:是许民没钱提货?还是许民中途变卦退货?法官的思维会集中在许民的身上,找出许民的过错,这对许民不会有利。反过来许民要货,法官一般会深入考虑罗虎究竟什么真实原因没有供货:是罗虎无货可供,还是罗虎中途变卦故意不供货?罗虎的过错到底在哪?从这一点上来说,我们应该把法官的注意力,吸引到对方,而不是我方,这将会对对方不利。

其二,双方合同约定的是交易2~6公分的卵石5万吨,如此庞大的体量,罗虎货物的来源和生产周期都可能会出现严重问题。若罗虎供应不上,谁担违约责任自然明了了。

其三,基于原告可以撤销、变更诉讼请求的规定,许民如此请求,日后的灵活性很大,可坚持,可撤回,还可变更。作为当事人,诉讼中给自己留下最大变化的空间,这十分有利。

但是,这样做,也有一个最大的不利,这就是可能要交纳巨额的诉讼费用。有关解除合同和继续履行合同的诉求,司法实践中,各地法院诉讼费的收取做法不一,有的按一个诉求只收取 80 元;而有的视作整个合同的争议,故按合同标的金额计算收取。涉案合同总额 775 万元,约收费 66050 元。这对于出于抗击目的而采用的手段,显得成本有点大了。

所以,还是做好两手准备。若按 80 元一个诉求的计费标准收费,我就保留;若按合同总标的计收,我就在立案现场,将此诉求删除。

对! 就这么干。

至于提起的其他诉讼请求,则不用过多认证,概括起来就是两方面:一是退货,二是赔偿,一条一条地提出来就可以了。

第五节　一反常态撰写诉状,巧妙隐藏最大诉求

现在,进攻路径选择好了,进攻手段也已明了了,下一步就是着手实施。

有经验的律师都知道,起诉状一般写的越简单、越精短越好。为什么呢? 前面已说过,诉讼代理时,在任何方面,在任何时期,都应该给自己留下最大变化的空间,这比较重要。根据《民事诉讼法》规定和最高人民法院证据规定,当事人自认的,未经对方当事人同意不得撤回,不得反言。而当事人的自认,最直接的表现就是诉状。因此,在诉讼尚未开始、状态尚不明朗的情况下,当然不要先行束缚自己的手脚,诉状只要满足起诉的要素即可。进一步说,只要法院收案没有障碍即可。

但是,本案的情况不尽相同。我方在另行起诉之前,已经发生

了对方起诉我方的案件，只不过出于诉讼策略的需要，我方至今没有去接收应诉材料。不用质疑，对方的诉状一定会写的非常简单。而且，或已给法官造成了先入为主的状况。为了使法官全面地、更好地弄清案情，我们的诉状就应该一反常态，尽可能写得详尽，因为此种状态下的案情，已无多大变数。

民事诉状

原告：*** 雨花石工艺品厂。住所地江苏省 A 市 S 镇 K 村。

投资人：许民。

原告：许民，男，1972 年 9 月 ** 日生，汉族，住江苏省 A 市 S 乡 K 村 ** 组 5 号。公民身份证号码[redacted]。

被告：罗虎，1972 年 6 月 ** 日生，汉族，住重庆市 J 区 H 街道 Q 村 10 组。公民身份证号码[redacted]。

诉讼请求：

1. 被告取回其所供的约 2200 吨不符合合同约定标准的货物并返还货款 338483 元。

2. 被告返还约 2200 吨货物误算多收的价款 8400 元。

3. 被告赔偿约 2200 吨货物码头、运输、仓储等损失费约 40000 元（暂定）。

4. 被告赔偿因不能按约交货而产生的船舶空运费 16000 元。

5. 被告赔偿因质量不合约定标准和不能按约交货而产生的差旅费损失 20000 元（暂定）。

6. 被告继续履行双方于 2014 年 12 月 26 日签订《鹅卵石购销合同》约定的供货义务。

7. 被告承担诉讼费用。

事实与理由：

2014 年 12 月 26 日，原、被告双方签订的《鹅卵石购销合同》，合同约定,被告是原告地区唯一经销商,从 2015 年 1 月 1 日起至 2016 年 12 月 31 日止,被告以每吨 155 元的价格,向原告供应重庆 J 区常规褐色 2 -6 公分鹅卵石年 25000 吨左右,原告提前 20 天通知被告供货数量,双方凭现场核准数量单据,原告在提货时一次性付清货款。双方同时约定,原告要货方式为电话通知,被告手机号码为 1309877 *** 7。

合同签订后,原告寻找到要货客户,遂电话通知被告交货,被告却以需要安装设备无法交货为由,拒绝供货。原告一再催促,告知其原告客户要货紧急,如不能按期供货将导致客户流失,并可能产生赔偿损失的严重后果,被告依然没有能力交货。直到 2015 年 3 月 11 日,被告发来手机短信说:"还有十天左右"设备修好,"以后贡(供)货就应该没问题了",随后,原告一面继续催促被告交货,一面安抚客户耐心等待。这样拖延了数个月,一直等到 2015 年 6 月 23 日,被告却发来手机短信说:"我们已经开始生产了,设备容易坏"、"要换一台设备"。原告客户异常绝望,不再要货,并向原告索赔,该纠纷至今尚未解决。

此后,为了履行合同义务,原告积极开拓市场,千方百计寻找新客户。2016 年 9 ~10 月间,原告落实到了新客户,遂通知被告交货,被告同意原告提货。同年 10 月 30 日,原告在被告货场,查验了存放的货物表面规格,基本符合同要求,遂往船上装货。是日,从上午 9 时许开始至夜晚近 10 时装货结束,原告计提货约 2200 吨。由于被告长期不能供货自知理亏,被告同意按此时下降了的市场价每吨 125 元结算价款,原告遂于次日上午给付被告价款 273000 元(其中,银行转账 263000 元,现金 10000 元)。

同年 11 月 6 日,原告再派船提货时发现,被告货场的货物规格严重不符合合同约定"J 区常规褐色 2 -6 公分鹅卵石"的标准,鹅卵石普遍大到 10 公分以上,小到 2 公分以下,除现场仅存的约 3000

吨不合要求的货物外,完全没有其他货源。原告心急如焚,要求被告赶紧按约供货,被告不仅无货物可供,反而强令原告将已供的约2200吨货物,仍按合同约定的每吨155元结算补款。由于双方矛盾严重,原告当即报警。在警察的疏导下,原告不仅没有提到货,还暂先赔付了船舶空运费16000元(船方索赔87500元),而且还不得不按被告要求,当日补给被告价款76400元,后经原告回来核算,被告向原告多收取该约2200吨货物的价款8400元。

为了能向原告客户交货,不至于产生更为严重的损失后果,原告于同年11月7日以EMS特快形式,向被告首次发出书面《催告函》,要求被告在收到该函的21日内交货(最迟在2016年12月3日前通知提货)。随后,原告于同年11月12日又以电话通知和手机短信两种方式,催告被告按期交货。

同年11月10日,该约2200吨货物到达原告方码头,由于在被告处提货时是夜晚装船,原告这才惊讶地发现,被告所供货物质量严重不符合合同约定,鹅卵石普遍大到10公分以上,小到2公分以下,并夹杂大量碎石、泥沙。原告遂要求被告来现场处理,被告未予理睬。由于货物压船,将使损失进一步扩大,在船方的强烈要求下,原告不得不组织将货物装卸至原告货场,就地封存,并向船方给付运费77000元。接着,原告又通知被告立即前来处理,被告仍未置可否。同年11月12日,原告向被告发出书面《通知》和手机短信,要求被告在当月20日前,来原告存放现场,商谈解决该批货物的质量问题,被告仍未回应。

同年12月7日,在没有接到被告方任何通知的情况下,原告再到被告方提货时发现,被告货场现场仍是11月6日仅存的约3000吨不合约定的货物,完全没有货源。原告当即与被告交涉,并再次当面向被告送达《催告》一份,要求其按约供货,同时于当月13日前,来处理约2200吨货物的质量问题。当日,原告又以手机短信的方式，向被告发出上述《催告》，后原告再次又以 EMS 特快形式，向被告发出该《催告》，但被告至今没有回应。

被告的上述行为，已严重违反合同约定，给原告造成诸多被动和不小的损失。更为严重的是，由于当前原告客户催货十万火急，若不能按期交货，恐将进一步产生更大的损失，故原告不得不依据《民事诉讼法》规定的“被告住所地”管辖原则起诉，诉请人民法院依法支持原告的各项诉请。

呈：

重庆市 J 区人民法院

具状人：*** 雨花石工艺品厂

具状人：许民

2016 年 12 月 19 日

这一份诉状中，我将要求继续履行合同的诉求，排列为第六项，隐藏在其他诉求之中，是故意隐藏标的最大诉求，以避免多交诉讼费，看看我的这一暗招能否蒙混过关。

在诉状后，我将《鹅卵石购销合同》、不能供货的手机短信及手机物证、已提货的称重计量单、收款收条、船舶放空的证明、《催告函》《催告》《通知》及特快、短信送达依据和储存在 U 盘里的 8 段视频，编成《证据目录》。

一切准备已就绪，只等开弓放箭。

但是，一种莫名的忐忑，却萦绕心头，总感觉凭此打官司胜算，还是很渺茫，问题到底出在哪儿呢？

第六节　换位思考推演战况，找出自己存在的“硬伤”

虽然我精心准备了上述证据，各证据的指向，均已能清楚地证明罗虎的货物不合格，但是，我比较喜欢或更准确地说是习惯从各个当事人不同的角度，换位思考问题。我一直在想，假若我是罗虎的代理律师，面对此况，将会怎么做？会攻击对方哪些薄弱环节？

这样反复想多了，就发现自己有一个致命的“硬伤”，这就是：证据的“关联性”严重欠缺。

在我方举证后，对方在质证中会问你四个问题：

1. 你的证据均是单方取证，你如何证明视频或照片上的现场货物，就是罗虎货场货物而不是他人货场货物？

2. 即使你能够证明是罗虎货场货物，你又如何证明货场上货物是罗虎自己的，而不是他人租赁罗虎场地存放于此的？

3. 即使你能够证明是罗虎货场的货物，并且不是他人存放的，你又如何证明货场上的货物，就是供给你而不是供给别人的？

4. 你怎么知道除了这些货场货物之外，罗虎就没有货物存放在其他货场能够满足对你的供应？

这些问题，无疑直击我方“软肋”。

若出现此况，我方唯一的赌注，就剩下交给法官认证了。这样诉讼下去也太悬了吧，一审、二审的法官不可能任人左右。

许民知道这些，一脸愁苦。口中喃喃道，要是找到人跟法官打“招呼”就好了。不用说，许民是商人，解决问题的思路是商业化的。

我白了许民一眼,对许民说:“不要胡思乱想了,如果打官司都靠找人,还要我们律师干什么?”我停了停,又对他说:“相信我,我会找到解决问题的办法的!”

第五章

找准核心,要让代理全程围此展开

第一节　从乱局中找出“手筋”,为达目的可多头并举

懂得围棋的朋友都知道,在两厢激烈的对杀中,尤其在胜负如同水中月、镜中花的时候,有人下了一手制胜的高棋,这便是棋语中所称的“手筋”。

我的这一着高棋有没有?在哪里?

我反击的着力点,是罗虎货物的规格不符、质量不合格,对此最无争议的证据,当然是双方共同到场、共同取证、共同结论而形成的证据,显然,这是想都不用想的事,因为没有谁会配合对方作出对己不利的证据。除非精神病人,才会自己打自己。

但作为律师,就是应该擅长使用法律武器,与对方做斗争。那么,我应该使用的法律武器在哪里?

我静下心来,开始梳理法律上的几种方法。

方法之一:申请法院到现场调查取证。若法院能够取证,自然这些问题就解决了。法院调查的证据,即使当事人在质证中加以否

定，只要没有充足的相反证据加以推翻，实践中几乎没有法官不加以采信的。然而，这样的申请，并不属于法定的申请调查范畴，法院一般都不会办理。若是法院给力，依职权调取，至少也应在第一次开庭以后进行，等到那时，时过境迁，合同履行期超过了，标的物可能都不存在了，这一做法显然行不通。

方法之二：申请诉讼保全。若能够将现在存放于货场货物，全部就地查封，让对方动不了就 OK 了，办法倒是不错。可是，难度在于：

1. 当地这样的货场有很多，若对方不去指认自己的货场，怎么能够保证所查封的就是对方的货场？即使能够界定是对方的货场，又怎么能够保证货场上所堆放的不是别人代为保存的货物？在查封之前，法院若要求我方提供货物所有权是对方的证据，否则不办理，我方又如何能够提供？

2. 诉讼保全，是必须要申请人提供担保的。现行担保有三种法定方式，即现金、实物、信誉担保。

首先，若是现金担保，法定要求的是标的总额的 20% ~30%，按合同总额 775 万元计算下来就是 155 万 ~232.5 万元，这个钱交存法院后无利息，直到终审后才能退取，而终审结束可能需要一两年，甚至更久，没有哪个商人愿意将资金如此闲置。更何况，若本案败诉，罗虎可以直接将担保金划归己有。当然，这一点也有办法加以避免，可以用案外人名义提供担保，并以案外人名义去交纳保证金。因为主体的不同，法院日后执行中也无法对案外人的此款进行扣划。

其次，若是实物资产担保，法院对实物资产进行严格审查先不谈，法院保全人员往往嫌麻烦，不愿到异地查封担保财产，只接受当地实物资产担保，而且担保金额往往要大于 775 万元。法院远在重庆 J 区，许民在当地哪来如此多的实物资产能够提供呢？

最后，若是信誉担保，保险业等担保机构，通常会按 775 万元的百分比收取费用,不管官司输赢,许民或许几十万元就没了。

3. 诉讼保全须交纳最高不超过 5000 元的保全费,这一点当然可以忽略不计。

显然,诉讼保全的方法,也不可取。

方法之三:申请现场勘验。现场勘验的主体,是当事人以外的主体——往往是法院主导实施的,而且会要求双方当事人均到场的,这倒是个上好的主意。在对方起诉我方的案件中,虽然至今还没有拿到起诉状,情况至今不完全清楚,但是有一点是清楚的,对方是认为我方没去提货因而违约,故才索赔的。既然如此,在我方“无货可提”的抗辩下,对方就要证明有货,并且货多的是。我方要求现场勘验,就是顺理成章,且不用交纳任何费用。这个主意能用! 但是……可但是……但可是……法院往往不愿意费事去勘验,若不同意去勘验,而按照“谁主张,谁举证”的原则,要求当事人各自举证,此举的目的也就达不到。可见,这一方法有高度的“或然性”。所以,还应该去寻找更好的方法。

方法之四:申请证据保全。《民事诉讼法》第 81 条规定,“在证据可能灭失或者以后难以取得的情况下,当事人可以在诉讼过程中向人民法院申请保全证据,人民法院也可以主动采取保全措施。”对! 何不将思路跳出来,将货物不再视为货物,而是视为证据,要求保全。特别是在许民起诉罗虎的案件中,因为卵石存在是否合格的争议,此申请完全符合法律规定,法院依法对此必须为之。若不为之而产生不良后果的,按《人民法院工作人员处分条例》,承办法官会受到警告至记大过处分。对于法官来说,虽也费事,但去保全一下,手到擒来,何必冒不去保全带来的风险呢? 如此申请的好处还在于,证据保全无须提供任何担保,也无须交纳任何费用,何乐而不为?!

既然方法之四法官是不为之,也得为之,为什么不进一步拓宽思路，将方法之四与方法之三结合进行呢？两者都没有经济成本。既然两个方法结合针对的是罗虎货场的货物，为什么不对许民已提取的、现存放于A市货场的货物，也同时提出呢？至于A市货物法官来不来现场保全或勘验，那倒不是很重要，因为退货不是我方的真正追求，而是我方的抗击手段。若法官不来A市实施，有可能成为我方在未来二审中的进攻点之一。

对！我想我是找到了问题的关键所在，“手筋”抓住了。

第二节　见缝插针套近乎，避重就轻巧立案

《诉状》写好了，《证据目录》及证据也列好了，《现场勘验申请书》《证据保全申请书》也写好了，就连备用的《证人出庭申请书》《调查取证申请书》《延期举证申请书》《延期开庭申请书》都全部备好。鉴于后几项申请书，法律上是有提出的时间要求的，有的是要求最迟在开庭前提出，而有的是要求在开庭10日前提出，一旦逾期，法院不会理你，你又很难说保证不会大意。因此，以我的经验，不管这些申请日后有用无用，预先提交上去较为明智，以后若是无用，就是说一句话撤回而已。而若是日后有用，那可能就不是一般性的作用，因为一旦产生逾期提交的失权，己方将会产生极大的被动，甚至难以弥补，这或许也是司法实践中的小经验吧。

许民如约前来签字、盖章。

我对许民说：“我准备好了，现在我可以上阵了。此行，法院的现场勘验或证据保全是关键，事情成败，在此一举。但无论成功失败，我都希望你保持正常心态。”

许民连连点头，一边签字一边说：“我懂我懂，有些时候人是要靠运气的。”

许民如此说法，使我感到许民确实是一个通情达理之人。他所说的“要靠运气”，使我联想到足球比赛，因为球是圆的，所以什么意想不到的情况都可能会发生。

许民签字完毕，抬起头，试探性地问我：“需要我派人陪同你去吗？”

我一听，不由地笑了。

我知道，自打上次许民的随行曹达在 J 区历险，许民对 J 区已产生了心理防范，甚至是恐惧。

“你放心吧，不会有什么状况的。即使有什么情况，我也会妥善处理的。”我轻松地对他说。根据我的判断，双方当事人既然已经走上了诉讼轨道，动“粗”一般不会出现。即使出现，我相信自己 30 多年历经众多离奇古怪的案件，也足以应对各种可能遇到的不测。

“如遇状况，你打电话给我，我那边有个朋友，他能帮我们。”许民很认真地对我说。我对许民笑笑：“放心放心！”

2016 年 12 月 19 日，我在重庆下了飞机，又经大巴辗转，进入 J 区时，已是下午。

J 区法院地处 J 区一条主干道路边，十几层高的建筑，正面朝南，东面朝大路。大门口的院墙上标着“J 区人民法院”一排大字。几簇树枝斜伸出来，几乎要将这排字遮去一半。

立案庭在朝大路的一侧房内，室内面积很小，一排隔断，将法官与外人隔开。隔断外侧人头攒动，嘈杂又拥挤；隔断内，几个法官在不停地忙碌着，桌子上堆满了案卷。

等待之中，我一边填写好送达地址确认书，一边担心着我那个要求继续履行合同的诉求，法官会不会要求我按合同全额交费。

轮到我了，里面坐着一个年轻的法官。

我将材料递进去，对他说：“现在法院真是案多，法官真是很劳累。”

年轻法官抬头看了我一眼，也不说话。我趁机小声对他说："我原来也是法院的。"

"你也是法院的?"年轻法官抬头看着我，继续干着手中的活儿，我立即点了点头。两人就这样聊起来。他和我一边聊，一边翻着我递进去的材料，在他知道我在法院从事20年审判工作后，便不再看我的起诉材料了，一甩手将诉状还给我，对我说："把起诉的数字加一下。"

我立即用手机算好告诉他。

年轻法官随手拿出一张《受理案件通知书》，随手计算了一下诉讼费，并将计算结果填上，一手将通知书递给我，告诉我到另外一个窗口交费，另一手把我的起诉材料拿起来放在一旁。

我拿了通知书一看，这个案件的编号为：(2016)××01＊＊民初0002号。通知书上仅通知交诉讼费3000多元，只按诉状累计30多万元标的收费，没有按履行合同的总标的775万元收费，我不由得心中窃喜，立即到另个窗口交了费。

年轻法官接过我递给的交费单据，把一张还给我，又把另一张放入我交进去的起诉材料中，抬头对我说："可以了。"

"谢谢!"我想不到，立案进展的如此顺利。

回顾在立案前，我将履行合同的诉求，夹放在多个诉求之中，现在看来，这个暗招施展成功。

出了门，我打电话告诉许民："已经立案了，诉讼费如你所愿。"

许民一听只交了3000多元费用，电话中也很高兴，"真有你的"!

第三节　依法查证受阻时，借用愤怒打击对方

按照事先的计划，立案后，我要在J区等待几天，再去接收罗虎起诉许民的应诉材料。这样做，是为了证明我方起诉在先，而不是

知道对方起诉了我们的案件,我们才去起诉的。

利用这个空闲,我要去调取许民和曹达的两次报警记录。

第二天上午,我来到第一家派出所,调查很是顺利,出警警察核查后,给我出具了盖了章的《处警证明》。

《处警证明》中写道:“2016 年 11 月 6 日 8 时许,江苏人许民报警称,其雇用货船来到 J 区 L 镇 N 坨砂石厂购运砂石,许民称供货方罗虎砂石不合规格,欲空船返还,许民称船方人员要求其支付油费,并威胁打他。民警赶到现场,未发现打架的情况,已劝双方冷静协商解决纠纷。”证明中写到了“许民称供货方罗虎砂石不合规格”,我比较满意。

下午 2 点前,我来到第二家派出所,位于 J 区 H 街道,我心里没底,不知会不会同曹达一样,受到刁难。

警察上班了。

我问了门卫,顺着他手指的方向进入一间警察办公室。

办公室里面坐着两个人,面向门外坐着一个矮胖的年长警察,他对面是一个年轻的警察。

矮胖警察接过律师事务所的介绍信,问明我的来意,上下打量我一番,说此事要向所长请示,现在所长不在,便将介绍信丢在一旁,要我到门外等待。

等了一段时间再问,矮胖警察仍说领导不在。

我无奈,只有继续等待。

就这样,一直等了两个多小时,仍无结果。我开始怀疑,迟迟调取不到,是不是有什么原因。

我毫不犹豫地拨打墙头上张贴的所长电话,叫号半天,没人接听。我接着拨打教导员电话,那头有人接听了。我简单向他说明情况后,明确告诉他,“我已等待了两个多小时,若再无人办理,我将拨打市长电话、人大电话。”

教导员让我稍等,不一会儿下楼来了。两人一见面,我难掩气愤地一连串大声责问。

教导员知道来者不善,也不跟我说什么,低声对那个年轻警察说,“你把这事给办一下”,说完头也不回地转身离开。

年轻警察翻箱倒柜找出了资料,细致地看后,在电脑上起草了一份材料。只见他写道:“2016 年 12 月 7 日上午 9 时许,曹达报警称,其在重庆市 J 区 H 街道 ** 街,被人限制人身自由。民警赶到现场后,系因摄像引起纠纷,民警现场对双方摄像问题进行了调解。”年轻警察又看了看起草的文稿,随即准备打印。

我一看,这不是分明搪塞我吗,我立即对他说:“他们不是因为摄像引起纠纷,而是本来就有经济纠纷。这一次,他们是在送达《催告》文书过程中产生的矛盾,这个情节怎么不写?”

“你在现场? 你比我们更清楚?”年轻警察反问我。

我勃然大怒:“我虽不在现场,但你写的证明也必须实事求是,本来不是这个原因,你为何偏要写成这个原因? 你岂不是故意歪曲事实?”

在我们争吵过程中,教导员过来了,见我一脸怒火,随即对年轻警察说:“你按当时的情况写详细点给他。”

年轻警察心中不乐意,又不得不服从。眼睛看着屏幕,又改了起来。只见《处警证明》写道:“2016 年 12 月 7 日上午 9 时许,曹达报警称,其在重庆市 J 区 H 街道 ** 街,被人限制人身自由。民警赶到现场后,查明是曹达的朋友许民与罗虎之间有经济纠纷,当天许民带曹达与罗虎协商经济问题,协商期间,曹达使用自己的手机对罗虎进行摄像,罗虎要求曹达删除,但并未限制曹达人身自由。民警现场对双方摄像问题产生的纠纷,进行了调解。”

我对内容中没有提及送达《催告》文书一事,仍不太满意,要求将此情节叙述出来,在证明中添写上。年轻警察毅然决然地对我说:“我们可没有看到什么文书送达,不好写。”说完,就将证明打印了出来,起身出门去盖章。

态度如此强硬,凭我的个性,你一定要跟我硬着来,我一定会比你还要硬。记得有一回,我到某市交警大队窗口交车辆违章罚款,有一笔外地罚款网上没有传来现场违章照片。我随口随意地说:“没有现场照片不好收罚款吧。”不想柜台内那个中年妇女厌烦地对我说:“爱交不交随你!”这话岂不是屎缸的石头——又臭又硬。我仍心平气和,继续轻声地说:“那你收吧,收完我就到法院起诉你们,因为行政行为没有证据。”中年妇女听后一愣,想不到我会说这样的话,眼珠一转,反应倒挺快:“那你到违章地城市去交吧,我这里不收。”我仍不露声色,继续轻声地说:“我来交罚款你不收,那就是行政不作为喽,我现在就做录像,明天就到法院起诉你们不作为。”中年妇女被我噎得半天说不出话来,柜台负责人急忙出面。我趁机大造声势,大声指责他们办事刁难百姓,在场人无不认为中年妇女不对。负责人连声向我表达歉意。末了,我让他们把罚款收了,他们不知我葫芦里卖的什么药,手足无措,左右为难。我再次提醒他们收款时,那中年妇女低声承认是自己错了,并央求我写上“自愿交、不起诉”字样。其实,我内心暗自好笑,我怎么可能为这么点罚款,就跟他们大动干戈呢。

眼前的情景,若我较真,不用说,最后赔礼道歉的多数是对方,但这又有什么意义呢,顶多是出了点小气而已,完全没必要。况且,人家说没有看到,一点也没说错。

第四节　提前亲查现场,了然于心方能有备无患

在许多的诉讼之中,案件发生的现场情况,必须提前去查看,这

样就会心中有数，有备无患。

罗虎的货场在哪儿？他的货场有货没货？有多少货？货物是否符合规格要求？等等，这些情况我并不很清楚，所以，我必须事先作个全面掌握。若法院去现场勘验或是证据保全，我不仅可以引路，而且知道哪儿是轻哪儿是重。

次日早晨，我在路边打车欲去货场。问了几个的士，司机都不知我说的罗虎的N坨货场在何处。

正在困惑间，又遇见一个的士司机，他对我说，算你找对人了，我老家就在N坨。

好呐，上了车，一路上和司机随便地聊这聊那。可能是我个人的偏好吧，到了一个陌生的地方，总喜欢多了解了解当地的风土人情。而且，这个偏好，还确实给我带来不少的好处。从司机口中，我竟然知道刘勇这个人在当地名声不小。

闲聊中，车子从市区出来，经过几次拐弯，一路前行。路边房屋已渐渐稀少，不知不觉中，车子从大路开上了一条小路，弯弯曲曲，崎岖难行。有几次，看上去已经没有了路，多亏了司机熟悉路况。一个多小时后，车子经过一片草木丛生，乱石遍地的坡地。坡地的尽头，突然显现出银白色的长江。长江的彼岸，群山在云雾的萦绕下，披上神秘的面纱，奇幻莫测。

司机谨慎地驾驶着车辆，好像一不小心车就会开进长江一样。

终于到达目的地了，我下了车。

这真是一片蛮荒之地。山坡上长满幽暗而难以进入的森林，山坡下一大片土地寸草不生。灰黄阴暗的土地上，几处积水为天空增加了少许明亮。一座破损的小屋，光秃秃地突兀在斜坡上，仿佛在无声地呻吟。紧挨长江边的场地上，堆放着几堆混合着灰黄泥土的卵石，大大小小地挨在一起。远处的机器并没有开机，满眼看不到一个人影，这好像是世界上最荒凉的角落。

我与许民微信视频，许民确认此货场就是罗虎的货场。

我用手机摄下几段视频，又从不同角度拍下照片。可以肯定，货场上没有那么多筛选好的货物，顶多也就几千吨。我将货物规格量了又量，确信还是上次许民尺量的那些货物。

我心中有了底。

跟随的士返程，我将司机电话存了下来备用。

第五节　接招时有意埋下伏笔，为下步应战做好铺垫

三天过去了，我可以去签收应诉材料了。

我打通法院电话。

接电话的是一个女书记员，我问她，听说有许民的一个诉讼案件，是否属实？她喜出望外，说法院已送达多次了但送不到。于是，我和她约好了签收应诉材料的时间。

2016 年 12 月 22 日上午，我来到 J 区法院一楼大厅。在等候空隙，我环顾四周，发现 J 区法院获得了许多荣誉：＊＊人民法院授予的《＊＊优秀法院》、＊＊文明委授予的《＊＊文明单位》……再查民二庭办案人员，有照片，有文字介绍。我把这些一一用手机拍摄下来。我觉得，这些东西说不准将来或许有用。

向我送达应诉材料的是一个女书记员，她把材料给了我，并要我在送达回执上签字。我看了看《应诉通知书》，案件编号是（2016）××01＊＊民初 0001 号，起诉状的落款时间是 2016 年 8 月

22 日，比我们同年 12 月 19 日起诉对方的 0002 号案件，早了近 4 个月。看完，我故意说："我们前几天刚起诉对方，想不到对方竟然恶人先告状，打起我们的官司来，这一点我想在备注中写清楚。"

女书记员示意可以。

我在送达证上备注栏写下这么一段话："许民委托的本代理人，于 2016 年 12 月 19 日起诉罗虎质量纠纷案件后，获悉罗虎起诉许民等人违约案，于 2016 年 12 月 22 日签收本应诉材料。"

这样做的目的，是日后不让法官认为，我方是出于规避的目的，明知罗虎先起诉了案件，而又故意起诉罗虎。

第六节　沟通是一门高超的技巧，成功源于事前设计

当日下午，我带着《现场勘验申请书》、《证据保全申请书》和案件的证据材料，再到 J 区法院。我的目的，是以提交材料为名，见到承办法官，继而说服法官去现场勘验或是证据保全。因为我方两项申请只要法院跟我方做到一项，就能达到我方目的，就能变被动为主动。

可是，承办法官并不跟我见面，他只是派书记员下来接收我提交的材料。原来准备好的说辞，全没有了用武之地。

我向书记员核实《应诉通知书》上承办法官陈木及其电话号码，书记员作了肯定的回答。从她口中我了解到，我方诉罗虎的案件，也在昨天刚分到陈木的手中，两案均由陈木承办。

回到住处，我把陈木的名字与先前拍过照片的法院人员对应，知道陈木是 J 区法院民二庭副庭长。

既然不见我，我就打电话给他。我将要说的话，事先准备好提

纲,并且想好对法官不同问题作出不同应答的预案。说实在的,每每重要的通话,我一般都会这么事先准备,以避免交流中有漏误。

电话拨通了。

“请问是陈庭长么?”

“你哪位?”陈木操着当地方言在电话里问我。

“我是张律师,就是许民与罗虎案件中许民的代理律师。”他对应了一下,很快明白过来。没等他说话,我继续说:“是这样的,我有一些情况,想用几分钟时间,与陈庭长沟通一下。”

“你说吧”,听语气陈木现在正好有时间。

于是,我就将两案在J区进行现场勘验或是证据保全的必要性,一一说来,核心点是原、被告、包括法院对此都完全需要。因为从罗虎的角度来讲,他若想提出的违约金诉请得到法院支持,其证明自己已经备足货物、且质量符合合同要求是关键;从许民的角度来说,卵石合格与否,是许民应否承担违约责任和应否准予退货的关键;从法院角度讲,查明备货和质量也是关键,否则就可能案件事实不清,裁判难度会加大。

应该说,我的这一番说辞,是从许民、罗虎、法官三个不同角度、不同利益出发的,说白了,这样做对三方都有好处,而不只是对我这一方有好处。谁都知道,人都是趋利避害的,只有对别人有好处的事,别人才乐意去做,当然法官也不例外。这种办法,自然要比单纯地请求、恳求、乞求对方要高明的多。

陈木在电话里迟疑了一下说:

“这样吧,我同对方联系一下,你等我电话。”

我心底暗自高兴,这一套说辞取得成功。

“谢谢陈庭长!”我继续说:“我从江苏来一次也挺远的,请陈庭长能否将事情抓紧点,我这几天都在J区等着信。”

“好吧。”对方挂断了电话。

第七节　看似不着边际的随意交流，实为放松对方戒备

次日下午，我按照陈木电话通知，早早就在法院门口大厅里等候。

两点刚到，一个中等个、团胖脸、大眼睛的中年男人，手里拎着卷宗，从楼梯上走了下来。他的长相，跟照片上一模一样。

我迅速走上前去，微笑着说："你好！陈庭长。"

"是张律师吗？"没等我说话，他直接说："走吧。"

我随着陈木法官走到门外，路边上一辆SUV车早在门口等候。驾驶员位置上坐着一个中年男人。

我一上车，陈木介绍说："他就是罗虎。"

之前，我还在想，这个驾驶员，是法院的还是什么人？因为是侧面视线，上车时我也没有顾上细看。陈木这一介绍，没想到这么快，就和罗虎近距离接触上了，我遂跟罗虎打了声招呼。

罗虎并没什么反应，一扭车钥匙将车发动，径直启程。

我心中暗自欢喜，不仅仅因为罗虎没带"保镖"——代理律师，更重要的是因为罗虎亲自到场，这对我将大大有利。

一路上，我和陈木聊这聊那，从J区的房价聊到J区的名胜，从足球聊到国际形势，话题不少。罗虎的话却不多，时不时地插聊几句。

半小时后，陈木试探性地问："这个事，你们双方能够调一调吗？"

"可以谈，"我说："关键要看罗总是怎么考虑的了。"

罗虎还是没有说话，仿佛自己正在全神贯注地开车。

"可能罗总也有难处吧"，我故意说："听说，罗总这边股东几个人呢，未必罗总能做大家的主吧。"

罗虎仍旧不说话，手握着方向盘，眼睛看着前方。

话题无法深入。

大家又聊点别的。

沿着我昨天进入的路线，一个多小时后，我们到达罗虎的 N 坨货场。

罗虎走下车，我这才细细地打量起罗虎。高高的身材，长长的脸型，肤色灰土，眼睛蜡黄，头戴一顶土黄色的鸭舌帽，上身卡其色夹克衫，下身牛仔裤子，一双黑皮鞋上带着少许灰土。

罗虎领着我们一行三人，径直向货堆走去。

货场货堆大约有 3 米高，货堆后面，有机器设备正在轰轰隆隆地生产，几条运输带，经过几次辗转将成品货物继续往上堆放着。不用说，罗虎是为了应付这个勘验，故意安排人员，临时开机工作的。

我随手拿起一块很大的卵石，要求陈木测量。陈木将数据报了一下，12 乘以 6 公分，我又拿了几块，陈木又量又报了尺寸……

不一会儿，罗虎好像反应了过来，也走上前去，拿起小卵石要求陈木测量。陈木又将尺寸一一记录在案。就这样，罗虎拿了好多个，陈木也是记了又记。

陈木回到车上，一边写笔录，一边喃喃地说着笔录内容。罗虎仍在货场那边，仿佛是向手下交代什么事情。

我将陈木刚刚测量并拍过照片的两个

大卵石，装入塑料袋，带上了车。

陈木写完后让我看，征求我意见。

我看了一下，上面写道："2016 年 12 月 23 日下午，经许民代理人申请，勘验人员陈木于下午 3 时 30 分到达位于重庆市 J 区 *** 镇 N 坨货场，对现场堆放的商品卵石进行了测量。经测量卵石规格大小不一，其中有部分卵石最长面大于 6 公分，有两面大于 6 公分的卵石，未发现 2 公分的卵石。"

我看完，心中很是满意。其中写的"有两面大于 6 公分的卵石"，足以让对方毙命。转又担心这样严重的尺寸不符，罗虎可能不肯签字，就跟陈木说，是不是在最后加上一句话，"绝大部分卵石在 2 ~6 公分之间呢"。陈木听后又在后面加了一句话："大部分卵石三面在 2 ~6 公分之间，并对测量过程，进行了拍照、摄像存查。"

罗虎过来了，陈木要求双方签名。我好像看都不看似的，随手将名字签了上去。罗虎接过笔录，认真地看了起来，看完后也不说什么，将名字签了上去。

我暗自窃喜，罗虎这下一签名，他应该是胜诉无望了。

三人刚一上车，罗虎突然对陈木说："我还有另外一个货场，在 M 山村。"

第八节　捕捉勘验现场关键点，以免时过境迁无法补救

罗虎这么一说，我很惊讶，怎么从来没有听许民说过罗虎还有 M 山村的货场。

陈木一听，很爽快地说，"那就过去"。

车上，我与许民在用微信暗暗交流。

一个多小时后，车到第二个货场，我立即将现场定位发给许民，同时发给他几张现场图片。许民一看便告诉我，那不是罗虎的货场，而是当地另一个卵石经营人——胡波货场。

罗虎走向中间一堆卵石，对陈木说：就是这一堆。

我一看，这堆卵石很少，顶多半船货物，而且卵石堆中夹杂着黄色、红色和其他杂乱的颜色。我不动声色，悄悄拍摄。我相信，日后这些照片作用会很大。

现场有一些大大小小的卵石，没有N坨货场货物整齐。

我故意捡起小破碎卵石，给陈木测量，陈木记下尺寸。罗虎见状，也故意捡起不大不小的卵石，给陈木尺量。趁此空隙，我将罗虎和陈木身影拍摄下来，并将卵石堆中杂色也拍摄下来。

我又随手拿起一块红色卵石，当着陈木的面对罗虎说："罗总，你看这卵石怎么这个颜色？"罗虎看了一眼，并不理我。

我知道，罗虎又已犯了大错。因为在双方合同里，颜色约定的可是J区地区常规褐色。

陈木在忙着写笔录。

陈木写好后，将笔录递给了我，上书："2016年12月23日下午，勘验人员对位于M山村货场现场堆放的商品卵石进行了测量勘验。经测量卵石规格大小不一，其中，有部分卵石最长面大于6公分，未发现两面大于6公分的卵石，偶有单面2公分的卵石，大部分三面在2~6公分之间，并对测量过程进行拍照、摄像存查。"

双方又在这一份勘验笔录上签了名。

不知不觉,已快六点钟了。

三人上车返程。

他们可能不知道,在N坨货场,我悄悄将陈木测量的两块大卵石,装入拎袋带上车。我的意图是要把它作为物证,提交法官。因为本案发生二审或再审时,因时过境迁,承办法官将无法获得第一感官认识,一旦双方为此再生争议,就又多出一个可能扯不清的问题。

可如何提交这个物证呢?如果当着罗虎的面提交,未免有点儿太“那个”了。我应该想出办法来,单独交给陈木。

车在行驶中,我故意问陈木:“听说,罗虎将我们房屋、账户诉讼保全了,你那儿有文书吗?”

陈木听闻,随手翻起卷宗来。翻了一会儿没找着,遂对我说:“可能在书记员办公室,要不,你跟我回法院去拿一下。”

“好的,好的”我连声说。此提议正中下怀。

我们下了车,罗虎就开车走了。

我随陈木进入书记员办公室,拿了文书。我举起拎袋对陈木说:“陈庭长,这是刚才你尺量的卵石,我方现将它作为物证提交法院。”说完,又将一页手填式的《证据目录(一)/物证卵石》,递了过去。

陈木一愣,迟疑地说:“刚才不是都量过了吗?”

我认真地说:“是的,但我担心时过境迁后,对方不认账,还是请你允许我方举示物证。”

陈木听后显得不怎么高兴,也没说什么,知道举证是当事人权利,当然谁也不能剥夺,很无奈地接过拎袋和目录,好像在开玩笑地低声说:“我担心你达不到目的哟。”说完,头也不回地向自己的办公室走去。

我一个人走出法院大门，异常开心。连日来，挖空心思的准备，今天终于取得了突破性胜利。这一关键性证据的取得，证据的关联性啊什么的，都不是问题了，这会儿那感觉真是卵石下油锅——炸(扎)实！

只是……只是……

陈木末了丢过来的那句意味深长的话，到底是什么意思？

第六章

基础夯实，不怕庭审之千变万化

第一节　把对方分析透彻，知己知彼方能百战不殆

我实在琢磨不出陈木最后那句话的意思，干脆不再想了，权当陈木是随便说说的吧。

为了有效地防御，我必须将对方的情况，剖析得一清二楚。

我从梳理罗虎的起诉状入手。

在没有拿到罗虎的诉状前，我总会猜想罗虎是怎样起诉的。比如，罗虎的诉讼请求、诉求的构成、陈述的事实、陈述的理由及会提交哪些证据等，许多时候，我尽可能往复杂处想。

现在罗虎的诉状呈现在我眼前。

(2016)[redacted]
2016 8 22

民事诉状

原告：罗[redacted]，男，汉族，1972年6月[redacted]日生，居民，住：重庆市[redacted]区[redacted]街道[redacted]村10组，公民身份号码：[redacted]，电话：[redacted]（郭[redacted]代转）

被告：许[redacted]民，汉族，男，1972年9月[redacted]日生，居民，住：江苏省[redacted]市[redacted]乡[redacted]村[redacted]组5号，公民身份号码：[redacted]，电话：[redacted]

被告：[redacted]雨花石工艺品厂，地址：[redacted]市[redacted]村，法定代表人：许[redacted]民，电话：[redacted]

请求事项：1、请求被告支付违约金375万元，2、诉讼费由被告承担

事实和理由：原被告双方于2014年12月26日签订鹅卵石购销合同，合同约定原告在重庆市[redacted]区范围内为被告筛选2-6cm规格的褐色鹅卵石，供货时间2015年1月1日至2016年12月31日止，被告年购买量不得低于贰万伍仟吨，价格每吨155元，交货地点原告生产地。

合同签订后，原告严格按照双方签订合同为被告筛选鹅卵石，但到现在，被告并未按照合同约定购买量提货，违反双方合同约定，构成违约行为，期间原告曾多次向被告去电和书面联系，但被告总以多种理由推迟提货。

综述，被告的行为构成违约，违反双方合同签订宗旨，严重损害了原告的合法权利，原告为保护自己的利益，根据我国法律的相关规定，今诉讼来院请求法院支持原告的诉讼请求。

此致

重庆市[redacted]人民法院

具状人：[redacted]

2016年8月22日

罗虎的诉状，套路原来如此简单，完全没有超出我预想的范围。

最让我舒心的是，罗虎对 375 万元的定性是违约金，而不是差价补偿款。大概罗虎也注意到了差价款这一条文，是放置在违约责任这个大标题之下的吧。这也就意味着，诉讼中可以省略到底是违约金还是差价款这一双方重大争议。

既然是违约金，我就有权申请法院依法调整减少。可见，罗虎要求 375 万元违约金，一定是不可能如数获得法院支持的。我心里虽然有了底，但是，判许民偿付多少违约金，这属于法官自由裁量权的范畴。在这个问题上，各地法院做法完全不一。有判赔 60% 的案例，也有判赔 5% 的案例；也有按同期银行贷款利息的四倍判赔的做法，有按最高院司法解释的一般按当事人实际损失的 130% 判赔的做法；这种客观现状，在违约金问题的处理上，给法官很大的权力。客观地说，由于因案而异，法院也确实难以统一。

无疑，本案的陈木法官对违约金的裁判幅度，拥有较大的裁量权。

除了诉状以外，罗虎的证据仅有几项：一是双方的《卵石购销合同》；二是罗虎与胡波 2015 年关于卵石的《购销合同》；三是于 2016 年 3 月 13 日、7 月 5 日两次催告许民提货的《函告》及特快送达依据。

从诉状的写作到对方的证据举示，给我一个感觉，那就是对方代理人可能“道行不深”。

第一，对方诉称合同期两年，即从 2015 年 1 月 1 日至 2016 年 12 月 31 日，而对方起诉的时间是 2016 年 8 月 22 日。也就是说，还在合同履行期以内，对方就迫不及待地主张偿付违约金。而在这个时间节点上提出主张，到底成立与否绝对是个大大的问号。

第二，对方诉求违约金，却对违约金构成没有说明，按照 375 万元推算,对方应该是主张2015年的违约金。

第三,对方在诉称中说严格按约为许民筛选卵石,但其一定没有到过现场查勘卵石规格与合同的约定是否吻合。

第四,对方诉称多次要求许民提货,但其提交的催告却是2016年度,这与2015年违约金诉求不相吻合。

第五,对方诉求违约金375万元,却没有按最高人民法院的规定要求,向法院提交自己因此实际受到损失的证据。

第六,对方与胡波的《购销合同》先不说该证据真伪,其一年数量为1万吨,而当年的要货量是25000吨,数量并不足额。

第七,对方仅仅凭三项证据支撑其诉求,明显过于薄弱。

我在想,罗虎仅此就要求许民偿付375万元,是不是太草率、太简单、太容易了。看来,我这个对手,也不是很难对付的。

但是,法官对违约金的裁判幅度,却是我无法预判和驾驭的。与其被动求情,不如主动进攻。我相信:进攻是最好的防守!所以,在抗击本案之同时,绝对要在0002号案件上使力!

第二节　通过比较优劣,策划自己想要的状态

0001号和0002号两案相比,在诉讼代理中,哪个难度小,哪个更有利于我方呢?

0001号案件的争议焦点在于:许民在2015年到底有没有要货?围绕这一争议焦点,关于要货的举证责任无疑在许民。

因为合同约定:“交货时间:由乙方电话通知,但乙方必须提前20天通知甲方所需数量。”现在已是2016年年末,一般电信保留的通话记录,也就只有6个月,时过境迁,证明要货的电话记录,已是无法提取。也就是说,证明2015年要货的直接证据——电话记

录,已经没有。这一年,许民也没有给罗虎发过任何要货的书面文件。

许民所能提供的,就是这一年3月11日"以后贡(供)货就应该没有问题了"和6月23日"我们已经在开始生产了"的手机短信。正常推理,许民应该是要过货,但这只是推理出来的结论,而不是直接的证据。

而0002号案件的争议焦点在于:罗虎已供和未供的货物,质量是否合格?罗虎是否有足额的备货能够继续履行合同?

不仅许民的照片、视频等多项证据可以证明规格不符,而且法院的现场勘验笔录能够证明规格和颜色均不符。

至于罗虎是否有足额的备货,虽然勘验笔录里没说,而且,在勘验时,法院事实上根本不可能对现场的卵石过磅称重,但许民的代理人、罗虎和法官的三方现场视频和照片,足以令正常人相信,除去许民已提取的2200吨左右货物外,罗虎现场备货肯定没有47800吨。

在质量与备货两者之间,当然质量争议更重要。因为若质量不合格,再多的备货也无意义。

权衡两案后,就能得出一个结论:法官认定0002号案件质量不符相对容易,认定0001号案件许民已向罗虎要货相对较难。

因为是两个案件,审判的时间不同步,属于正常现象。如果法官先行判决0001号案件我方败诉,并假设此案判决先行生效,对方会怎么做?对方一定会用此生效的法律文书作为证据,向0002号案件举证,以证明我方违约在先,且已被法院判令担责,那显然对我方0002号案件会不利。反过来,则情况完全会相反。所以,我应该追求0002号案件先行判决并先行生效才对。

转而再想,若果真如我所愿,追求到两案不同步,追求到0002号案件先行判决并先行生效的结果,那么,在追求这一结果的过程中，由于两案分开审判，我又要分别跑多少次重庆呢？又要消耗多少时间、精力及费用呢？如此做法是否划算呢？恐怕有点不值。

所以，我真正应该追求的，是让两案并驾齐驱，同步进行！

既然思路清晰了，那么，如何实现我的这个目标呢？

若我跟法院提出同步审理的请求，法官是可同意也可不同意，明显我处于被动地位，法官处于主动地位，掌控权在法官而不在我。那么，我能不能不至于这样的被动？

我想到历史上“明修栈道，暗度陈仓”之计，刘邦为夺取了关中宝地，采大将韩信之谋，正面佯攻，故意暴露行动，而暗中悄悄迂回偷袭，从侧面出其不意地打败了三秦。此计我能否效仿一下。

我决定要点雕虫小技，提个管辖权异议。法律规定，当事人无论以什么理由提出管辖异议，受诉法院依法必须审查，否则就是程序严重违法。即使作出再正确的判决，也都会推倒重来。因为依照《民事诉讼法》规定，程序严重违法，是必须发回重审的。

有的法院试图以当事人故意编造管辖异议的理由，用以扰乱民事诉讼的正常进行为由，对异议人予以制裁或处罚，但这一做法不能获得法律的认同。因为，提出管辖异议是法律赋予当事人的一种权利，作为权利进行行使，法院是不能以任何形式予以剥夺的。

当然，管辖异议是有时间限制的，这就是在提交答辩状期间，说白了是在收到应诉通知书的 15 天之内行使，0001 号案我是肯定没有超期。

按照常规，一个管辖异议的提出，一审法院一般会在 10 天左右下达裁定。当事人不服裁定的，应该在收到后的 10 天内提出上诉。法院审判庭在收到上诉后，将卷宗装订成册。随后移送本院的立案庭，立案庭将卷宗再移送上级法院的立案庭。上级法院的立案庭或是相对应的审判庭进行审查，绝大多数会通知当事人到庭接受询问，在弄清管辖事实的基础上，作出裁定。裁定作出后，再按照反过来的程序，案件再流回原审判庭。这个流转和审查过程，最快的往往3个月才能走完，遇到手头案多的或办事效率低的法官，这个程序甚至6个月也不一定走完。

那么，对0001号案件提出管辖异议的理由是什么呢？我就拿合同签订地说事。在合同中，双方约定的合同签订地——重庆市J区，而双方实际合同签订地——江苏省A市，两者不相吻合。到底是按书面确定，还是按事实确定？当然，我知道规定是以书面约定的为准。可见，这个管辖异议是不能成立的。但我还是要虚晃一枪，这样做目的是要换回我想要的状态——将两案同时开庭，同时审判，避免我方的远途劳累，重复工作。

在准备好《管辖异议申请书》的同时，我将0001号案件的《延期举证申请书》《延期开庭申请书》《证人出庭申请书》《调查取证申请书》《勘验A市货场申请书》《证据保全申请书》等同时准备好。前面说过，这些举证和申请书的提出，不少是有时间限制的。我现在提交这些文书，对我来说根本无须什么成本。

2016年的最后一天，我将这些材料全部寄给了法院。

我将材料寄出不久，陈木打来了电话，意思是说，管辖异议的提出是没有意义的，是不是可以考虑撤回。

法官怕费事，怕做无用功，早在我预料之中。机不可失啊，我立即开出条件："如果法院能将两案同期开庭，同期审判，我们可以考虑撤回。"陈木一听，很明确地说"可以"。我也很明确地说："那就不用裁定了，我回头提交书面的撤回申请书给你。"

同期开庭审理的目的达到了，我的"小计谋"施展成功。

不久，两案的开庭传票寄给了我。

第三节　庭上的精彩源于庭前的苦功，只有准备充足才会临阵不乱

作为代理律师,开庭现场就是我们的战场。有能力的律师,都希望对抗的双方,把本事使在庭上,把功夫亮在庭上,把胜败决在庭上。

要取得庭审的制胜,庭前准备当然是很重要的。我无论是当法官还是做律师,庭前用的功夫都是很多的。以我的经验,庭前有几个环节必须重视。

其一,要熟悉、熟悉、再熟悉案情。双方纠纷发生的来龙去脉,代理律师要了如指掌。对涉案相关的细节,也不应该忽视。必要时,多与当事人交流,在不经意之间,问这问那。只有情况掌握得多,掌握得全,才能在庭上从容应对。

其二,要找准、抓准、拿准关键点。双方到底争议的是什么,在这些争议中,哪些属于核心焦点。或者更为明了地说,涉案法官可能概括的争议焦点是什么。这些争议焦点,就是我们应该最重视的地方。

其三,要全面、深入、谨慎举证。为解决争议焦点,我方能够举出的证据有哪些,这些证据中哪些是最值得充分阐述的,哪些是最有力度的,哪些是对解决争议焦点最有帮助的。在举证时要特别注意,不是所有的证据都可以随便举出的。有的证据可能是“双刃剑”,在有利于本方的同时,还可能有害于本方;有的证据,可能具有多个不同角度的、对本方有利的证明效力,本方有没有遗漏、忘却或忽略这些角度;在梳理好本方举证的同时,对对方的证据,要精心准备好质证意见,必要时,可以事先书写好书面的质证意见。

其四，要筹划、部署、把握证人环节。证人出庭，面对对方律师和法官的发问、询问，犹如不会拳击的普通人，上擂台与专业拳手较量，当然是难以敌对。所以，事前准备特别重要。尽管法律不一定提倡代理律师与证人事前接触，但我认为这些准备是必备无疑的。为了防止庭审中出现疏漏，必要时要向证人做程序讲解，将事情的全程让证人作现场回放。我曾经遇到一位证人，十分自信。考虑到时间久远，我担心他遗忘细节，要求他做个现场实验，他当时极不情愿。结果在法庭上，法官问他入座沙发后，迎面是窗户，还是挂画？窗外是何景，挂面是何画？事后，他深有感触地说，幸亏你事先让我做了回放，否则我可能因为记忆模糊而不能对答如流，如果当时我回答的吞吞吐吐，法官一定以为我在说谎呢。在部署证人过程中，还应将本方在庭上要发问对方的问题，一一演练，不打无把握之仗。

其五，要查找、摘录、引用好法条。法官裁判案件的真正根据，是法律条文的明确规定。尽管法官处理的社会矛盾比较多，对法律事务非常专业，但并不是所有的法律规定，法官都烂熟于心。更何况，法官特别是基层法官，在各庭之间的流动很大，刑事、民事、行政等各个法律专业差别很大，法官不可能是全才、通才。在这个时候，你向法官直接提供法条依据，既省法官查找时间，又省法官精力，所以，没有哪个法官不喜欢的。这样做的好处还在于，你可以将法官的注意力，引向你所需要的方向。

其六，要预想、联想、设想开庭流程。就像回想看过的电影一样，从开始到结束，一幕一幕地走入各个流程。比如，在开庭初期，你是否考虑真的要主审法官回避。在法庭调查阶段，本方如何陈述事实，如何举证、质证，如何发问证人，如何发问对方。在法庭辩论阶段，如何围绕事实结合法律规定，发表本方的意见，如何最后陈述。在法庭调解阶段，如何运用调解技巧，在调解不成的情况下，让法官感觉是对方因素所导致,等等。

为使两案庭审不出意外,我按照上面的几个环节做好准备,一度忙到深夜。

第四节　当庭突袭对方心理,致对方内心慌乱而应接不暇

2017 年 2 月 27 日,天气阴沉。一抬头,满天都是低垂而厚重的乌云。树木萧瑟,冷风刺骨,似乎暗示一场严峻的考验正在来临。

上午 8:20,我走进重庆市 J 区人民法院第 13 法庭。

这个法庭有点老旧,房间不大,无论是审判台,还是原、被告席,座椅都比较简陋,旁听席只能安放两排木条座椅,就像乡村那些看露天电影的座椅一样。房间的窗户并不大,如昏暗地窖中透进一缕光束。半个窗帘掉落下来,斜挂在窗边。墙面的空白处,“公正”“廉洁”几个红色字体,已经泛黄起皱。几盏灰白的荧光灯下,书记员已在电脑前做着开庭准备。

我将出庭证等代理手续交给书记员。书记员示意我在被告席入座。

不一会儿,从门外进来一位中年男人,径直走到原告席入座。这个男人看年龄约在 40 岁左右,个头不高,身材匀称,神态平静,一双眼睛还比较有神。看得出,此人应该就是罗虎的代理人了。

8:30,身披法官袍的陈木,带领两个着便装的人民陪审员,先后从后门走入审判席。陈木刚刚放下卷宗,抬头就问:“你们看,是两案合并同时开庭,还是两案分开开庭?”

没等对方说话,我抢先说:“还是分开开庭为宜,因为两案案情不尽相同。”

陈木询问对方代理人:“你的意见呢?”

“同意。”对方的回答不急不忙,异常平静。

“那就先开 0001 号案件。”陈木说完“砰”的一声敲响了法槌,“现在开庭”!

跟随陈木开庭的流程,我才知道,对方代理人名叫洪腾,是 J 区某法律服务所法律工作者。至此,我似乎恍然大悟,对方起诉思路和举措如此简单,可能跟洪腾专业欠缺有一定的关系。

转而再想,对方如此平静,是不是将功力不放在“庭上”,而是用在“庭下”了,我想到这儿,不由“嗖”地一下倒吸一口凉气,这倒确实是我更担心的。兵法上说:“敌近而静者,恃其险也。”意指敌军离我很近而仍保持镇静的,这是仗着它占据了险要的地形。对方派出法律工作者,不慌不忙地与我方开战,显然并未把我方真正地放在眼里,其所依仗的,不就是地形之利吗?兵法上又说,“为客之道,深入则专,主人不克”,意指深入敌境,军心专一,在本土作战的敌军,便无法战胜我军。说得对,我再不能思绪杂乱了,我应该专心投入庭审才对。

对方将诉状宣读完毕,陈木要求我方答辩。

我稍作转头,双目注视法官说:“在答辩前,我请求法庭要求对方释明,375 万元是什么来源?怎么构成的?这一点,无论是对方的诉状,还是对方今天的当庭陈述,都没有说清楚。我方不知道它的构成,就无从答辩。”

陈木愣了一下,立即对对方说:“你确实需要说明一下。”

“我方的诉讼请……”对方刚一开口,我立即举手。陈木不明其意,问我:“什么事?”

“我听不懂对方的当地方言,请法庭尽可能要求对方用普通话陈述。”我回答道。

陈木点点头,对对方说:“你说慢一点,尽可能用普通话。”

对方被我突如其来的两招，搞得有点晕。缓了缓神，操着生硬的普通话说道："我方的375万元违约金，是主张的合同第一年的……"

我暗自得意，知道已在庭审一开始，就在气势上给对方一个"下马威"，对方一旦乱了方寸，我就可以乘虚而入。

于是，我不慌不忙地开始答辩，说许民没有丝毫违约行为，相反是罗虎屡屡违约，给许民造成很大损害。即使法院认定我方违约，本案约定的违约金也明显过高，应予调整减少。

一诉一辩之后，陈木归纳了许民是否违约和违约金是否约定过高两个争议焦点，这完全在我预料之中。双方围绕焦点举证、质证，在此过程中，我突出强调罗虎"以后贡（供）货就应该没问题了"的短信和现场照片等。此后，我突然申请向对方发问，法庭予以准许。

"原告方，卵石价格155元/吨，我方违约要赔150元/吨，卵石的成本价是不是5元/吨？"

对方或受开场的影响，似乎还没缓过神来，迟疑一下回答说："这个价格，本代理人不清楚。"

"既然你在诉状中说为我方严格筛选卵石，为什么还出现规格不符的卵石？"

"这个嘛，这个……"对方有点语无伦次地说："我们在现场勘验之前，我方并不知道卵石规格有两面大于6公分这一事情。"对方如此回答，我感觉大有文章可做，我立即请求书记员将对方的回答记录在案。

我继续发问："你方在诉称中说为我方严格筛选了卵石，请问你是怎么筛选的？"

"我们是用机器筛选的。"对方答道。

"既然是机器筛选，就会事先设定机器的孔径，按照合同约定应该在2－6公分之间，为什么会出现大于11公分的卵石？"我继续追问。

“这个……”对方支吾其词，显然对方代理人并不懂得设备生产原理。

说实话，就产品生产的流程，我也是反复向许民细致讨教，才弄清楚了产品是要经过上下两道网格过滤才能产出的。上一层是大网格或圆孔，淘汰6公分以上的卵石，下一层是小网格或圆孔，淘汰2公分以下的卵石，成品是提取中间留下的2~6公分的卵石。由于卵石的不规则性，上一层网格在淘汰6公分以上时，一些长扁形或长方形的卵石，就有可能垂直掉落，该卵石横截面的宽度及厚度均可能在6公分以下，但其长度可能远远大于6公分。

我乘胜追击，指着桌上走电脑线用的圆孔说：“这个孔径就这么大，只能落下小于这个孔径的物品。现在的卵石比这个孔径还要大，卵石是怎么能够落下去的？”

对方睁大眼睛，呆呆地看着我，不知如何回答是好。

我将目光转向法庭，总结似地说：“现在的问题已经很清楚了，合同上约定的2~6公分，是指卵石任意面测量的尺寸，都不应该大于6公分和小于2公分。而对方所供成品规格如此悬殊，这说明了什么？说明了对方为追求不当利润，不惜以次充好，故意作祟”。合议庭三个人一边听我说，一边注视着我。

对方依旧目瞪口呆，什么话也说不出。

法庭询问对方是否有问题向我方发问时，对方低下脑袋摇了摇头，看来，对方已斗志全无。

接下来，法庭向双方出具了勘验笔录，征询双方质证意见，我方当然认可无异。对方大概是没缓过神来，也不假思索地表示没有异议。我一听喜出望外，知道对方失去推翻此证的最好机会，真是又送我一份大礼。按常规，这个勘验笔录，是没有法律经验的罗虎，在现场签上的名。作为法律专业人士应该十分清楚，这是对自己不利的封喉利器，所以，无论如何也应该找出理由抗争，拼尽全力也应该加以推翻，不想对方竟是如此甘愿受死，真是太令人意外了。

法庭调查阶段过后，法官指挥法庭辩论。

对方像是完全缓过神来，提高嗓门向法庭说，“我方的辩论意见只有一点，就是 2015 年被告方没有提货，这已构成根本性违约，原告方的诉求应予支持”。

法庭要求我方发表辩论意见。

我转头看着审判席，清了清喉咙道：

“尊敬的审判长、人民陪审员：通过今天的法庭调查，本案的事实已经查明。这就是——在 2015 年，许民多次通知罗虎供货，罗虎因为没有生产设备而无法供货。这样的事实，已为罗虎的短信、现场照片等多项证据证实，证据确凿充分，许民没有丝毫违约。令人无法接受的是，罗虎不仅不心存内疚，反倒打一耙，追究我方的违约责任，并企图要许民支付巨额的违约金，实属与情不合，与理不容，此其一。”

审判席上，两位人民陪审员用专注的目光看着我，听得异常认真。不用说，他们不精通法律，或许只是感觉我说的还比较在理。而令我有点惊奇的是，居中的陈木同样十分专注地看着我，精力高度集中，这在一般情况下并不多见。因为我知道，绝大部分审判员，在法庭调查后，根本不想听代理人过多的辩论，他们心底认为，双方代理人之间的这种“嚼舌”，无非是在浪费法官的时间。现在，陈木听得如此认真，可能并不是认为我的发言如何精彩，而是感觉此案的裁判争议如此之大，所以，他在裁判前要听清各方的观点，好为日后写作判决书做充足准备。既然审判席上听得如此入神，我何不趁机发挥呢！

“其二，本案中，只有许民有权通知罗虎供货，罗虎却无权通知许民提货。这个理由是根据合同条款的理解而产生的。合同第三/

1 条约定‘交货时间：由乙方电话通知，但乙方必须提前 20 天通知甲方所需数量’。也就是说，许民在合同期内最后 20 天前的任何时候，都可以向罗虎要货，前提是要给罗虎 20 天准备的时间。但罗虎是不能通知我方去提货的，因为我方的客户何时出现、要货量的大小、要货的时间等诸多因素，都是无法确定的。

“其三，罗虎要求支付高昂的 375 万元违约金，其诉求不能成立。货物售价 155 元/吨，少提货按 150 元/吨支付违约金，意味着此鹅卵石的成本价仅为 5 元/吨，利润差价为 150 元。本案合同的标的物——鹅卵石，就是一些普普通通的石头而已，并非是什么‘高科技’产品。能获得如此高的利润差价，堪称史上传奇。这样的诉求若能受到法律的支持，岂不是天方夜谭。在此，我方不得不说的是，假设法院认定我方违约，该违约金约定也明显过高，依法应予调整减少。”

我末了这话当然是以防万一。同行们都知道，法院对违约金一般不主动调整，只有经当事人请求才由法院决定是否调整。

我的一番发言后，陈木问对方有无新的意见发表，对方竟已毫无斗志，一连摇头。对方不再说什么，我当然也没有什么需要补充的，法庭辩论结束。

最后，陈木问双方是否愿意调解，对方表示同意，我则委婉地回答：“鉴于双方分歧过大，无法调解。”我一口拒绝调解，是因为在勘验当日，双方在车上根本无法协调下来。我表明意见后，陈木干脆也不再白费劲。

陈木敲响了法槌。这个庭不知不觉地开了一个上午。

陈木要求双方下午 2 点继续 0002 号案件的庭审。

第五节　抓住对方弱点，集中火力攻击

下午2时。还在这个法庭。审判席上，陈木翻看着卷宗。

陈木身边的两个人民陪审员不见了，因为0002号案件，法院刚刚收案不久，没有超出简易程序三个月的审限，无须组成合议庭审理。

我带来的证人曹达坐在门外，他要帮我证明诸多案件事实。

此时，我似乎听见门外有些嘈杂声，扭头向外一看，发现在曹达周围有几个疑似对方的人员，不知什么时候已经聚集在他的左右，有人还不时地在向法庭里张望。

这几个到底是什么人？他们来的目的是什么？是针对曹达而来？还是另有所谋？前不久，曹达侥幸逃脱，如今他敢来法庭做证，其胆量和勇气已是十分可嘉。若其因为做证，对方为难于他，而且，在法庭里对方不"动作"，出法院门外对方再"动作"，那倒是比较麻烦。

想到这里，我立即出门，在曹达耳边悄悄问："这几个人是不是当时围困你的那些人？"

曹达一听，不假思索地告诉我，"不是"。

我宽了些心，回到座位，寻思着意外情况下的对策。

我正思考间，对方代理人向法庭报告说，有证人在门外等候做证。原来如此。但是，对方一下子来这么多的证人出庭做证，是我始料未及的。

随着法槌的敲响，庭审开始了。

我在宣读诉讼请求时，以合同已过履行期为由，明确撤回要求对方继续履行供货义务的诉求，但保留要求退货、赔偿等其他各项

诉求。因为,若真的要求罗虎继续履行交货,许民一下子拿出约740万元资金,提取下余47800吨货物,可能还是有点吃力,更重要的是,眼下的货物价格下行,这样做极其不划算。

对方答辩意见是不同意退货。说许民一直在现场提货,并亲自验收。根据“提货后发现质量问题,甲方概不负责”的合同约定,所提货均为合格。基于此,罗虎也不应赔偿许民任何损失。

围绕罗虎的货物是否存在质量问题、是否应该退货和罗虎是否违约、是否应该赔偿这两个争议焦点,我方向法庭抛出事先准备好的一连串证据,对方所采取的对策是:一概不认,就连送达函件的视频和短信,都拒绝承认。对方如此应对的最大好处是,由于不认,日后的上诉、申请再审,会有巨大的可操作空间。但坏处是,会让审判法官感觉不老实、不尊重事实。

质量不合格这是铁的事实,也是对方最大的弱点。我请求证人曹达到庭做证。证人曹达当庭证明,罗虎利用夜晚装货无照明之机,故意更换石子堆,将碎石、泥沙和不合格的卵石,装载上船,导致已提的货物不合格。其他货物没有再提取,是因为货场只有3000吨货物,而且货物规格太大。按照事先的演练,我对重点问题进行发问,曹达陈述得滴水不漏。

到了对方举证的环节,对方像是拿出宝贝似地突然抛出“重庆市J区X商会”的证明。该证明上赫然写着:“我地区对外销售的卵石……尺寸规格以设备的孔径为准,因卵石系自然形成不规则,卵石成品合格率90%以上视为合格”。除此以外,对方还提供了同行业其他3个公司关于“规格误差率在10%以内”属于正常,不影响合格率的证明。

说实在的,对方当庭抛出的此类证据,我觉得荒唐可笑,简直不值一驳,只要简单加以否定就可以了。因为许民与罗虎双方合同,可没有“90%以上视为合格”的约定,故不应采信。至于这个不应采信的理由，我觉得毫无必要深入去讲，因为这不仅有证据规则的规定，而且也是业内大家的共识。

随后，对方申请证人作证。证人除了证明许民现场认可质量合格以外，对许民多付的 8400 元，突然说成是许民委托罗虎发放给工人的加班工资。

我还真想不到对方还会这样杜撰。于是，我对证人发起一连串的发问，证人怕担伪证责任而略显惊慌，不敢固定许民所谓委托时的原话，承认没看见书面委托书，承认加班工资没有收条。

说实在的，这种证言也没有太大的作用，我也不想过多浪费时间。因为，我觉得在一个诉争案件中，一定要集中火力解决核心问题，本案的核心问题就是货物质量不合格，显然，这是对方最薄弱的环节，我就是要抓住不放。而对一些鸡毛蒜皮的小事，完全没有必要过多纠缠，更没有必要分散法官注意力。

法官在这个时间节点，仿佛在打瞌睡，半闭眼睛指挥双方进行法庭辩论，并要求我先发言。于是我说道：

“尊敬的审判员：通过今天的庭审，本代理人发表以下意见：

“首先，罗虎已供货物质量不合约定，应承担退货退款和相应的违约责任。罗虎所供 2200 吨卵石，利用夜晚装船时机更换石子堆，以次充好。现在货物也即物证俱在，这是任何说法也改变不了的事实，因而其必须依法担责。

“其次，罗虎未供的货物质量不合约定，应承担不能按约交货的违约责任。在法院的现场勘验笔录中，双方当事人对规格不符已签字确认。对方在庭审中还解释说，‘在法院勘验前，我们不知道规格偏大。’而对方在 0001 号案件诉状中，竟还声称‘严格按照双方签订合同为被告筛选卵石’，岂不贻笑大方。不管其如何辩驳，因规格不符而不能按约交货，这已成为铁的事实。所以，罗虎不仅应承担已供货不合格的违约责任，还应承担未按约供货的违约责任。

“此外,罗虎多收的货款 8400 元,应承担依法返还的民事责任。许民在支付 2200 吨货款时,由于误算多支付 8400 元。对罗虎而言,该款已构成不当得利。对方在庭审中辩称,该款是许民同意额外支付给工人的加班费,这一说法纯属无中生有,双方也根本没有这样的口头或书面约定。假设罗虎果真发放了加班费,那只能是自己的自愿行为,是另外的法律关系,与许民无丝毫关联。”

我的辩论意见刚说完,对方就迫不及待地发言,坚守“提货后发现质量问题,甲方概不负责”的合同约定,并说自己货源多得很,自己有几个货场,货物完全符合质量要求。

最后,对方竟一针见血地指出:“许民提起此案诉讼的目的,就是为了对抗 0001 号违约金案,目的是想不赔或少赔,请求人民法院依法驳回其诉请。”

对方的这种剥露也够尖锐的。

此案当然也是无法调解解决。

笔录签字过程中,双方的几个证人入庭。我示意曹达签字后,让对方人员先走,曹达心领神会。

对方人员相继离场,局面平安无事。

陈木转身刚要离去,突然又转回身来,对我说,“你们对诉求中哪些属于因质量不合格的差旅费损失,和哪些属于不能按约交货的差旅费损失,要进行一个拆分,在庭后 5 日内书面提交给我。”

“好的。”我一边回答,一边在想,陈木要我方做这件事,倒是挺有意思,是不是意味着法官的注意力,已注重在赔偿损失上。也就是说,对方是应当承担民事责任的,否则,何谈什么损失赔偿呢?

好像兆头不错,但不知案件结果能否称心如意?

第七章

遭受挫折,更须自我反省携手克难

第一节　从最坏处着想,向最好处努力

许民详细听我讲述两案庭审情况,开始表情严肃,最后越发轻松。末了,许民大喜过望地说:“这两个案件我们赢了!”

我有点惊讶,忙问何故。许民信心十足说:“罗虎诉我的案件,你在开庭中说的对,罗虎说以后供货应该就没有问题了,证明他以前是有问题的。我诉对方的案件,法院勘验证明不合格是死的,他还能变成活的了?”许民继续谈论着他对案件的分析,尤其认为法官要求我方对差旅费进行拆分,无疑暗示要判决我方胜诉。许民越讲越高兴,表情越发轻松,不时笑出声来。

我听他讲完,笑着对他说:“你不要过于乐观了,常言说,得意往往是失意的媒介,我看结果不一定有那么好。”

许民被我这盆冷水迎面一泼,镇静了许多,竖起耳朵在听。

“这一次庭审,对方的合伙人刘勇虽未露面,但其能量绝不可小视。我听说 0001 号案件诉讼费都分文未交就打到官司,可见其能量非同一般。”我停了停,又说:“陈木若想判决哪一方败诉,找个理

由就能轻易做到。”

许民的脸色渐转。

“只不过——”我继续说：“我方的证据还是挺硬的，法院若想判决我方败诉，无论其用怎样的理由，都不能绕过我方的证据，这一点我倒是很有信心的。”

就我代理案件而言，从不喜欢将结果想象得太好，也从不给委托人有过高的期待，我觉得这样做，不仅会使自己保持警觉，还会给代理律师留下足够的空间，不至于日后因情况有异而过于被动。不过，有的律师做法与我正好相反，即使案件结果没有达到当事人预期，甚至惨败，他也会以法院裁判不公加以搪塞。

“下面，你该做生意专心去做生意，我们还是以不变应万变，静心等待结果吧。”许民听我说后，点点头。

接下来的日子，我总是在琢磨，这个案件法官会怎么判决呢？我情不自禁地问自己：“你不也当过多年的法官吗？现在案件假如是你承办，你该如何判决两案呢？”

我思前想后，觉得最公正的判决，应该是这样的：

0001 号案件，虽然许民不能提交通话记录，但罗虎发给许民的短信上说，“以后贡(供)货就应该没问题了”，说明许民以前要过货，否则，罗虎没有必要画蛇添足发这样的短信给许民，这是常人都能作出的判断。罗虎举证的两份提货通知，均发生在 2016 年，对罗虎 2015 年的诉求，毫无帮助。在本案的合同只有一个履行期的情况下，按照合同“提前 20 天通知甲方所需数量”的约定，罗虎并没有权利通知许民供货。在合同履行期内，许民要货给足罗虎 20 天即可。在 2016 年 11 月、12 月，许民数次发函要货，罗虎也没供上，说明许民一直要货，是罗虎不能供货。因此，罗虎的诉求应该驳回。

0002 号案件，许民已经提取的一船 2200 吨货物，虽然许民称不合格，但许民没有在“提货”出场前检验产品质量，因此罗虎出货后“概不负责”，故许民要求退货的诉求，不能予以支持。但是，许民在2016年11月、12月，几度书面通知要货，并且放船到现场也没提到货，皆因罗虎货物的规格和颜色不合标准，因而应该赔偿船舶放空费和差旅费。由此，判许民部分胜诉比较合理。若将许民已提货也判决退货，法院并没有到许民存货现场实地勘验，难以确定货物是否合格。

如此分析下来，两案的结果是，一案全部胜诉，另一案部分胜诉。

但是，如果在不公正的情况下，一审法官会怎么“帮助”罗虎，使罗虎胜诉呢?

在0001号案件中，要想“帮助”罗虎，一定要说许民对2015年要货举证不能，因为合同上约定是“由乙方电话通知”，但许民至今没有提交电话通知的证据。许民的现有举证，满足不了合同的这一要求。至于罗虎的短信，并不能清楚地反映出许民明白无误要货的意思表示，顶多只能说明罗虎有主动联系许民的意思表示，因此，许民应该承担违约责任。在违约金数额的考量上，合同约定的150元/吨，该违约金约定明显过分高于造成的损失，因此应该调整减少。结合罗虎的进货、存货、人工和机械筛选、资金占用等成本因素，将违约金调整到15%为宜，即判赔56.25万元。

而0002号案件要“帮助”罗虎则相对困难，许民要提货是事实，罗虎的质量不合格也是事实。退货的诉求用提货后概不负责驳回，这一点应该是没有问题的，但索赔船舶放空费、差旅费的诉求，倒是难以处理，法院的勘验笔录存在卷内，闭眼说合格也不行，要想帮还真不好弄。虽然，我想不出有什么高招作判，但我心里很是清楚，法官有的是办法，绝对不用怀疑法官的智商。

这样分析下来，两案的结果是，一案大额败诉，另一案结果难以预想。

其实，无论法官怎么判决，我都应该从最坏处着想，向最好处努力。

我将两案的重点归纳出来，写出代理意见，向法庭提交。

在材料提交的方式上，有当事人当面送交法官的，也有邮寄的。就我个人感觉而言，当面送交的不一定比邮寄的好。因为当面送交时，承办法官往往要求书记员下来拿，书记员拿到后，是存放于卷宗，还是直接转交到承办法官手上，还真不好说，往往绝大多数的做法，都是存放于卷宗。而书记员一旦有差错，忘记存放或放错了卷宗，承办法官就有可能看不到。如果邮寄，那主审法官收到的概率就会很高。而且，主审法官在收到后，一有空闲就会拆开信封，阅读的可能性也就加大。

第二节　面对失利的判决，找准失败的原因

一晃 3 个多月过去了，法院这头没有动静。法官在手案件多、压力大，我很能理解。在此期间，我主动与陈法官联络了一次，他要我等待案件处理结果。

2017 年 6 月 12 日，一封厚厚的法院快寄，送到我手上，拆开一看，果然是案件判决书。

首先映入我眼帘的是 0001 号案判决书。

0001 号案判决书

重庆市[redacted]区人民法院

民事判决书

（2016）[redacted]民初[redacted]号

原告：罗[redacted]，男，1972年6月[redacted]日出生，汉族，住重庆市[redacted]区[redacted]街道[redacted]村10组，公民身份号码[redacted]。

委托诉讼代理人：洪[redacted]，重庆市[redacted]法律服务所法律工作者，特别授权。

委托诉讼代理人：郭[redacted]，重庆市[redacted]法律服务所法律工作者，特别授权。

被告：许[redacted]民，男，1972年9月[redacted]日出生，汉族，住江苏省[redacted]市[redacted]乡[redacted]村[redacted]组5号，公民身份号码[redacted]。

被告：[redacted]雨花石工艺品厂，住所[redacted]市[redacted]乡[redacted]村[redacted]。

法定代表人：许[redacted]民，厂长。

上述二被告共同委托诉讼代理人：张怀奇，北京市君泽君（南京）律师事务所律师，特别授权。

原告罗[redacted]与被告许[redacted]民、[redacted]雨花石工艺品厂（以下简称[redacted]雨花石厂）买卖合同纠纷一案，本院于 2016 年 8 月 22 日立案受理后，依法由审判员[redacted]担任审判长，与人民陪审员熊[redacted]、程[redacted]组成合议庭，适用普通程序，于 2017 年 2 月 27 日公开开庭进行了审理。原告罗[redacted]的委托诉讼代理人洪[redacted]，被告许[redacted]民、[redacted]雨花石厂的共同委托诉讼代理人张怀奇到庭参加了诉讼。本案现已审理终结。

原告罗[redacted]诉称：原、被告双方于 2014 年 12 月 26 日签订鹅卵石购销合同，合同约定原告在重庆市[redacted]区范围内为被告筛选 2-6cm 规格的褐色鹅卵石，供货时间 2015 年 1 月 1 日至 2016 年 12 月 31 日止，被告年购买量不得低于贰万伍仟吨，价格每吨 155 元，交货地点原告生产地。合同签订后，原告按照双方签订的合同为被告筛选鹅卵石。但到现在，被告并未按照合同约定购买量提货，违反双方合同约定，构成违约行为。期间，原告曾多次向被告去电和书面联系，但被告总以多种理由不提货。现请求依法判令：被告向原告支付违约金 3750000 元。

被告许[redacted]民、[redacted]雨花石厂辩称：二被告无违约行为，原告的诉请无事实依据，应驳回原告的诉讼请求；另双方约定的违约金标准过高，应予调减。

经审理查明：2014 年 12 月 26 日，原、被告双方签订《鹅卵石购销合同》，被告在重庆市[redacted]区范围内向原告购买褐色鹅卵石。该合同第一条约定，供货期从 2015 年 1 月 1 日至 2016 年 12

月31日止，被告年购买量不得低于贰万伍仟吨。合同第三条第1项约定，交货时间为被告提前20天电话通知原告。合同第四条约定，价格为每吨155元，每次供货量以现场核准单据为准，付款方式为被告提货时一次性付清。合同第五条违约责任第1项约定，被告购买量若未达到约定购买量，所差数额按每吨150元补偿给原告。合同第六条第2项约定，被告提货前检验产品质量，提货后发现质量问题，原告概不负责。该合同还对运输方式、规格、颜色等其他事项进行了约定。合同签订后，原告按约备货，被告在2015年未向原告购买鹅卵石。2016年原告经催告被告购货未果，遂诉讼来院提出诉讼请求，要求被告支付2015年未购货的违约金3750000元。

另庭审过程中，被告未举示证据证明2015年被告要求原告供货的时间和数量，也未举示证据证明被告通知了原告供货而原告不供货的事实。

上述事实，有《鹅卵石购销合同》《函告》及当事人陈述等证据材料，经开庭质证和本院审查属实，在卷佐证，予以确认。

本院认为，原、被告双方签订的《鹅卵石购销合同》是双方的真实意思表示，并不违反相关法律法规效力性强制性规定，合法有效，应受法律保护。本案中，争议的焦点为被告是否构成违约，首先根据双方的合同约定，被告2015年应向原告购买鹅卵石2.5万吨，事实上被告并未在原告处购买；其次庭审过程中，被告未举示证据证明2015年被告要求原告供货的时间和数量，也未举示被告通知了原告供货而原告不供货的证据，其举证不能的不利后果应由被告承担，因此，被告在2015年未向原告购货的行为已构成违约，依法应当承担相应的民事法律责任。关于违约金的问题，虽然双方在合同中约定被告购买量若未达到约定购买量，所差数额按每吨150元补偿给原告，但由于鹅卵石并非特定物，被告不购买原告也可以销售给其他人，因此该约定的补偿数额与双方约定的每吨价格155相比，明显过高，本院根据全案的具体情况，酌定将违约金调减为每吨补偿15元，故原告要求被告支付违约金3750000元的诉讼请求，本院只支持375000元，其余超过部分，不予支持。综上所述，二被告关于应驳回原告的诉讼请求的辩称理由不能成立，其辩称意见，本院不予采纳；关于双方约定的违约金标准过高应予调减的辩称意见，与审理查明的事实相符，本院予以采纳。为保护当事人的合法权益，维护正常的社会经济秩序。依照《中华人民共和国合同法》第六十条、第一百零七条、第一百一十四条，《中华人民共和国民事诉讼法》第六十四条之规定，判决如下：

一、被告许[redacted]民、[redacted]雨花石工艺品厂在本判决生效后十日内支付原告罗[redacted]违约补偿金375000元。

二、驳回原告罗[redacted]的其他诉讼请求。

如果被告未按本判决指定的期间履行给付金钱义务，应当依照《中华人民共和国民事诉讼法》第二百五十三条之规定，加倍支付迟延履行期间的债务利息。

案件受理费36800元，由原告罗[redacted]负担20000元，被告许[redacted]民、[redacted]雨花石工艺品厂负担16800元；财产保全费5000元，由被告许[redacted]民、[redacted]雨花石工艺品厂负担（案件受理费限原、被告在本判决生效后十日内向本院缴纳，财产保全费原告已实际缴纳，由被告在履行上述金钱给付义务时一并直付原告）。

如不服本判决，可在判决书送达之日起十五日内，向本院递交上诉状，并按对方当事人的人数提出副本，上诉于重庆市第[redacted]中级人民法院。双方当事人在法定上诉期内均未提出上诉或仅有一方上诉后又撤回的，本判决发生法律效力，当事人应自觉履行判决的全部义务。一方不履行的，自本判决内容生效后，权利人可以向人民法院申请强制执行。申请执行的期限为二年，该期限从法律文书规定履行期间的最后一日起计算。

审　判　长　[redacted]

人民陪审员　熊[redacted]

人民陪审员　程[redacted]

二〇一七年六月七日

本件与原本核对无异

书　记　员　陈[redacted]

0001 号案判决结果是许民败诉,或准确地说部分败诉。败诉的理由在于,许民 2015 年并未买货,许民对 2015 年要货以及要货的时间和数量不能举证,许民已构成违约,故一审酌定调减违约金为 375000 元。诉讼费则由双方分担,罗虎承担 2 万元,许民承担 21800 元。

这一判决结果,与我此前对败诉的预料,几乎区别不大。只是判决偿付的违约金是 10%,比我想象的要少一些。往好处想,有可能是我抗辩比较强烈,陈法官“照顾”的结果。这个数字陈木拿捏的比较好,不大又不小,不多又不少,刚刚合适,许民偿付也付得起,还不至于伤筋动骨。或许,若判决金额多了,我方会风起云涌,上诉不休。

可是,这个判决所建立的理由是许民“举证不能”。在 2015 年要货问题上,许民的确不能提交电话要货的证据,但有罗虎“以后贡(供)货就应该没有问题了”的短信。而在陈木的眼中,这个短信一点都不重要。陈木认为,仅凭这个短信不能证明许民要货。可是,反推短信中这句话的意思,不就说明了罗虎“以前供货是有问题的”,不就说明了罗虎“以前供不了货”,不就说明了许民“以前跟罗虎要过货”。反过来说,如果许民没有要过货,罗虎要多此一举发这封短信给许民干什么?而且内容还对自己这样的不利?

真后悔自己在庭上没有将这个道理细细磨碎讲明,从而给陈木留了空间。正是“举证不能”这四个字,成为我方被判败诉的根本原因。

第三节　自己认为不重要的东西在别人眼里可能正好相反,掉以轻心往往铸成大错

再看 0002 判决书。

0002 号案判决书

重庆市[redacted]区人民法院

民 事 判 决 书

（2016）[redacted]民初[redacted]号

原告：[redacted]雨花石工艺品厂，住所[redacted]市[redacted]乡[redacted]村[redacted]。

法定代表人：许[redacted]民，厂长。

原告：许[redacted]民，男，1972年9月[redacted]日出生，汉族，住江苏省[redacted]市[redacted]乡[redacted]村[redacted]组5号，公民身份号码[redacted]。

上述二被告共同委托诉讼代理人：张怀奇，北京市君泽君（南京）律师事务所律师，特别授权。

被告：罗[redacted]，男，1972年6月[redacted]日出生，汉族，住重庆市江津区[redacted]街道[redacted]村10组，公民身份号码[redacted]。

委托诉讼代理人：洪[redacted]，重庆市[redacted]法律服务所法律工作者，特别授权。

委托诉讼代理人：郭[redacted]，重庆市[redacted]法律服务所法律工作者，特别授权。

原告许[redacted]民、[redacted]雨花石工艺品厂[redacted]与被告罗[redacted]买卖合同纠纷一案，本院于 2016 年 12 月 19 日立案受理后，依法由审判员[redacted]独任审判，适用简易程序，于 2017 年 2 月 27 日公开开庭进行了审理。原告许[redacted]民、[redacted]雨花石工厂的共同委托诉讼代理人张怀奇，被告罗[redacted]的委托诉讼代理人洪[redacted]到庭参加了诉讼。本案现已审理终结。

原告许[redacted]民、[redacted]雨花石工厂诉称：2014 年 12 月 26 日，原、被告双方签订《鹅卵石购销合同》，合同约定被告是原告地区唯一经销商，从 2015 年 1 月 1 日起至 2016 年 12 月 31 日止，被告以每吨 155 元的价格，向原告供应常规褐色 2-6cm 鹅卵石 25000 吨，原告提前 20 天通知被告供货数量，双方凭现场核准数量单据，原告在提货时一次性付清货款。双方同时约定，原告要货方式为电话通知。合同签订后，原告寻找到客户，遂电话通知被告交货，被告却以需要安装设备为由，拒绝供货。直到 2015 年 6 月被告才通知原告已开始生产。2016 年 9、10 月期间，原告落实了客户通知被告交货。2016 年 10 月 30 日，原告查验货物的表面规格后装船，并支付了部分价款。同年 11 月 6 日，原告再次派船提货时发现，被告的货物规格严重不符合约定的 2-6cm 标准，双方发生纠纷，原告当即报警。在警察疏导下，原告未提到货，暂付了船舶空运费 16000 元，而且还不得不按被告要求补给被告第一次购货价款 76400 元。后经原告核算被告多收取原告价款 8400 元。同年 11 月 9 日，原告向被告发出书面《催告函》要求被告在 21 日内交货。同年11月10日，购买的货物到达原告码头，发现质量严重不符合约定，鹅卵石普遍大于10cm以上，小到2cm以下，并夹杂大量碎石、泥沙。原告遂要求被告到原告处处理质量问题，被告未回应。同年12月7日，原告在没有接到被告任何通知的情况下，原告再次到被告方提货发现，被告货场仍是11月6日仅存的约3000吨不合约定的货物，原告又当面向被告催告要求其按约供货，但被告未回应。现请求依法判令：1、被告取回其所供的2200吨不符合合同约定标准的货物并返还货款338433.20元；2、被告返还原告多收的价款8400元；3、被告赔偿原告公路运费31800元、卸货费9540元；4、被告赔偿不能按期交货而产生的船舶空运费16000元；5、被告赔偿原告因质量不合约定标准和不能交货产生的差旅费损失5456元。

被告罗[redacted]辩称：被告提供的货物质量合格，并经原告认可，不应赔偿原告相关费用，且原告诉请超出货款的8400元，系支付的加班费用，并未多收取，应驳回原告的诉讼请求。

经审理查明：2014年12月26日，原、被告双方签订《鹅卵石购销合同》，原告在重庆市[redacted]区范围内向被告购买褐色鹅卵石。该合同第一条约定，供货期从2015年1月1日至2016年12月31日止，被告年购买量不得低于贰万伍仟吨。合同第二条约定，产品规格为2cm-6cm，产品颜色为重庆市[redacted]区常规褐色。合同第三条第1项约定，交货时间为由原告提前20天电话通知被告。合同第四条约定，价格为每吨155元，每次供货量以现场核准单据为准，付款方式为原告提货时一次性付清。合同第六条第2项约定，原告提货前检验产品质量，提货后发现质量问题，被告概不负责。该合同还对运输方式、违约责任等其他事项进行了约定。合同签订后，被告按约备货，原告在2015年未向被告购买鹅卵石。2016年被告经催告原告购货未果，遂向本院提起诉讼要求原告支付违约金。2016年10月30日，原告到被告处购货，查验货物后装船，并支付了部分价款。同年11月6日，原告再次派船到被告处购货，原告认为被告供应的鹅卵石质量有问题，双方为鹅卵石是否合格发生争议，原告未提货。后原告认为2016年10月30日购的货有质量问题。同年12月，原告再次到被告处提货，仍因质量问题未能成交。双方为此发生纠纷，原告遂诉讼来院提出上述诉讼请求。

另查明：原、被告双方在庭审过程中确定2016年10月30日购货数量为2200吨。原告共计支付被告货款349400元。庭审过程中被告举示了“重庆市[redacted]区[redacted]商会的证明”以证明鹅卵石的规格以机器设备孔径为准，且系自然形成，成品合格率90%以上视为合格。另本院根据原告的申请对被告供货的两个货场进行了勘验，经勘验被告供应鹅卵石的其中一个货场的鹅卵石大部分三面在2cm-6cm之间，有部分一面大于6cm,偶有单面小于2cm的卵石；另一个货场的鹅卵石大部分三面在2cm-6cm之间，有部分一面大于6cm,有二面大于6cm的卵石，无小于2cm的卵石。

另庭审过程中原告还举示了机票、车票、收据等证据材料以证明原告在履行合同过程中因此产生的公路运费、卸货费、船舶空运费、差旅费等。

上述事实，有《鹅卵石购销合同》、《函告》、收据、机票、车票、重庆市[redacted]区[redacted]商会的证明、勘验笔录、照片、视频、短信、称重计量单、银行交易回单及当事人陈述等证据材料，经开庭质证和本院审查属实，在卷佐证，予以确认。

本院认为，原、被告双方签订的《鹅卵石购销合同》是双方的真实意思表示，并不违反相关法律法规效力性强制性规定，合法有效，应受法律保护。根据本案的诉辩情况，双方发生纠纷的主要原因为被告提供给原告的鹅卵石质量是否合格。虽然根据双方的合同约定产品规格为 2cm-6cm，但由于鹅卵石是天然形成，每吨需由若干个鹅卵石批量组成，且根据设备的筛选特点也必然会出现一面大于 6cm 的情况，因此有部分鹅卵石未达到规格要求，符合批量货物的特征，不能据此就认定所有货物质量不合格，又由于双方在合同中并未对合格率进行约定，而根据重庆市[redacted]地区的交易习惯，成品合格率 90%以上即为合格。庭审过程中原告并未举示证据证明被告提供的鹅卵石的合格率数值未达到 90%，其举证不能的不利后果，应由原告承担，因此，原告诉称被告提供的鹅卵石质量不合格，证据不足，其主张本院不予支持，故原告要求被告赔偿因为质量不合格给原告造成的船舶空运费、差旅费的诉讼请求，本院不予支持。另双方在合同中约定提货前检验产品质量，提货后发现质量问题被告概不负责，根据该约定原告于2016年10月30日对鹅卵石进行检验，检验后装船购买的行为，应认定被告提供的货物质量合格，原告现又以被告2016年10月30日交付的鹅卵石质量不合格为由主张权利，于法无据，故本院不予支持，因此，原告要求被告取回其所供的2200吨鹅卵石并返还货款，以及赔偿原告公路运费、卸货费的诉讼请求，本院不予支持。关于原告要求返还多收价款的问题，根据双方庭审中确定的2016年10月30日购货数量为2200吨，按双方合同约定每吨155元计算，原告应支付价款为341000元（155×2200元=341000元），而原告实际支付金额为349400元，多支付了8400元，虽然被告辩称多支付的8400元系原告支付的加班费，但未举示证据证明，因此，本院认定该8400元，系原告多支付给被告的价款，被告理当退还，故原告要求被告返还价款8400元的诉讼请求，符合法律规定，本院予以支持。综上所述，被告关于不应赔偿原告相关费用的辩称意见，本院予以采纳；关于不应退还价款的辩称理由不能成立，其辩称意见，本院不予采纳。为保护当事人的合法权益，维护正常的社会经济秩序。依照《中华人民共和国合同法》第六十条、第六十一条、第一百五十八条、第一百五十九条，《中华人民共和国民事诉讼法》第六十四条之规定，判决如下：

一、被告罗[redacted]在本判决生效后十日内返还原告[redacted]雨花石工艺品厂、许[redacted]民货款8400元。

二、驳回原告[redacted]雨花石工艺品厂、许[redacted]民的其他诉讼请求。

如果被告未按本判决指定的期间履行给付金钱义务，应当依照《中华人民共和国民事诉讼法》第二百五十三条之规定，加倍支付迟延履行期间的债务利息。

案件受理费 7682 元，减半收取 3841 元，由原告[redacted]雨花石工艺品厂、许[redacted]民负担 3500 元，被告罗[redacted]负担 341 元（案件受理费限被告在本判决生效后十日内向本院缴纳）。

如不服本判决，可在判决书送达之日起十五日内，向本院递交上诉状，并按对方当事人的人数提出副本，上诉于重庆市第[redacted]中级人民法院。双方当事人在法定上诉期内均未提出上诉或仅有一方上诉后又撤回的，本判决发生法律效力，当事人应自觉履行判决的全部义务。一方不履行的，自本判决内容生效后，权利人可以向人民法院申请强制执行。申请执行的期限为二年，该期限从法律文书规定履行期间的最后一日起计算。

审　判　员　[redacted]

二〇一七年六月八日

本件与原本核对无异

书　记　员　陈[redacted]

0002 号案裁判结果也是许民败诉，或准确地说是部分败诉。原审查明："重庆市 J 区 X 商会"证明卵石的规格，以机械孔径为准，成品合格率 90% 以上视为合格。原审据此认定，虽然双方合同约定卵石规格为 2 – 6 公分，但卵石是天然形成，根据设备的筛选特点，必然出现一面大于 6 公分，根据本地的交易习惯，成品合格率 90% 以上即为合格。在此基础上，原审进一步认为，许民并未举证证明罗虎的卵石合格率达不到 90%，故许民证据不足，其主张不予支持。但罗虎多收的 8400 元价款，应予返还。故判决罗虎返还 8400 元，许民的其他诉求全部驳回。诉讼费由双方分担，罗虎承担 341 元，许民承担 3500 元。

目睹这样的判决，突然感觉脸上发烫。如果陈木不是为了帮助对方而作这样的认定，我真是犯下弥天大错。当初，在庭审中，对方像拿宝贝似的举出"重庆市 J 区 X 商会"的证明，和同行业其他 3 个公司关于"规格误差率在 10% 以内"属于正常，不影响合格率的证明，我都不屑一顾，认为荒唐可笑，不值一驳。觉得商会的证明在性质上归属证人证言，其证明效力完全不能跟双方签订的书证合同相对抗，这是业内共识。至于那三个公司的同类证明，与本案毫无关联性，不具有证明力。正是由于那时的过于自信，没有花力气去推翻，如今葬送了自己。现在知道了，在自己眼中不重要的东西，在别人眼里却很重要，荆州已失，都是自己掉以轻心所致。

反过来，如果陈木就是为了帮助对方而作这样的认定，我当初又为何没有敏感。想起在勘验之时，我将二块卵石作为物证提交陈木，陈木曾用低微的声音对我说"我担心你达不到目的哟"，说完头也不回地走了。这句意味深长的话，困扰我多日，百思不得其解，今天才恍然大悟。原来，这个答案就是"90%"。因为这"90%"，我之前所设想的、并按设想去一步步实施到位的举措，全都灰飞烟灭。无论你种下的树长得有多好，人家是连根将树铲除。你呀你，怎么那么木讷呢?

真是“山外青山楼外楼,强中还有强中手”。法官和执业律师,这些人天天与错综复杂的社会矛盾打交道,其思维复杂的广度和思考问题的深度,是可想而知的,有的时候你真的是打内心感慨——不服不行!

人,是在检讨自己的失误中成长。

第四节　洞悉不利判决可能带来的深层后果,与当事人携手克难

我打电话告诉许民,两案结果几乎全都败诉。许民急于知道败诉的金额,我说我用微信扫描发给你自己看吧,并约了许民次日下午见面。

许民如约而至。

看上去,许却没有半点沮丧,相反,却有点如沐春风。许民的这种神色,我颇感几分诧异。

“张律师,大不了就是赔偿 375000 元了,是不是? 我想知道会不会赔更多?”许民用几分得意的眼神望着我。

“怎么说呢,按照常理,0001 号案应该就是赔偿 375000 元了”,我继续说:“除非,对方嫌少继续上诉,要求增加违约金。但是,依我看,对方上诉的可能性很小。”

“他不可能上诉的。”许民肯定地说。

“是的,正常情况下,罗虎不太可能去上诉。除非,对方道行深,故意用上诉的方式,达到维持原判的目的。而且”,我停了一下,继续说,“如果上诉,需要向二审法院交纳 36800 元上诉费,这个钱交了,若维持不变,罗虎就是自担了,换了你,这样做的可能性也不大”。

许民不自觉地点着头。

我看着许民，问他："这样的判决结果，你能接受吗？"

许民笑了笑，对我说："其实，30 万 ~ 40 万元对我来说，倒没有什么，不是给不起。但是，这个事情也太气人了。第一年，我有上海客户时，跟他要货，他没有货，那时他刚刚转行搞卵石——之前罗虎是做建设工程的——当时就连机械设备都没有，害得我客户都流失了，我的经济损失好大呀。第二年，我没有落实到客户，他却拼命要我提货，我没去提货，他就要我赔 375 万元，你说这合情理吗？"

"当然不合情理的，你打算上诉吗？"我问。

"从情理上来说，不要说赔偿他 375000 元，就是赔偿他 3 毛 7 分 5，我也不愿意。我自己这么多、这么大的损失谁来赔？"看得出，许民心中还是有几分怨气，他的损失确实也是客观存在的。

"问题恐怕并不在于此。"我把判决书打开，指着上面的几行字，"你看，法院认定卵石 90% 合格就是合格，如果这个认定是成立的，意味着什么呢？"

许民好像从未考虑过我所发问的这个问题，茫然不解。我继续说："意味着不仅是 2015 年，就连 2016 年罗虎的货也是合格的。2016 年这一年，无论我们跟罗虎发了多少次函，或是发了多少次短信，或是催告了多少次提货，所做的一切都是徒劳的。因为罗虎的货是合格的，你还借故说不合格而拒绝提货，不用说，这个违约责任应该还是我们来承担。如果法院第一年判赔 375000 元是成立的，那么第二年也必须再赔 375000 元，减去已提 2200 吨，货的价款，你说是不是？"

"啊——"许民之前的喜形于色再也看不到了，即刻陷入思虑之中，"张律师，你说的对呀，情况就是这个情况呀，看样子，我是不能接受这个判决的，无论如何也要上诉啊！"

"你明白就好！"

“那我们上诉的把握有多大呢?”

“这个不好说。但是,有一点是可以肯定的:用 X 商会的证明推翻合同,肯定是错误的。如果这样的做法能够成立,全国就没有打不赢的官司,社会经济乱象自然可想而知。”

我将法律原理向许民作了细致的剖析,许民认真地听着。

“既然我们的认识高度一致,你我就要更加密切地协作。为了争取上诉的改判,让我们携起手来。你若有新的思路,就随时跟我谈谈。”

“嗯嗯”许民不住地点头。

“另外,你不妨回去再翻翻,看看还有没有遗漏的资料,哪怕只言片语的资料都不应忽视。”我说道。

“你说得对,我回去再找找。”

第二天,许民打来电话,说自己在 2015 年年初,亲自到重庆市 J 区跟对方要货,而且,对方和刘勇全程接待陪同,这有机票、住宿等为证。这些证据无疑对 0001 号案件有所帮助,我让他尽快将证据送过来,我将这些证据作为上诉中的新证据提交。如果能力挽狂澜,颠覆一审判决,我们的这些努力就没有白费。

第八章

勇敢抗争,面对不公不要轻言放弃

第一节　知难而上,内心要存抗争到底的勇气

对于我来说,追求上诉改判这一结果,难度很大。这难度来源于两个方面:一方面,来自于案件本身的难度;另一方面,来自于案件以外的难度。

案件本身的难度,突出表现在:

1. 2015 年,我方确实没有要货的直接证据——电话记录。当然,即使我方能够提交电话记录,对方也不会承认是要货电话,对方可以胡言乱语说是其他事情的电话,除非有打电话要货时的录像。我方现有的证据——短信,只是间接证据,需要推导才能得出结论。民事诉讼法要求法官在认证时,按生活经验法则、常识、常理、常情推断,可是,不同的法官,可能会推出不同的结论。难说二审法官推导的结论与一审的结论不一样。

2. 我方要求退货和我方要求偿付船舶放空等损失费用,都是基于罗虎的卵石不合格。现在,一审法院认定"90%"即为合格,若二审也这样认定,就不能达到推翻的目的。

3. 我方诉求罗虎退货，客观上不容易实现。试想，如若二审改判退货，法院执行可能会碰到系列问题，比如货物是不是原货物，退货从公路还是水路运输，退货的上下力、存放场地、货物的保管以及相关所发生的支出费用如何处理，这些费用的标准怎么界定等，这些情况在执行中都会发生。而在被执行人不同意负担这些费用的情况下，法院会扣划被执行人账户款项，用以填平。而在被执行人账户没有款项可以扣划的情况下，执行法院又必须变卖或拍卖被执行人其他财产（最方便的还是变卖或拍卖这批货物），才能得以满足支付这些费用。可见，判决退货的结果，执行起来是非常麻烦，费时、费财、费力。反过来，若法院判决不退货，就不会发生这一系列问题，甚至都不会发生执行程序。这其实也是 0002 号案件退货诉求难以胜诉的根源所在，而且，这会直接影响到损失赔偿的诉求的成立。

案件以外的难度：

1. 现实中二审改判率非常低。我在就任庭长时，年年都对全庭改判案件进行统计，改判率大约只占 5% 。我所上诉的这两案，能否获得这个 5% 的幸运，实在是很难说。为什么会出现如此低的改判率呢？除一审办案质量不断提高的因素外，常人都不难理解的因素是：改判得越多，二审法院的压力就越大。

2. 法律规定上级法院有义务指导下级法院办案。上下级法院法官之间，平日里交流互动、研究学习是较多的。体现在个案上，上下级法院在交流和沟通之中，二审法官自觉、不自觉地、或多或少地都会受到一审法官的影响。有的法院甚至规定，上级法院在改判之前必须先行与下级法院沟通、征求意见。若下级法院经审判委员会定案的，上级法院若欲改判，也必须经上级法院审判委员会定案。有的审判员为了防止上级法院改判，充分利用本级审判委员会，故意在案件作判前，将案件先行报经本院审判委员会研究，以自己的影响力去影响审判委员会的讨论，获得通过后再下判，以此增加当事人上诉改判难度。

3. 有的二审法官绕不开人之常情。一、二审办案者，都是法官同事。极个别法官当然不愿意为了某个当事人的上诉，去改判做得罪“兄弟”的事。

4. 在提出上诉的同时，其实已潜在地、不自觉地将一审法官推上了与被上诉方站在一道的“被告席”。法律规定，改判的前提是原判确有“错误”。这个是指“错误”，不是瑕疵，不是轻微违法，也不是一般过错。现在有的法院对法官的考核，改判率是个非常重要的指标。一些管理较严的法院，还将这方面考核与法官的经济收入直接挂钩。极个别一审法官为了避免对自己的不利，往往会主动争取二审法官不予改判。

综观这两个方面的难度，我感觉，案外因素的难度可能更大。

虽然我知道上诉很难，但若不上诉，无异于坐以待毙。罗虎若再诉 2016 年违约金，许民必再赔几十万元另加诉讼费。所以，即使再难，也要知难而上，抗争到底。

第二节　当事人维权之举只要合法，就没有理由让其不为

这一天上午，许民匆匆来见我。

一见面，我发觉许民眉头紧锁，脸色发青，他那一张大嘴毫无往日笑容。

“张律师，我是昨夜一宿没睡。J 区法院的这个判决，真是欺人太甚，你说是不是?”许民双眼看着我。

“确实是。”我一面说，一面将沏好的茶递给他。

许民接过茶，放在桌面上。

“别的我不太懂，我就说这个诉讼费的事，不是说有法律规定应按败诉比例承担吗？我先说他告我的这个案件，我回家计算了一下，我败诉金额是他起诉我的金额10%，判我承担诉讼费21800元，占比高达52%。对方败诉金额是他起诉金额的90%，只承担诉讼费20000元，占比仅为48%；我再说我起诉他的案件，判他败诉8400元，法官就按比例要他承担诉讼费341元——张律师你注意到没有——金额尾数都精确到1元，其他的诉讼费都判我承担；这两个案件都是陈木法官一个人判的，而且还是同时判的，为什么法院要对我和他做出不同对待、不同处理？”许民说着说着，声调渐渐大了起来。

“是呀，确实处理不公。但是，法律规定当事人不能就诉讼费的承担，独立提起上诉。”我解释说。

“这个陈木法官，就是在利用手中的这个权力来欺负我！”许民突然情绪激动地站起身来。

“不不不，”我伸出双手做出向下的手势，示意许民在椅子上坐下，和颜悦色地对他说：“我们与对方斗争，需要的是斗智，而不是斗狠，是吧？”

许民缓缓坐下，愤愤不平，“这帮人实在是太可恨了！”

“你说‘这帮人’指谁呀？”我笑着问。

“罗虎、刘勇，还有官衙的这些人呀，他们内外勾结，肯定是一伙的。”

“你怎么知道的？”

“你看，如果他们不是一伙的，诉讼费能判得这样离奇的偏袒吗？他打我官司时都不用交诉讼费，我打官司时诉讼费一分钱都不能少交，是不是？”

“你怎么知道对方不用交诉讼费的？”

“判决书上写着呢，你看——”说着许民从包里拿出0001号案件判决书，翻开，指着最后一页上几行字，“这上面写‘案件受理费限原、被告在本判决生效后十日内向本院交纳’，这不就表明他事先没交嘛？”

我顺着许民手指的地方看去，白纸黑字，写得一清二楚。说实在的，我在读判决书时，这一句写在括号里的内容，并没有过多地留意。当事人对自己交钱的事，还真是比律师更上心呢。

“你说得没错。”我说。

“他们在当地熟人熟事的，想搞什么名堂，就搞什么名堂。”许民余怒未消。

“那据你分析是怎么回事呢？”

“那还用说，是刘勇在幕后操纵。因为凭罗虎那点本事，在当地绝对没有那么大的市场，最有‘活动’能量的当然就是刘勇。”许民说得十分肯定，好像他就在现场看到的一样。

“何以见得？”

“那个刘勇，在J区公安局也算是个领导，黑白两道通吃。官场上有一帮子人，社会上也有一帮子人。”

“你怎么知道的？”

“我怎么不知道呢，刘勇的许许多多事，我都清楚。”

“有哪些事呀？”

“你看，他作为国家机关工作人员，包养情妇，我之前每次去他那儿，他在接待我时，不管在哪儿，包括在餐桌上，都和情妇打情骂俏，开始我还以为是夫妻呢，心里嘀咕这对夫妻怎么这么亲呢，后来才知道是这么一回事儿。”停了停，许民又说，“他还借亲家的名义，办了驾校等好几个企业。就说我这个生意吧，他与罗虎工作日一起到江苏来，亲自谈合同、确定合同内容，他这不是在经商吗？国家是不允许机关工作人员经商的，是吧”？

我微微地点了点头。

“他做事非常蛮横。我来装货时,他压人家司机汽车运费,人家嫌运费低不愿运,他当场大怒,说那几个司机不想混了,打了一通电话,司机就乖乖地运了。有个司机低声告诉我,他不给钱我都运,结果呢,运费就给了市场价一半多点,这些都是我亲眼看到的。”许民停了停又说,“还有一次,他叫我一起吃饭,桌子上一共八九个人,有个手下跟他汇报什么菜场还是什么地方收了多少多少费用的事,这个费用会不会是收保护费,这我就不太清楚了,他们讲的是方言,因为当时不关我什么事,所以我也没有倾心去听。你说,他作为一个警察,怎么会有收人家什么费用的事?而且还是在饭桌上谈?”

我沉默不语。

“我们这个官司在开打之前,曹达被他们几个社会人员扣住——这个情况张律师你是知道的——我怀疑也是刘勇让人这么做的。除此之外,他还有好些事,我都没跟你说过。”

我点点头,他又继续说道。

“张律师,我今天来想告诉你,我昨晚跟曹达商量了又商量,夜里我考虑了又考虑,他们既然这样害我,不让我活,我现在想做两件事。第一件事,直接实名举报刘勇,举报他身为国家机关工作人员,经商办企业,包养情妇,整天花天酒地,身边‘光头’欺行霸市等。这第二件事嘛——”许民舔了舔嘴唇又继续说,“我想以我许民的名义向当地有关的人大、监察委等部门,投诉J区法院违法办事,要求追究法官的责任。我也想过了,如果法官真是有问题,那是自己害病自己吃药,活该他倒霉。”

许民说出这一席话,倒是让我吃惊不小。他和曹达商量的这两招,确实也够狠的,这倒是应了一句俗话:兔子急了,也会咬人!

“不过,”许民接着说,“我还是有点吃不准,所以,我今天来就是想咨询你,如果我这样做,违法吗”?

我沉思了一会儿，对许民说，“你想举报和投诉，有没有捏造事实呢”？

“捏造事实？老虎拉车——谁赶（敢），我是山顶滚石头——实（石）打（石）呀。”许民急忙解释说。

“既然没有捏造事实，那你就不违法。”我坚定地说。

“真的不违法吗？”许民还是有点不放心。

“是的，不违法。”看着他有点疑惑的神情，我展开来对他说：“我国的《信访条例》，规定了公民有权采用书信、传真、电话、走访等形式，反映情况，提出投诉请求。当然，你打算反映一审法院司法不公的问题，这属于涉诉信访。中央政法委、最高人民法院对涉诉信访，都有一些明确的规定和意见。这些规定和意见，都对涉诉信访提出了明确的要求，这些要求说一千道一万，就是信访人提出的信访事项，必须如实提供材料、反映真实情况，不得捏造、歪曲事实，不得诬告、陷害他人。”

我想了想，又对他说，“假如你要写信访材料，要求也是一样的，原本是怎么回事就怎么写，不加任何艺术处理或修饰，更不能根据自己的想法合理推测着意描绘；原本是什么程度就讲什么程度，不能添油加醋，故弄玄虚，更不能随意虚构，危言耸听。”

我见许民听得认真，又继续说：“至于你对刘勇的实名举报，只要不是无中生有，不是故意捏造和歪曲事实，不是故意去诬告刘勇、要刘勇坐牢，那么，法律就是支持你的。你看——”我从书架上拿出一本书打开来，找到其中一个条文对他说，“我国《宪法》第四十一条规定，‘中华人民共和国公民对于任何国家机关和国家工作人员，有提出批评和建议的权利；对于任何国家机关和国家工作人员的违法失职行为，有向有关国家机关提出申诉、控告或者检举的权利，但是不得捏造或者歪曲事实进行诬告陷害’，这一条文里规定得清清楚楚。另外，我国的《刑事诉讼法》，也赋予公民同违法犯罪做斗争的权利，我就不找书出来给你看了，可见法律是鼓励和支持公民同不良现象和违法犯罪行为做斗争的”。我引经据典地回答着许民的咨询。

“那就好！”许民情不自禁地拍了一下自己的大腿，脸上皱着的眉头也渐渐舒展开来，他的眼神里似乎有点异样的光彩。

其实，我内心很清楚，作为律师应引导当事人走法律途径，依法解决自己的问题，不应诱导、滋长当事人不当信访。但这个事的特殊性在于，许民的信访属于正当的。一审法院判决是如此不公，就连外行人都能从诉讼费承担上一眼看破；对方的人做事又是如此过分，要阴谋要许民“大出血”；对此，无论换做谁，可能都是难以接受的。

再有，今天我若阻止、劝导、说服许民不要信访投诉、举报，日后若许民惨败，真金白银被法院执行走，到那时许民若能理解我便罢，一旦不能理解而怪罪我，说我今天的阻止妨碍了其通过合法途径维护其合法权益，我可能因此说不定是被投诉的对象。

所以，这件事做与不做，我觉得我不应该发表任何意见，而完全应该由许民自己决定。

第三节　针对判决谬误，以排山倒海的火力攻击

我将0001号案的一审判决，看了一遍又一遍，先找出判决的错误之处，再酝酿如何攻击，在此基础上，安排好上诉状的各个段落。

为与许民的动作相呼应，我应该在两案上诉状的首部，开宗明义地揭露一审错误判决的实质，将火药味搞得浓一点。

民事上诉状

上诉人：＊＊＊雨花石工艺品厂。住所地江苏省A市S乡K村。

投资人：许民。

上诉人：许民，男，1972年9月＊＊日生，汉族，住江苏省A市S乡K村＊＊组5号。公民身份证号码[redacted]。

被上诉人：罗虎，1972年6月＊＊日生，汉族，住重庆市J区H街道Q村10组。公民身份证号码[redacted]。

上诉人对重庆市J区人民法院作出的(2016)××01＊＊民初0001号民事判决中第二项判决驳回被上诉人其他诉讼请求没有异议，对第一项判决支付被上诉人违约补偿金375000元有异议，提出上诉。

上诉请求：

1. 撤销重庆市J区人民法院作出的(2016)××01＊＊民初0001号民事判决中第一项支付被上诉人违约补偿金375000元的判决，改判不支付被上诉人违约补偿金375000元。

2. 撤销重庆市J区人民法院作出的(2016)××01＊＊民初0001号民事判决中诉讼费承担的判决，改判上诉人不承担诉讼费。

3. 本次上诉费由被上诉人承担。

上诉理由：

重庆市J区人民法院作出的(2016)××01＊＊民初0001号民事判决(下称民初0001号判决)，以及J区人民法院作出的相关联的(2016)××01＊＊民初0002号民事判决(下称民初0002号判决)，是J区地区隐藏在公安系统的黑恶势力，左右司法审判的产物；是原审法院受制于“压力”、“关系”和“人情”等，亵渎司法、颠倒是与非、混淆黑与白的产物。民初0001号判决，突出的错误之处在于：

一、明明供货不上，偏偏说没有通知供货。

原审判决第3～4页，认定上诉人没有证据证明通知被上诉人供货，完全是故意歪曲事实。上诉人在原审中，对此至少举示了3项证据，一是手机短信，二是手机物证，三是当事人陈述（证据种类之一），而且，这三项证据互为印证，形成了完整的证据锁链。

上诉人证据2015年3月11日的被上诉人手机短信载明："以后贡（供）货就应该没问题了"，清楚地说明"以前供货是有问题的"，清楚地说明"以前要货供不出"，清楚地解释"要不到货"的原因。如果上诉人不去要货，被上诉人何必画蛇添足，作如此的短信告知。

上诉人证据2015年6月23日的被上诉人手机短信载明"我们已经开始生产了"，表明被上诉人一直到要货的半年后，才开始产出第一颗卵石，此前一直"供货不能"，而且"设备容易坏"，还"要换一台设备"。如果上诉人不去要货，被上诉人又何必多此一举，作如此的短信告知。

不仅如此，上诉人当庭出示手机物证展示的此后的手机短信显示，直到2015年9月，被上诉人又发来短信说，货物"规格不好弄"，还是没办法供货。

不仅如此，上诉人在2014年12月26日合同签订后，即按合同三/1"电话通知"其供给合同约定的全部货物，并且一直催促不停。因为被上诉人设备"安排两次没成功""就是容易坏""要换一台设备""重新搭建新台子"（其短信内容）等原因，就是要不到货。上诉人迫于自己客户的压力，心急如焚，于2015年元月，从泸州专程到被上诉人现场要货、提货。是日，被上诉人隐名股东、实际控制人、现为J区公安系统在任重职官员、局领导刘勇，携同被上诉人开车到泸州，将上诉人接往J区货场（当时带到多个货场都无货），忽悠上诉人很快设备弄好就能供货，跟上诉人“招呼”。

关于本案的要货方式，双方合同约定是电话通知。合同签订后，上诉人不仅数十个电话通知要货，而且亲临现场要货、提货，被上诉人都供货不上。

关于本案要货的时间和数量，合同约定是“提前20天通知”供货，上诉人在2015年，一直通知其供给合同约定的全部货物，而且越快越好。有证据显示要货的，跨度就长达9个月。期间，由于电话要货的特殊性，并无时间及数量等书面载体形式，人民法院依法应当结合当事人之间的交易方式（电话和短信等）推导确定案件事实，同时可参照买卖合同司法解释第一条认定处理。而原审的做法，完全相悖。试问，若是一年或更久以后才要货，需要提前到现在就通知吗？这符合常识、常理、常情吗？这符合日常生活经验吗？这符合《合同法》规定的“交易习惯”吗？退而言之，即使原审对此“时间和数量”死抓不放，不去用法律规定的常识、常理、常情和交易习惯认定，那么上诉人证据显示的上诉人有要货的意思表示，也是确凿无疑的。因为，没有要货哪来的“以后贡（供）货就应该没问题了”的解释？

二、明明年购买量是计量单位，偏偏说成每年一个结算周期。

原审在审理查明中认定：“该合同第一条约定，供货期从2015年1月1日至2016年12月31日止，被告年购买量不得低于贰万伍仟吨。”这一事实认定表明，合同并没有把第一年和第二年的供货和供货量结算，拆分为两个阶段来加以明确（因为该合同是被上诉人带来的事先打印好的格式合同，“年”字已事先打入字句之中，也没有写明总数5万吨的空格，所以，当时只能将5万吨拆分为25000吨进行填写，双方只要在合同期内，完成交易5万吨货物总量就行了）。

《合同法》第一百二十五条规定：“当事人对合同条款理解有争议的，应当按照合同所使用的词句、合同的有关条款、合同的目的、交易习惯以及诚实信用原则，确定该条款的真实意思。”“词句不一致的，应当根据合同的目的予以解释”。

该“年购买量”从字面上理解，当然是一个计算单位，而不是一年一结，这也是合同双方的本意。否则，若合同写成“月购买量”或“天购买量”或“时购买量”或“分购买量”，就变成了一月一结算、一天一结算、一小时一结算、一分钟一结算，显然不客观，不符合交易习惯，也不符合合同目的。况且，被上诉人自己起诉之初也没拆分，并且是举示两年期内的证据，以支撑其诉求的。

三、明明货源不足和不合要求，偏偏说“按约备货”。

原审认定：“合同签订后，原告按约备货”。上诉人不知原审的这一认定，证据何在？原审用“严格标准”苛求上诉人举证“要货”，有没有用同样标准要求被上诉人举证“存货”？被上诉人在原审中，有未举示证据证明备货的地点、备货的时间、备货的数量、备货的规格、备货的颜色等均是完成了“按约”义务？如果被上诉人提交上述存货证据了，为何不在开庭中质证？如果被上诉人没有提交上述存货证据，原审认定岂不空穴来风？

事实上，原审承办法官在勘验现场时，不仅其亲历一个是胡波（案外人）的货场，一个是被上诉人的货场。而且，其亲眼所见即使两个货场相加起来，只有大约 3000 吨存货，远远没有 47800 吨（已提 2200 吨）卵石；而且，卵石规格“有部分一面大于 6 公分”，“有二面大于 6 公分”，“偶有单面小于 2 公分”的（民初 0002 号判决书第 4 页下部认定），如此的备货“按约”，从何而来？

四、明明主张的是两年的违约金，偏偏判成一年的违约金。

被上诉人诉求写得很明确：“请求被告支付违约金 375 万元”。在事实与理由中，也十分明确地写到整个合同，写到“供货时间 2015 年 1 月 1 日至 2016 年 12 月 31 日止”。被上诉人的初衷，一直是主张两年内的违约金，根本没有在诉求和诉称中明确，其主张的是第一年的违约金。

在原审庭审中，上诉人对两年合同期的履行进行举证，在法庭的提示下，被上诉人发现了问题，而对上诉人第二年的数个证据，质证中语意不清、词不达意，最后以一句与本案无关联性慌忙搪塞。上诉人对此大惑不解，当发问被上诉人该375万元诉求的构成时，被上诉人临场突然改口说，该违约金375万元是主张的第一年即2015年的。

而在上诉人当庭举证之前，被上诉人作为原告当庭先行举证时，其向法庭出示证据第5～8页两份《函告》及快件，日期分别载明2016年3月13日和2016年7月5日。这几页证据，充分证明了被上诉人不仅诉求、诉称，而且其所举证据，都无疑是主张的两年全部合同期内的违约金。如果被上诉人主张的仅是第一年内的，则被上诉人第5～8页两份《函告》及快件，不仅毫无必要，而且自相矛盾。

五、明明没有损失依据，偏偏判处违约金高达375000元。

退一万步、万万步而言，假设真的是上诉人违约了(只是假设)，违约金的判处也应是建立在实际损失的基础之上的。

最高人民法院关于适用《合同法》若干问题的解释(二)第二十九条明确规定："当事人主张约定的违约金过高请求予以适当减少的，人民法院应当以实际损失为基础，兼顾合同的履行情况、当事人的过错程度以及预期利益等综合因素，根据公平原则和诚实信用原则予以衡量，并作出裁决。当事人约定的违约金超过造成损失的百分之三十的，一般可以认定为合同法第一百一十四条第二款规定的过分高于造成的损失"。这一规定明确了"应当以实际损失为基础"判处违约金，并且判处的幅度不得大于实际损失的130%。

本案中，即使上诉人没有提货(只是假设)，被上诉人卵石也少不了、坏不了，不会有实际损失。如果真会有实际损失，被上诉人就必须举示证据加以证明，并应形成证据之间(因果关系)的锁链。而被上诉人对此一个证据也没有，请问损失何在？原审在没有证据的基础上，竟凭空“酌定”每吨补偿15元（值得一提的是，被上诉人在本案中自己提交的其与胡波（案外人）落款时间为2015年2月8日的《购销合同》，卵石含运输上船交货成本单价为145元/吨，与本案相差也不过10元/吨），请问15元/吨依据何在？事实上，被上诉人不仅没有损失，而且用故意不供货、故意坐等合同期结束的手段，紧随合同期后将卵石高价销售一空。被上诉人正是通过故意违约，为自己攒得了额外的丰厚的高额的利润。

原判除了上述的突出错误外，还存在以下错误和明显的不公正：

其一，原判载明于2016年8月22日就已立案，却于同年12月22日才向上诉人送达应诉材料，间隔四个月120日，而法定要求是5日送达。即使真如原审庭外解释所说，在同年10月就开始送达，系因送达不成而退回，那10月前的两月在做什么？民事诉讼法规定的期限对原审到底有没有作用？

其二，原判载明诉讼费、保全费合计41800元，判被上诉人承担20000元，令上诉人承担21800元。而按被上诉人原判败诉的就有3325000元，上诉人败诉的才仅375000元，上诉人败诉金额是被上诉人主张金额的10%，上诉人承担的诉讼费却高占52%（民初0002号判决有利于被上诉人时则适用按比例）！不仅如此，被上诉人在原审中竟没有交纳诉讼费（若上诉人不交民初0002号案件诉讼费，是否能在原审打到官司？若上诉人不交此次上诉费，又是否能提起上诉？），若其申请免交或缓交有未经批准？如已批准系何人批准？依据什么规定什么条款批准？从被上诉人不交诉讼费就能打到官司、就能打赢官司，足见被上诉人与原审法院关系之密，已到了何种程度。

其三，上诉人在原审中有两个代理人，被上诉人也有两个代理人，原判决载明，各方均只有一个代理人出庭。而在法律文书上，原审对被上诉人的代理人全部列出，对上诉人的代理人却只列一人，可见这种区别对待，又已到了何种程度。

其四，由于原审认定错误，必然导致法律适用错误。

此外，原审还有诸多错误，不一而足。

综上所述，民初 0001 号判决实在是枉顾事实，违背法律，黑白颠倒，错误至极。上诉人请求二审人民法院依法支持上诉人诉请。

呈：

重庆市第＊中级人民法院

上诉人：＊＊＊雨花石工艺品厂

上诉人：许民

2017 年 6 月 28 日

0001 号这份上诉状，我用了五个排比句作标题，阐述案件错误之处，重心突出，一气呵成。

为配合此案的上诉，我在上诉状以外，进一步补充举证许民于 2015 年年初亲往实地要货时的机票。并且将该机票与短信内容相匹配、相印证。同时，还将一审已出示过的罗虎发给许民的现场图片，合并提交，以证明罗虎直到 2015 年 11 月的现场，都没有卵石成品。

为了增强上诉效果，我要求许民书写一份《要货经过》，陈述自己亲往 J 区罗虎的货场实地要货的过程。文末，许民为保证所陈述的经过绝对真实，还自作主张地对真实性拿家中老小发下毒誓。

一般人会认为，将这种发誓性的材料提交法庭，极不严肃，甚至会招来法官的批评或训诫。不少大牌律师会认为，这种代理做法极其“低档”，不上台面。但我看了以后，并没有要求许民去删除，他要这么写就由他吧，我觉得也没什么坏处。

因为我当过法官我清楚，法官也是人。在查明案件事实时，法官自然会有个内心的判断和确认的过程。一般人若是虚假陈述事实，绝不会愿意拿自己甚至是家中老小发下毒誓。相反，若发下毒誓，法官会从内心相信，这个人说的事实应该是真的。尽管这种发誓形式不合法律要求，更不应提倡，但许民这样做，或许也是迫不得已。

在做好上述证据后，我觉得还不够。因为我知道法官天天办案，有的时候被烦得头痛，往往没有空闲或没有心思去细致翻阅卷宗、查看证据，如果我把“服务”再延伸一步，更便捷化，法官当然很乐意。因此，在这份的证据目录清单里，我将一审中无比重要的“以后贡（供）货就应该没问题了”短信证据再次植入，好让二审法官一目了然地掌握案件核心。

第四节　重点问题说深说全说透，不惜用足笔墨

0001 号上诉材料做好了，我开始着手 0002 号案件上诉。

0002 号案与 0001 号的争议，却有实质的区别：0001 号要解决的是 2015 年的事；0002 号要解决的是 2016 年的事；0001 号要解决的是许民要货与否的问题；0002 号要解决的是货物质量合格与否和货源是否充足的问题。

0002 号上诉状的写作，哪个地方是重点？当然是质量问题。罗虎的货物质量有问题，为什么还能不承担责任？这就是上诉状要着重阐述和剖析的。对于这个问题，一定要说透彻和全面，不仅事实依据要充分，而且法律依据要充足，对此多费点笔墨值得。至于其他的问题，只要提出就可以了，没有必要不分轻重。

民事上诉状

上诉人：＊＊＊雨花石工艺品厂。住所地江苏省A市S乡K村。

投资人：许民。

上诉人：许民，男，1972年9月＊＊日生，汉族，住江苏省A市S乡K村＊＊组5号。公民身份证号码[redacted]。

被上诉人：罗虎，1972年6月＊＊日生，汉族，住重庆市J区H街道Q村10组。公民身份证号码[redacted]。

上诉人对重庆市J区人民法院作出的（2016）××01＊＊民初0002号民事判决中第一项判决返还上诉人货款8400元没有异议，对第二项判决驳回上诉人其他诉讼请求有异议，提出上诉。

上诉请求：

1. 撤销重庆市J区人民法院作出的（2016）××01＊＊民初0002号民事判决中第二项驳回上诉人其他诉讼请求的判决，改判支持上诉人全部诉讼请求。

2. 撤销重庆市J区人民法院作出的（2016）××01＊＊民初0002号民事判决中诉讼费承担的判决，改判上诉人不承担诉讼费。

3. 本次上诉费由被上诉人承担。

上诉理由：

重庆市J区人民法院做出的（2016）××01＊＊民初0002号民事判决（下称民初0002号判决），突出的错误之处在于：

一、合同质量条款的约定被恶意篡改

（一）当事人的有关质量约定

《鹅卵石购销合同》第二项约定："产品名称、规格、颜色。1、产品名称：鹅卵石。产品规格：（2～6公分）。产品颜色：重庆市J区常规褐色（以样品封存大致颜色为准）。"

这个约定明确：

①关于规格。合同并没有作出所供卵石“在2公分或6公分左右”的书面表述，而是在区域2～6公分中的4公分空间里加以限定。也就是说，被上诉人所供鹅卵石任意面测量的尺寸，都不得大于6公分或小于2公分，必须在区域4公分的空间里供货，否则就是不合约定。

②关于颜色。“J区常规褐色”的约定要求，排除了红色、黄色或其他杂色（由于合同在上诉人所在地签订，双方没有封存褐色卵石样品）。

合同之所以出现这样的约定，是因为褐色卵石基本都是作景观石使用。北京、上海及国外的一些客户，对卵石大小规格基本一致、颜色基本一致的要求很高，不接受参差不齐、颜色杂乱、影响美观的卵石。对此，双方在缔约时即达成高度的一致。被上诉人对此不仅心知肚明，而且用其行动也想努力践行合同的这一要求。这一点从被上诉人诉状中就显而易见，其在诉状中写到：“合同签订后，原告严格按照双方签订合同为被告筛选鹅卵石”（请注意被上诉人使用的措词是“严格”和“筛选”）。因为其深知，若不“严格”、不“筛选”，就会达不到合同规格要求，就会违约。在庭审中，被上诉人解释说，“在法院勘验前，我们不知道规格偏大”，“之前我们也没有尺量”。若果真如此，证明其是在应诉后，才慌不择乱地找来所谓商会的证明，目的是为自己开脱。

（二）原审查明的有关质量事实

1. 原审法院对卵石规格作出如下认定：经勘验卵石“有二面大于6公分的”、“有部分一面大于6公分，偶有单面小于2公分的（原判第4页下部）”，“因此有部分鹅卵石未达到规格要求（原判第5页中部）。”至此，本案得出第一个审判结论——卵石不合规格要求。

2. 原审法院对卵石颜色是否符合合同要求，从头到尾却未作任何的查明和认定。至此，本案得不出第二审判结论——卵石颜色是否符合合同要求。

而本案现场勘验法官存卷的大量视频、大量照片（上诉人也有数段现场勘验的视频、照片）无不显示，勘验现场卵石中，红色、黄色等杂色卵石，大量夹杂其中，并且含有大量碎石和泥沙。

原审之所以不去查明和认定卵石的颜色，是因为一旦查明，就无法作判，就无法自圆其说。因为所谓的商会证明，只证明了成品“合格率”，却没有证明颜色“夹杂率”。

3. 原审查明卵石规格以“机器设备孔径为准”。既然设备有孔径，说明孔径是可根据需要调大调小的，否则孔径的存在就没有意义。上诉人需要的卵石是2～6公分，被上诉人生产时为什么不调至2～6公分，而要调到1～13公分，可见被上诉人为了追求价差和丰厚利润，在履行合同之初就心怀恶意。

4. 最令人啼笑皆非的是，被上诉人为了证明自己货物存量达到5万吨左右，竟将原审法官和上诉人带至胡波货场进行勘验，并声称自己的这样货场在J区有十几个。上诉人随即对勘验现场手机定位，并随后即向原审提交证据予以击破，同时要求原审深入查明。原审对此不仅没有作为，相反直接认定该两个货场是被上诉人的，在原判中载明：“对被告供货的两个货场进行了勘验”，实在令人匪夷所思。

（三）原审的有关质量认定

1. 原审在本院认为（第5页）中载明：虽然“鹅卵石未达到规格要求”，但“不能据此就认定所有货物质量不合格”，“根据J区地区的交易习惯，成品合格率90%以上即为合格”。

2. 不仅如此，原审还得寸进尺地认定：“原告并未举示证据证明被告提供的鹅卵石的合格率数值未达到90%”，因而还应进一步承担不利的后果。

3. 在作出上述两段认定的同时,原审又明确承认:"双方在合同中并未对合格率进行约定",完全自相矛盾。

4. 在本院认为之中,原审还认定:卵石是由"批量组成"。"一面大于6公分"是符合"设备的筛选特点"的。而对"有二面大于6公分的"、"有部分一面大于6公分,偶有单面小于2公分的"情形,原审却只字不提。何故只字不提?因为原审若提及,判决书就没有办法写。写了也经不住推敲。试问:"一面大于6公分"的符合"设备的筛选特点",那么二面大于6公分的是否符合"设备的筛选特点"?还有小于2公分的是否符合"设备的筛选特点"?总不至于不管大于、小于全都符合吧,若全都符合,筛选要用设备进行又何必?

(四)原审有关质量认定的错误

1. 与《合同法》规定相反

(1)《合同法》第四条规定:"当事人依法享有自愿订立合同的权利"。即,当事人是否签订合同、同谁订立合同、订立什么内容的合同、合同条款怎么约定等,完全取决于他们的自由意志。只要不违反法律法规和社会公共利益,就具有法律效力,并可以改变合同法律规范的任意性规定。合同意思自治原则,也是《合同法》精髓之所在。本案中,当事人双方质量条款,约定了卵石规格、颜色,这一约定没有违反法律法规和社会公共利益,因而必须被无条件地遵从。

(2)《合同法》第八条规定:"依法成立的合同,对当事人具有法律约束力,当事人应当按照约定履行自己的义务……不得擅自变更。"合同双方达成合意,非依法律规定或者当事人的约定,任何一方不得擅自变更。本案中,被上诉人主张将合同约定的合格率,单方降至90%,是彻头彻尾的"擅自变更"。

(3)《合同法》第三条规定:"合同当事人的法律地位平等,一方不得将自己的意志强加给另一方。”这一平等性要求，不仅体现在当事人订立合同、承担责任时地位平等，而且体现在履行合同时地位平等。被上诉人履行合同中，单方将合格率擅自降至90%，强迫上诉人接受，且原判成立，其不平等性已显露无遗。

(4)《合同法》第六十条规定：“当事人应当按照约定全面履行自己的义务。”被上诉人无疑要按照合同约定的规格、颜色供货。

明明有上述明文法律规定，原审却偏偏反其道而行之。审判中，有约定的不遵从约定，用案外人区区一个所谓的“证明”，推翻堂堂一个当事人“合意条款”；有约定的不遵从约定，用一个所谓的区域“交易习惯”，凌驾于当事人“合意意志”之上，其做法实在令人瞠目结舌。

2. 与《产品质量法》规定相反

《产品质量法》第二条规定：“在中华人民共和国境内从事产品生产、销售活动，必须遵守本法。本法所称产品是指经过加工、制作，用于销售的产品。”第三十二条和第三十九分别规定了生产者和销售者生产、销售产品“不得掺杂、掺假，不得以假充真、以次充好，不得以不合格产品冒充合格产品。”被上诉人单方将合格率降至90%，明显是以次充好，以不合格产品冒充合格产品，原审却极力袒护。

3. 与《民事诉讼法》举证责任规定相反

“谁主张，谁举证”，是民事诉讼法举证责任的核心要求。本案之中：

(1)原审查明：“产品规格为2－6公分，产品颜色为重庆市J区常规褐色(原判第3页)”，并在原判中明确承认：“双方在合同中并未对合格率进行约定”。至此，上诉人对合同中成品质量有合格约定要求的第一个举证责任已经完成。

随后，上诉人应该继续举证，证明其成品不合格。对此，上诉人在原审中按法律要求,举示了卵石——物证、照片、视频、现场勘验等系列证据,以证明成品的规格、颜色均不合格。原审的做法是:对规格作出了"卵石未达到规格要求"的认定,但对卵石颜色故意绕开、只字不提;尽管如此,上诉人对成品质量不合格的第二个举证责任,亦已完成。

接下来,举证责任转移给了被上诉人。其一,被上诉人应对其主张的合格率应为90%举证;其二,被上诉人应对成品已经达到90%合格率标准举证。原审中,被上诉人仅仅举证了所谓商会出具的有关卵石规格90%"视"为合格的证明。被上诉人根本没有对颜色举证,更没有对自己成品符合90%举证证明,显见被上诉人根本没有完成举证义务。

而原审在举证责任的分配上,又反其道而行之,称"原告并未举示证据证明被告提供的鹅卵石的合格率数值未达到90%",仿佛上诉人事前、事中、事后均知道、合同中有载明、并自愿遵守90%"视"为合格的约定一样。

(2)原审没有要求被上诉人对"设备的筛选特点"进行举证。被上诉人若认为"设备的筛选特点""必然会出现一面大于6公分"的卵石(暂不说二面),原审就必然应该要求被上诉人举证设备的筛选特点,或到现场加以演示,而不是以一句"孔径为准"(孔径之说不成立已论述)的证明确定。在没有举证的情况下,原审凭什么认定出这一"必然"?又凭什么得出这唯一的"结论"?

(3)原审没有要求被上诉人对"货物的批量特征"进行举证。若卵石有批量特征,那么该批量到底是何特征?是参差不齐、大小不一的特征?还是五颜六色、泥砂俱下的特征?被上诉人都必须举证证明。如果这样的特征允许卵石可大可小,那么市场上用规格计量意义何在?如果这样的特征允许卵石杂色掺杂,那么市场上明确颜色意义又何在?

值得说明的是，上述这些举证要求，是原审法院一惯奉行的。在民初0001号案件中，原审也是用“严格标准”这样要求上诉人举证“证明2015年”要求“供货的时间和数量”的。

4. 与实际状况完全相反

中国卵石市场，不同规格决定了卵石不同的市价，不同颜色决定了卵石不同的身价，这是卵石行业历史沿袭下来的市场特点，从来就没有不分良莠、不分价格的市场物品。

被上诉人提供的商会90%“视”为合格证明若能够成立，商会的说法就是审案的法律，就是判案的准绳，就是凌驾于合同约定之上的“神曲”，就是法院如何审判的“笛音”。

砂石业内人士无不知晓，大小不一的毛石，20元/吨就能买到。10公分左右的褐色卵石，售价也不会超过80元/吨。若有杂石或杂色掺杂其间，则售价更低。卵石的大小区间，决定着不同的价值和价格，绝不存在“一口价”。上诉人涉案所购买的卵石，是品相相对较高的卵石，故其售价高达155/吨。上诉人经营卵石近20年，如果明知有10%不合格还去买，岂不是头脑进水了。因此，所谓90%“视”为合格，纯属无稽之谈。就连这个商会自己在写证明的时候，也只敢在合格前加上一个“视”字。

二、法律规定的质检条款被蓄意绕开

原审认为“检验后装船购买的行为，应认定被告提供的货物质量合格”。原审的这一认为，显然绕开了法律规定。

最高人民法院《关于审理买卖合同纠纷案件适用法律问题的解释》第十八条规定：“约定的检验期间过短，依照标的物的性质和交易习惯，买受人在检验期间内难以完成全面检验的”，根据第十七条综合当事人所处的具体环境等各项判断、处理。

本案中，被上诉人所供的2200吨卵石，利用夜晚装船、货场除了车灯、没有照明灯的时机，在货车装载中，被上诉人故意指挥更换石子堆、以次充好(原审已有证人出庭证明此节事实)。在船舶封仓、经过多天航行、到达目的港后,上诉人才发现该卵石大到12公分,小到不足1公分,并夹杂大量碎石、泥沙,且夹杂黄色、红色鹅卵石。对此,上诉人先是电话,后又两次发函、数次短信,要求被上诉人来现场处理,被上诉人未予理涉。原审中,被上诉人以合同第六/2条“乙方在提货前检验产品质量,提货后发现质量问题,甲方概不负责”加以抗辩,获得了原审支持。

而本案发生的情形,正是法律规定的、典型的“在检验期间内难以完成全面检验”的情形。因此,该法律规定的情形,完全推倒了合同第六/2条的约定,因而其必须依法承担退货、退款等相应责任。

值得说明的是,案发后,上诉人申请原审法院到上诉人收货现场进行勘验,原审至今没有作为,上诉人只得自行封样至今。

三、合同履行的事实被故意歪曲

原审将货源不足和不合要求,歪曲为“按约备货”。原审认定:“合同签订后,原告按约备货”。上诉人不知原审的这一认定,证据何在?原审用“严格标准”苛求上诉人举证“要货”,有没有用同样标准要求被上诉人举证“存货”?如果被上诉人没有提交上述存货证据,原审认定岂不空穴来风?

事实上,原审承办法官在勘验现场时,不仅其亲历一个是胡波(案外人)的货场,一个是被上诉人的货场。而且,其亲眼所见即使两个货场相加起来,只有大约3000吨存货,远远没有47800吨(已提2200吨)的2~6公分褐色卵石;而且,卵石规格“有部分一面大于6公分”,“有二面大于6公分”,“偶有单面小于2公分”的(民初0002号判决书第4页下部认定),如此的备货“按约”,从何而来?

综上,基于对货物质量“根据J区地区的交易习惯,成品合格率90%以上即为合格”的界定,原审不仅对涉及已提货的诉求予以驳回,而且对提货不到的船舶放空费16000元,也予驳回,使上诉人损失之上再受损失。

综上所述，民初0002号判决实在是枉顾事实，违背法律，黑白颠倒，错误至极！上诉人请求二审人民法院依法支持上诉诉请。

呈：

第*中级人民法院

上诉人：***雨花石工艺品厂

上诉人：许民

2017年6月28日

这份上诉状写得也比较长，这是因为上诉状的写作方法，与起诉状的写作方法，是完全不同的。前面说过，起诉状应该写的简洁、干练，以防诉讼初始，就让对方从起诉状上抓住把柄，陷入被动。而上诉状恰恰相反，应该写的全面、细致。主要的原因在于：民事诉讼案件与刑事、行政诉讼案件，审判所遵循的司法原则不同。刑事、行政案件的司法原则是“全案审查”；民事案件的司法原则是“不告不理”。也就是说，刑事案件的上诉，不管你说什么不说什么，都要全案审理；民事案件的上诉，“限于当事人的诉求进行审判”，是上诉人上诉什么就审理什么，不上诉的不主动去审理，除非有明显的违法。故上诉人上诉的法律点要多，面要宽，理要细。若上诉人说对了，作用自不用说，即使说错了，对上诉人也没有什么丝毫的影响。再者，在审判的重心上，民事案件的二审，与一审也有明显的区别。民事一审注重“事实审”，民事二审注重于“书面审”。如果仅是“书面审”，上诉人可能连面见法官、当面陈述的机会都没有。换句话说，民事二审案件可以不开庭，通过阅卷审理的方法结案。在此情况下，如果上诉状简单化，也只能起到启动二审程序的作用，而难以得到纠正错误的目的，这样的做法显然对上诉人会大大不利。

第五节　采取适当动作，让幕后推手心生畏惧

一审承办法官收到我方上诉状后，要求我方到当地法院立案庭交纳上诉费，并且说明如果通过银行转账交费，必须是到重庆地区范围内的银行才行。

许民听后的第一反应，是承办法官在故意刁难，怒火又起。他认为，任何交费都可以在网上银行完成，承办法官是故意让其费事，一旦拖过期限，就丧失上诉权。

我跟许民说，这倒不一定，各地法院做法可能不一，各地可能有各地的规定。在如何交费问题上，对于我们来说，是区区小事一桩，没有必要对此认真。

许民也不再说什么。

第二天，许民来到我这里，对我说："昨天，我和曹达商讨，既然我必须要到当地办理交费，我就借机到J区有关部门上访上访，这样岂不一举两得。只不过，我想带点书面材料过去，留给受访部门。不瞒你说，昨晚，我一边和曹达商量，一边就写对刘勇的实名举报信，我举报刘勇在职经商办多家企业，可能贿买机关官员，可能涉嫌与黑恶势力相勾结，还有生活作风腐败堕落等方面问题。我今天来，主要是了解一审法院还有哪些明显的不公正，以便于我写投诉信。"

我听明白许民来意后，对许民说："你想知道法院判决有哪些不公的地方，其实在上诉状里面已经写到不少。有送达问题、诉讼费问题、法律文书上少列我方代理人问题、举证责任分配问题等。其他的问题也有一些……"

"请你等等。"许民拿出了纸和笔，双手伏在我桌子上，把我前面

讲的几个问题一一写了下来，然后抬头看着我。

“我再说一些吧。关于未交诉讼费的问题，法院一般是经过院级领导签字批准后才能减交、缓交、免交的，而对方罗虎是个老板，根本不符合诉讼费减交、缓交、免交的规定条件。”说到这里，我将双手对插在一起，支撑在桌面上，一边想着，一边继续说着，“另外一个，就是诉讼保全和证据保全的问题。对方起诉我方的0001号案，罗虎的诉讼保全被准许，你的账户和房屋被封；而我方起诉对方的0002号案，你的两案证据保全，都是保全，一直不被准许。”

许民头也不抬，像个小学生听写一样，认认真真地不断记录着。不时地跟我交流几句，想完全弄清我说的意思，我也就不厌其烦地跟他讲解。

我见他记录下来了，就对他说：“大概就这些了吧。”

许民停下笔，仰起头，眼睛一眯，狡黠一笑说，“还不止”。

我不明其意。他看出我用眼神在问他，便又补充说：“还有，罗虎曾亲口对我说，他的股东刘勇上面有人，说在重庆没有刘勇搞不定的事情，等等，这些说法说明他们一定有暗中交易。”

“呵呵”，我笑了笑。

许民的这一席话，使我又不禁联想到案件开庭审理前，陈木“我担心你达不到目的”一言……我暗自思考着，虽然，我不能肯定法官早已“提前介入”本案，但可以肯定，原审如此严重的偏袒偏护、极度的不公正甚至不合法现象的出现，绝对不可能是偶然、过失造成的。本案的审判，可能难避“暗箱操作”之嫌，难避“关系案”、“人情案”、“金钱案”之嫌。

在J区纪委接待处，一个瘦瘦的、矮个头的处长，认真地接待了许民。他要求许民详细地讲述司法不公的情况，一面不时地做着记录，一面不时地翻看两案判决书。随后，处长将所有材料留了下来。就举报刘勇的问题，处长问许民有什么依据可以提供。许民就将事先准备好的关于刘勇的一些线索，又提供给了处长。最后，处长告诉许民，他们一定会调查处理的。

就这样，许民又跑了当地人大、公安局等几个部门，反映自己的诉求，并将书面材料寄给了×中院。

许民回来不久，这些投诉、举报，果真有了回应。

J区纪委打来电话告诉许民，涉及刘勇的材料已转公安部门，要求公安部门查处并向其回复。

重庆市公安局某部门给许民发来函件，告诉他来信已转J区公安分局纪委，要许民直接与分局纪委联系。

×中院纪检部门一个女同志打来电话，告诉许民来信已收到，他们已经向院领导做了汇报，院里已经引起了高度重视，表示会跟踪监督此案，并会要求二审承办法官，严格依法办事，要求许民等待×中院的公正审理。

……

看样子，这场风暴，刮得还很猛烈。相信风暴会波及罗虎一伙，让他们不敢再轻举妄动。

第九章

能言善战，用好诉讼舞台特有技能

第一节 庭上注意力高度集中，庭下积极和法官形成互动

时间一晃到了2017年8月中旬，我收到了×中院的开庭传票，开庭时间定在2017年9月19日。从传票上，知道了两件上诉案承办法官的名字和案号。一审0001号案件，二审编号为0003号，审判长是黄文；一审0002号案件，二审编号为0004号，审判长是杨静。有趣的是，两案不是同一个法官承办，但却是同一个合议庭审理。

按照常规，此关联案件，明确一个承办法官是通行的做法，出现两案两位承办法官的情况，是不是×中院纪检介入的结果不得而知，但这样由两人分开承办，有利于审判人员相互制约，这倒是对我方非常好的一个情况。如果对方想“活动”二审法官，“搞定”一个法官还不行，必须“搞定”两个，这无疑会增大对方“活动”的难度。

不管×中院这样做是有意为之，还是无意为之，许民向×中院纪委电话汇报了这两个上诉案件的二审案件号和承办法官姓名，并

请求他们跟踪监督。×中院纪委答复说,早已与两位承办法官进行了对接,要求他们依法和公正作出处理。

日子又一天一天地过去。

2017 年 9 月 19 日,太阳刚一出来,重庆天空中一夜堆积起来的灰色云片,逐渐消退了。光线不断地强起来,天空显出柔和的蔚蓝色,仿佛被洗刷过。

从重庆大礼堂宾馆出来,穿过长满蔓草野花的长廊,在路旁月季花的陪伴下,我走向坡下的大道。

×中院就坐落在路边茂密的树荫下,大门看起来并不起眼,清一色的卷帘门,与相邻店铺区别不大,这与经济发达地区高大、气派的法院大门,当然是无法相比了,倒是“重庆市第×中级人民法院”字牌前的一对石狮,显出十分威严和刚正。

进入大厅,一排金闪闪的白色字体映入眼帘,上面写着“努力让人民群众在每一个司法案件中都感受到公平正义——习近平”字样。字牌前放着一圈桌椅,大概是为方便群众书写或休息而设。

我在椅子上坐下，时钟指向上午 9 点，离开庭还有 30 分钟的时间。

我之所以要早点到法庭等待，是因为作为上诉方或原告方，开庭是无论如何也不能迟到或不去的，否则，法院会作撤回上诉处理或按撤诉处理，这后果可想而知。

记得有一回，我的两位同事代理原告到某外地开庭，由于此前是助理前往法院立案，他们并不知道法院已迁址，当他们从老法院急忙赶往迁址后的新法院时，连遇堵车，结果迟到了 20 分钟，一看，法庭无人，一问，才知道法官早已宣布按撤诉处理。他们不仅赔付了撤诉的诉讼费，还要重新办理起诉，并再三跟委托人打招呼，请求其原谅因失误而拖长了诉讼周期。

过了些许时间，第 2015 号法庭的门开了，书记员走了进去，我也随后进入法庭，在上诉人席位入座。

按照常规，对方在胜诉的情况下，一般不会更换代理人，因为胜诉奠定了代理人在当事人心目中的地位。我这么想着的时候，门外有人进来了，不出我的所料，是对方代理人洪腾。他的身后，没有其他人随行。

不一会儿，一位稍矮个头年约50多岁的男法官，走入了审判席。他身体较胖，面色红润，胡须刮得很净，看上去文静安详。一开口，声音特别柔和。他介绍自己是审判员黄文。询问双方是否将两案合并开庭。我表明两案合并开庭不合适，要求分开开庭。

黄法官听了我的意见，从身上找出手机，对电话那头说"当事人要求两案分别开庭……"猜想这个电话应该是打给杨静法官的。

没有其他人到场，黄法官宣布受其他合议庭成员委托其开庭。在征求双方对此无意见后，他程式化地交代一些事项后，要求我方先行陈述。

我用中速、清晰的声音，将上诉状主要内容作了概括式讲述，突出一审判决种种违法和错误。

黄法官随即要求对方答辩。

洪腾答辩道："原审判决上诉人支付375000元违约金，认定事实清楚，证据确凿充分，适用法律正确，审判程序合法。在2015年，上诉人全年都没有提货，被上诉人有充足的货源。上诉人的诉称不能供货，以及货物有质量问题，都是捏造的。上诉人违约事实客观存在。关于我方主张违约金的数额，是按照单价和数量计算的，我方有资金占用损失，有重新租用场地堆放货物的费用，有转移货物的费用。一审判决每吨仅按15元计算，实际我方的损失，远远大于一审判决的金额。"

停了停，对方又继续说道："事实上，原审法院出于减少上诉人损失的目的，已经对上诉人作了最大的照顾，原审法官按照上诉人的要求，安排两个案件在同一天开庭。被上诉人上诉的目的，是逃避违约责任的承担，故请求驳回上诉，维持原判。"

听到对方的答辩，我立即意识到，对方一定与原审法官关系甚密，原来的怀疑并不是空穴来风的。因为我请求一审法院将两案安排于同一天开庭，当时是在电话里跟陈木法官说的，对方代理人或其他人怎么可能知道两人通话的内容。

黄法官听完诉辩后说，“本庭归纳双方的争议焦点是，上诉人是否构成违约？即上诉人是否按照合同约定及时提货？双方对争议焦点有无异议”？

庭审中，争议焦点的归纳，实际上是一个很重要的问题，它决定着法庭的审判方向，甚至决定着不同的实体处理。许多代理人对法庭归纳的争议焦点，一般会不假思索地表示无异议，其实，这是完全不可取的。黄法官归纳的这一争议焦点，意味着法庭只审我方违约与否的问题，不审对方违约与否的问题，我何不就此牵引庭审往我有利的方向走。我用沉稳的语气回答说，“我方认为，本案的争议焦点是双方是否存在违约。”

黄一听，严肃地说，“本案是审理上诉人是否违约。”

我一看，黄如此认真，心想，也犯不着为焦点归纳先得罪人，于是便说道：“尊重法庭的意见。”

黄似乎比较满意，要求我方按程序进行举证。

我将许民的陈述、机票等证据一一举出。黄要求对方发表意见，对方对我方的证据也就随心所欲地说认与不认。

接下来，黄要对方举证，对方说没有新证据。

黄遂对我发问：“上诉人，你说你方要货，有没有电话记录？”

黄的这一问，直击我方死穴，表明黄的审判是冲着这个方向来的。我诚实地回答：“没有，但有短信可以证实。”

我正准备应对黄其他更尖锐性的发问时，谁知黄话锋一转，“被上诉人回答，你说你方货源充足，为什么 2015 年 11 月的现场图片，显示的只有机械设备而没有货物？”

对方迟疑了一下，回答说：“我方有几个货场呢，这个货场没有货物，不代表其他货场也没有货物。”

黄面无表情，看见书记员记好后，又问：“被上诉人，合同约定的卵石颜色是褐色,为什么勘验现场卵石有红、黄等杂色?”

啊哈,黄的这一问,真是切中要害,我暗自高兴。洪一时无语,不知如何作答才好,迟疑了半晌,也没有作答。

黄等了好一会儿,见对方不作答,又进一步说,“你方带法院去勘验货场,就意味着要向对方供应的就是这个货,对吧?”

我的天啊!这个不起眼的小个头审判员,真是高明啊!之前,我一直激烈否认胡波货场不是罗虎货场,指责罗虎欺骗法院和许民。现在的这个小个头法官的思路,与我是恰恰相反的。他并不在到底是谁的货场这一问题上打转转,而是直接切入要害,将货场里这样的杂色货物,与对方所打算的供货联系到一起,从而暴露出对方的自相矛盾。他的这种思路,我此前就怎么一点儿也没想到呢?

洪陷入窘状,又不知如何作答。

黄也不再多问什么了,要求各方简要发表辩论意见。

我重复了上诉与答辩的观点。最后,我当庭揭露说:“对方在今天的当庭答辩中,明确说一审法院对我方进行了照顾,并说为了让我方止损,而将两案的庭审放在同一天进行。事实上,要求两案同一天庭审,是本代理人在电话里向陈木法官请求的。被上诉人就连两人通话内容都知道,足见被上诉人与原审法院、原审法官的关系非同一般。”我说此话的目的,是让二审法官知道,这个案件一审裁判的背景并不正常。

对方的答辩还是老调重弹,说我方没有要货,说自己货物多的很。

在听完我们各自所做的最后陈述后,黄宣布闭庭,同时宣布另案十分钟后开庭。

我在笔录上签字完毕后,故意慢慢整理材料,好让对方先行离开。就在这时,有个人进来跟黄说话。我依然一边整理,一边用眼睛余光注意黄。

洪腾签完字不知去哪儿了。

不一会儿，那个与黄法官说话的人也转身离去，黄法官也向门外走去。

我见时机成熟，立即快步追上黄法官，对他说："黄审，你的庭审水平真高啊，庭审重心突出，简洁干练。说实话，我原来也曾做过法官，真心很佩服呢。"我说的，当然是恭维话，因为现实中，有多少人不愿意听好听的话呢？

黄法官听了我的话停下脚步，一点都未喜形于色，大概平日里恭维话听习惯了，因此无动于衷。他平静地看着我，"哪个法院"？

"呵，是江苏的一个法院，1985 年进去，工作干了 20 年。"还没等他说话，我就低声地对他说："这个案件，请黄审在不违背法律的情况下帮忙公正处理，上诉人确实很冤啊。"

"这不是帮不帮忙的事。"他回答的速度之快，态度之果决，是我始料未及的。看样子，我用曾经同事的身份套近乎，并未起到丝毫作用。黄一边说着，一边起步就走，将我甩在其后，面朝前方头也不回地飘来一个声音，"帮忙，帮忙，对方会申请再审的"。

我见他在走远，立即提高嗓门对着黄法官的背影大声说，"不是对方申请再审，而是我方一定会申请再审！哪怕再花几个 37 万 5 千元，我一定会将案件止步高院甚至最高院"！

黄法官像是没听到，毫不理会我，头都没回地径直走自己的。

这个庭开得真是喜忧参半。欣喜的是，黄法官在庭上切中要害，将对方弄得很是被动；担忧的是，黄像铁板一块，水都泼不进。论案件的结果，说二审不会改判吧，黄法官的发问好像是朝着改判的方向去的；说改判吧，黄法官回绝时一句委婉的话都没有，心里感觉就像十五只吊桶打水——七上八下。

第二节　核心争议是决胜的关键，主动澄清事实以正视听

当日上午10点50分。

书记员将双方调换至另一法庭。一个女法官事先已坐在审判席上，正在埋头看着卷宗，旁边并无他人。

不一会儿，大概是听到有人进入的声响，抬起头来。这个女法官看上去40岁不到，长方脸型，白白的皮肤，一双不大的眼睛非常有神。虽然是坐着，看上去个头还挺高。

女法官看见双方代理人均已入座，清了清喉咙，径直自报家门，说自己是审判员杨静，受托开庭，询问双方是否有异议和申请回避。双方均表示无异议并不申请回避，杨径直宣布开庭。

杨法官要求我方先行陈述。我一边宣读上诉状，一边提纲挈领地讲述重点。完毕时，我故意突出强调上午刚刚学到的观点，指出对方打算供的货物，就是勘验现场的红、黄相掺的杂色货物，并且强调一审法院回避了合同约定的颜色条款，回避了卵石两面大于6公分的事实，并且回避了货源仅有3000吨左右远远不足的事实。

轮到对方答辩了，对方竟然不慌不忙地说：

“原审查明的案件事实清楚。被上诉人提供的卵石质量，是符合客观事实和合同约定、交易习惯，上诉人对该货物质量是认可的。其一，上诉人在J区入住13天，每天查验被上诉人场地、货物、数量和质量，均认可无异。其二，上诉人已提货2200吨，是经过上诉人验收签字后才装船。且上诉人随后补交价款，更加说明货物质量合格。其三，双方合同约定交货后，被上诉人对质量问题概不负责。其四，J区砂石协会和多家同行证明，卵石是机械筛选，自然特征不

规律，存在合理规格误差不影响正常交易，货物合格率在 90% 以上即为合格。其五，双方约定产品颜色以样品封存颜色为准，该封存样品在上诉人处。以上五点说明被上诉人货物质量合格。此外，被上诉人有足够的货源，能够满足上诉人的供货。应该指出的是，上诉人所以起诉本案，就是为了对抗 0003 号案件的违约金，图谋达到不赔的目的。”

对方如此有条有理地答辩，看样子事前也是做足了准备。在答辩中，对方还故意无中生有地捏造说产品有封样在我方处，对付这种小伎俩，我如拂灰尘。感觉对方最后所谓的揭露，也是很肤浅。看样子，他只是看懂其一，未看懂其二。他只知道我起诉此案目的是为了抗衡彼案，而根本没有看懂我更深层次的用意，他是绝对不知道我还在想下另一着“大棋”。

本案双方的核心争议，就是 90% 以上规格符合是否为货品合格。双方诉辩后，杨法官让我方出示证据。我将事先冲洗好的卵石现场彩色照片等几组证据，一一在法庭上出示，激昂陈述对方所要供应的货物与合同约定大相径庭，阐明在合同上找不到文字的约定。

对方对我方所有证据坚持不认，说卵石的规格有两面大于 6 公分的，都是符合逻辑的，都是正常的，认为只要不大于 90% 的误差就可以。

杨法官询问对方有无证据出示。对方摇头说，“没有新证据需要出示”。

杨法官发问我方：“上诉人，双方签订合同时，是否封存样品？”

“合同是被上诉人和其隐名股东刘勇，到江苏 A 市上诉人厂内签订的，上诉人的机票短信等证据，对此事实已经充分证明。双方均不在货场，无法有封样。”我回答说。

“你方所举示的照片，是否为勘验的胡波货场照片？”杨法官继续问我。

“是的，从照片上可以清楚地看出，货物颜色不是褐色，而是红、黄相掺的杂色。”

“已提货的2200吨，当时有没有提出质量异议?”

“对方利用夜晚装船，在只有汽车灯光而无其他光源下，更换卵石堆，进行调包，以次充好，直到船舶航行十多天到港后，我方才发现的。发现后，我方在第一时间就向对方提出了书面质量异议。”

“装货现场更换了多少货物?”

“大约四分之一。”

停了一下，杨法官面朝对方问，“被上诉人，是不是大部分产品是褐色就算合格”?

对方回答，“是。”

“产品是否有封样?”

“有，在上诉人处。”

“封样产品是否有相应手续?”

“没有手续。”

“有杂色照片的这个货堆，是否就是准备向上诉人供的货?”

“是这个货堆。”

“合同中规定颜色为褐色，供货时是否需要将杂色去除?”

“量太大，无法一一选出。行规是在数量中扣除一定的比例来抵冲。我方已供的一船货物，实际供货是2228吨，其中28吨就是对颜色、规格的抵冲。”对方对答如流。看样子，对方经过一个中午的思考，对上午未能回答的问题，可能已经缓过神来，用抵冲这一说，来对颜色和规格进行诡辩。

这可不是一个小的问题，绝对不能让他误导法官。我当即举手要求发言。杨法官点头示意我可以说话。

“扣除一定比例的量，是指扣除汽车运输和装船过程中的一路抛撒的货量，因为有的卵石在装载中已掉落路边和江中，与颜色和规格没有半点关系。”我十分在行地说。

杨法官也不再问什么，要求双方发表辩论意见。

围绕上诉状，我将有关观点作了概括性陈述。末了，我提高了声调：“尊敬的审判员，本案的合同约定，是我们裁判案件的基础。被上诉人没有依照按时、按需、按规格这三个原则供货，已为法庭查明的事实所证明。在合同中，双方并没有90%以上即为合格的文字约定，可见合同要求的货物合格率是100%。假设砂石协会90%以上即为合格的证明能够成立，那么，证人证言性质的证据，就能够推翻书面合同，这就完全有悖于法律规定和法理。试想，假设砂石协会证明写成10%或20%以上即为合格，是不是90%或80%不合格的产品，也都成为合格产品了呢？”我这一有力的发问，杨法官听得十分专注。

轮到对方发言时，对方说其辩论意见同答辩意见，便不再说话。

接下来，法官问双方是否同意调解。

关于调解，我和许民曾经商议过，他压根不愿意接受主动赔钱的结果。他说其周围的人，都认为他做生意时上了别人的大当，一些同行甚至耻笑他。他认为哪怕是主动给对方一分钱，也属于举手投降，绝不乐意。

对方也不说话，眼睛直直地看着我。法官顺着他的目光，把头也转向我。

“鉴于双方分歧过大，因此我方不同意调解。”我回答说。

杨法官敲了下法槌，宣布休庭，一边站起身，一边喃喃地说，“两个案件确实不一样”。我知道她说的意思，是两个案件确实不好合并开庭。

不知不觉早已过了下班时间。书记员将笔录打印出来，双方也就草草地在笔录上签了名。

我将笔录用手机拍摄下来。

第三节　发现细节疏漏不要放过，因为它可能成为日后的隐患

吃过中餐后，我在宾馆后侧独特而安静的花园中散步。花园中有片美丽的草地，中央有座老旧的茶亭，整个环境令人心旷神怡。我绷紧的神经因之舒缓下来。在这样平静的气氛中，我把开庭的情况，细细作了回顾。往好处想，是不是对方思路有问题，不该认的也认，该抗的也不抗，就连法官问其“有杂色照片的这个货堆，是否就是准备向上诉人供的货？”对方都回答“是这个货堆。”一点余地都不留给自己。在对抗中，就算对方要将这个杂色计入90%以上的范围之内，也没有必要这么直截了当地承认，回答说“是自己准备生产加工后供的货”，也比这样说要强得多。

往坏处想，是不是对方已经把二审搞定，用不着在庭上和我较劲呢？毋庸讳言，诉讼到法院的一些大标的案件，不少时候存在庭上和庭下两个战场。个别奸诈的代理人，往往不注重庭上这个战场，而将功力用于庭下这个战场。看上去，他们在庭上的表现有气无力，懒散随意，漫不经心，实际上等拿到判决书时，不用看就知道自己取胜。个别资深法官也是这样，庭审中将对方弄得手足无措，甚至高声训斥，难堪异常，判决结果却是被训的这方获胜。往往一些年轻的代理律师，庭审后自我感觉很好，认为庭开得漂亮，结果会对自己大大有利，当自己正陶醉在喜悦之中时，判决结果却像一盆冷水从头浇到脚一样，失望无比。谁知道，本案中，对方有没有暗中使“坏”呢？

上诉前，为防对方再搞幕后这一手，许民进行了控告和投诉，期望案件能够获得公平对待，现在两案都开完庭了，我看不出半点有

利,当然,我也看不出半点不利。

回到住处,我打开庭审笔录,不看不知道,一看吓一跳。笔录上记载我的陈述,有些地方竟然是完全相反的,竟然是把对方回答的问题,记录于我的名下。其中,杨法官问:“是否是大部分产品是褐色就算合格?”我方答:“是的。”这一回答显然不是我方的回答,而是对方的回答。根据法律规定,当事人在法庭所做的自认,未经对方同意不得撤回,应作为认定事实的根据。如此的回答,对我方大大不利。

这可不是一件小事情。这个案件,我虽寄希望二审改判,但并不是将全部的希望都寄予二审的。考虑到一审裁判严重偏离法律,二审与一审特殊的上下级关系这些因素,我是做好长远打算的,我会一直战斗到高院申请再审,甚至会向最高院申诉。如果这个记录,就这样被留入卷宗,上级法院若抓住这句话不放,我将无力回天。我暗自埋怨书记员将第一庭的笔录复制过来时,粗心大意,没有改全。各方说了那么多,笔录只记下这么一点点,且错漏比比皆是,业务太差。又暗自责怪自己忙中出错,过于相信书记员的记录。

当天下午,法院一上班,我就与书记员电话联系,书记员告诉我,她下午有开庭,要我第二天上午再过去。

利用空闲,我按民事诉讼法的规定,书写好一份书面的补正意见。将此节事实纠正为:

问:“是否是大部分产品是褐色就算合格?”

答:“不是的,大部分产品是褐色是不合格,产品颜色褐色大体一致是合格。”

为什么要这样改,是因为我不能直接去将说话的人改成对方。既然记录是我方在说话,只能改我方说话的内容。在这份补正意见中,我还对书记员其他记录错误和遗漏,作了全面的更正和补充。

次日上午一上班,我到了×中院,将书面补正意见提交给书记员。书记员一看，可能是觉得费事，把笔录递给我，要我直接在笔录上改一下，我真是求之不得。因为若是我的书面补正意见搞丢了，或是其他原因没有装入卷宗，这个问题仍会成为一个问题。书记员这样做，也是对的。法律规定："法庭笔录应当当庭宣读，也可以告知当事人和其他诉讼参与人当庭或者在五日内阅读。当事人和其他诉讼参与人认为对自己的陈述记录有遗漏或者差错的，有权申请补正。如果不予补正，应当将申请记录在案。"

笔录修改了，我安心下来。现在，两个庭都开完了，按照常规是坐等裁判结果。但是，在这个等待的时期，我仍不能松懈，还需要跟踪上去。

许民把×中院纪检电话再次打通。许民告诉我，在电话中他故意说，虽然开庭中的两个审判员没有说我们败诉，但是流露出一些对对方有利的倾向，法官是不是已经被对方收买，是不是已经被一审承办法官"攻"通了，请求纪检直接过问和检查。纪检要求许民不要多想，告诉许民两案是纪检跟踪督办案件，相信法官不会胡来。

第四节　不要让喜悦冲晕头脑，表达谢意要行事有度

2017年10月20日，距离×中院的开庭审理，刚好一个月的时间。

这一天，我接过快寄，心中有点忐忑，到底是什么结果呢？

我打开信封，发现里面原来仅有0003号判决，并没有0004号判决。

我将0003号判决打了开来。

0003 号案判决书

重庆市第[redacted]中级人民法院

民 事 判 决 书

(2017)[redacted]民终[redacted]号

上诉人（原审被告）：许[redacted]民，男，1972 年 9 月[redacted]日出生，汉族，住江苏省[redacted]市[redacted]乡[redacted]村[redacted]组 5 号，公民身份号码[redacted]。

上诉人（原审被告）：[redacted]雨花石工艺品厂，住所[redacted]市[redacted]乡[redacted]村[redacted]。

法定代表人：许[redacted]民，厂长。

二上诉人共同委托诉讼代理人：张怀奇，北京市君泽君（南京）律师事务所律师。

被上诉人（原审原告）：罗[redacted]，男，1972 年 6 月[redacted]日出生，汉族，住重庆市[redacted]区[redacted]街道[redacted]村 10 组，公民身份号码[redacted]。

委托诉讼代理人：洪[redacted]，重庆市[redacted]区[redacted]法律服务所法律工作者。

上诉人许[redacted]民、[redacted]雨花石工艺品厂[redacted]与被上诉人罗[redacted]买卖合同纠纷一案，不服重庆市[redacted]区人民法院(2016)[redacted]民初[redacted]号民事判决，向本院提起上诉。本院依法组成合议庭进行了审理。上诉人许[redacted]民、[redacted]艺品厂的共同委托诉讼代理人张怀奇，被上诉人罗[redacted]的委托诉讼代理人洪[redacted]到庭参加诉讼。本案现已审理终结。

许[redacted]民、[redacted]艺品厂上诉请求：1. 撤销原审判决，依法改判上诉人不支付被上诉人违约补偿金 375000 元以及不承担一审诉讼费；2. 判令本案二审诉讼费由被上诉人承担。事实和理由：1.上诉人并不存在违约，相反，是被上诉人没有及时备货，上诉人多次催要，被上诉人均没有及时备货。2. 被上诉人并没有证据证明存在损失，一审判决的违约金没有事实依据。

罗[redacted]辩称：一审事实认定清楚，法律适用正确，请求驳回上诉，维持一审判决。

罗[redacted]向一审法院起诉请求：许[redacted]民、[redacted]艺品厂向罗[redacted]支付违约金 3750000 元。

一审法院认定事实：2014 年 12 月 26 日，本案当事人双方签订《鹅卵石购销合同》，许[redacted]、[redacted]艺品厂在重庆市[redacted]区范围内向罗[redacted]购买褐色鹅卵石。该合同第一条约定，供货期从 2015 年 1 月 1 日至 2016 年 12 月 31 日止，许[redacted]民、[redacted]艺品厂年购买量不得低于贰万伍仟吨。合同第三条第 1 项约定，交货时间为许[redacted]民、[redacted]艺品厂提前 20 天电话通知罗[redacted]。合同第四条约定，价格为每吨 155 元，每次供货量以现场核准单据为准，付款方式为许[redacted]民、[redacted]艺品厂提货时一次性付清。合同第五条违约责任第 1 项约定，许[redacted]民、[redacted]艺品厂购买量若未达到约定购买量，所差数额按每吨 150 元补偿给罗[redacted]。合同第六条第 2

项约定，许[redacted]民、[redacted]艺品厂提货前检验产品质量，提货后发现质量问题，罗[redacted]概不负责。该合同还对运输方式、规格、颜色等其他事项进行了约定。合同签订后，罗[redacted]按约备货，许[redacted]民、[redacted]艺品厂在 2015 年未向罗[redacted]购买鹅卵石。2016 年罗[redacted]经催告许[redacted]民、[redacted]艺品厂购货未果，遂诉讼来院提出诉讼请求，要求许[redacted]民、[redacted]艺品厂支付 2015 年未购货的违约金 3750000 元。

庭审过程中，许[redacted]民、[redacted]艺品厂未举示证据证明 2015 年许[redacted]民、[redacted]艺品厂要求罗[redacted]供货的时间和数量，也未举示证据证明许[redacted]民、[redacted]艺品厂通知了罗[redacted]供货而罗[redacted]不供货的事实。

一审法院认为，本案当事人双方签订的《鹅卵石购销合同》是双方的真实意思表示，并不违反相关法律法规效力性强制性规定，合法有效，应受法律保护。本案中，争议的焦点为许[redacted]民、[redacted]艺品厂是否构成违约，首先根据双方的合同约定，许[redacted]民、[redacted]艺品厂 2015 年应向罗[redacted]购买鹅卵石 2.5 万吨，事实上许[redacted]民、[redacted]艺品厂并未在罗[redacted]处购买；其次庭审过程中，许[redacted]民、[redacted]艺品厂未举示证据证明 2015 年许[redacted]民、[redacted]艺品厂要求罗[redacted]供货的时间和数量，也未举示许[redacted]民、[redacted]艺品厂通知了罗[redacted]供货而罗[redacted]不供货的证据，其举证不能的不利后果应由许[redacted]民、[redacted]艺品厂承担，因此，许[redacted]民、[redacted]艺品厂在 2015 年未向罗[redacted]购货的行为已构成违约，依法应当承担相应的民事法律责任。关于违约金的问题，虽然双方在合同中约定许[redacted]民、

[redacted]艺品厂购买量若未达到约定购买量，所差数额按每吨 150 元补偿给罗[redacted]，但由于鹅卵石并非特定物，许[redacted]民、[redacted]艺品厂不购买罗[redacted]也可以销售给其他人，因此该约定的补偿数额与双方约定的每吨价格 155 元相比，明显过高，一审法院根据全案的具体情况，酌定将违约金调减为每吨补偿 15 元，故罗[redacted]要求许[redacted]民、[redacted]艺品厂支付违约金 3750000 元的诉讼请求，一审法院只支持 375000 元，其余超过部分，不予支持。综上所述，许[redacted]民、[redacted]艺品厂关于应驳回罗[redacted]的诉讼请求的辩称理由不能成立，其辩称意见，一审法院不予采纳；关于双方约定的违约金标准过高应予调减的辩称意见，与审理查明的事实相符，一审法院予以采纳。判决：一、许[redacted]民、[redacted]雨花石工艺品厂在本判决生效后十日内支付罗[redacted]违约补偿金 375000 元。二、驳回罗[redacted]的其他诉讼请求。案件受理费 36800 元，由罗[redacted]负担 20000 元，许[redacted]民、[redacted]雨花石工艺品厂负担 16800 元；财产保全费 5000 元，由许[redacted]民、[redacted]雨花石工艺品厂负担（案件受理费限在本判决生效后十日内向一审法院缴纳，财产保全费罗[redacted]已实际缴纳，并由许[redacted]民、[redacted]雨花石工艺品厂在履行上述金钱给付义务时一并直付罗[redacted]）

本院二审期间，当事人围绕诉讼请求依法提交了证据。本院组织当事人进行了证据交换和质证。对于当事人二审争议的事实，本院认定如下：上诉人向本院提交了一份许[redacted]民的陈述、许[redacted]民的乘机机票、勘验现场鹅卵石照片、2015 年 11 月 4 日和 5 日的短信截图，欲证明上诉人一直向被上诉人催要货物，但被上诉人直至 2015 年 11 月还没有备货；被上诉人对许[redacted]民陈述的真实性、合法性不予认可，对 2015 年 11 月 4 日和 5 日的短信截图不予质证，对许[redacted]民的乘机机票、勘验现场鹅卵石照片的真实性予以认可，但不认可其关联性，不能达到上诉人的证明目的。本院经审查认为，上述证据与一审中的其他证据相互印证，与本案基本事实有关，本院对上述证据予以采信。

根据当事人陈述和经审查确认的证据，本院认定事实如下：

合同签订后至 2015 年 6 月，上诉人许[redacted]民与罗[redacted]微信方式联系购货事宜。2015 年 3 月 11 日，罗[redacted]荣向许[redacted]民发送短信：你好许总，我这边可能还有十天左右就能修好，年前安装两次没成功，年后是重新搭建的新台子，以后贡（供）货应该没问题了。2015 年 6 月 23 日，罗[redacted]向许[redacted]民发送短信：你好，我们已经在开始生产了，设备就是容易坏，这个星期应该正常，要换一台设备。2015 年 11 月 4 日、5 日罗[redacted]向许[redacted]民发送短信图片，图片显示是一些设施设备和零星石块等。现场勘验图片显示：现场石块明显存在非褐色石块和尺寸达 12 厘米的石块。

本院认为，本案当事人对《鹅卵石购销合同》真实性并无异议，且不违反法律规定，故双方形成合法有效的买卖合同关系。本案的主要争议的焦点依然是上诉人是否构成违约。综合双方提供的证据，上诉人许[redacted]民从 2014 年底 2015 年初，一直在向被上诉人主张提货，但截至 2015 年 6 月 23 日被上诉人设备还没有完成具备生产案涉合同所约定的鹅卵石；甚至 2015 年 11 月，罗[redacted]向许[redacted]民发送的短信图片也显示，场地并无实际货品。虽然被上诉人举示了其与案外人签订的鹅卵石购买合同，以证明其已经向案外人购买相应的鹅卵石以完成备货，但是根据一审中的勘验情况，以及该合同约定的数量，并不足以证明被上诉人于 2015 年年底前已经准备足够数量并符合合同约定的鹅卵石。

综上所述，上诉人的上诉请求成立。基于新证据，根据《中华人民共和国民事诉讼法》第一百七十条第一款第二项之规定，判决如下：

一、撤销重庆市[redacted]区人民法院(2016)[redacted]民初[redacted]号民事判决；

二、驳回罗[redacted]的诉讼请求。

本案一审案件受理费 36800 元、财产保全费 5000 元共计 41800 元，二审案件受理费 36800 元，由被上诉人罗[redacted]负担。

本判决为终审判决。

审 判 长　黄[redacted]

审 判 员　杨[redacted]

审 判 员　吴[redacted]

重庆市第[redacted]中级人民法院

二〇[illegible]年[illegible]月[illegible]日

本件与原件核对无异

书 记 员　熊[redacted]

“撤销原判,驳回罗虎的诉讼请求。”这样的判决结果,真是太给力了!

这一份判决,推翻了一审对案件事实的认定,认定许民“从2014年年底至2015年年初,一直向被上诉人主张提货。但截至2015年6月23日被上诉人设备还没有完全具备生产涉案合同所约定的卵石;甚至2015年11月,罗虎向许民发送的短信图片也显示,场地并无实际货品。”对方“不足以证明被上诉人于2015年年底已经准备足够数量并符合合同约定的卵石。”词句言简意赅,措辞十分严谨。颇有意思的是,判决认定中写出的三个字——“不足以”! 私下想,什么叫“足以”? 什么叫“不足以”? 若要否定,再多的证据也可被认定为“不足以”;若要肯定,再少的证据也可被认定为“足以”。“不足以”这三个字,着实让我再一次感受到裁判大权的威力。

我拍好照片发给了许民,许民会何等的欣喜,可想而知。

许民对黄法官从内心有说不尽的感激。他在电话里跟我说,“张律师,我一定要去重庆,我要当面向黄法官道谢,我要带礼物送给黄法官。”

“你不要乱来,”我开心地笑起来说,“本来黄法官是大公无私地作出的判决,你若一送礼,反而成为见不得人的事了。法律上若有这种现象的,案件都要推翻重来,岂不没事找事了。”

“那……我这份心意怎么表达呢,总不至于打打电话,空口说说感谢吧?”

“你实在是要表示心意,我倒是有个方法。”许民大气不出,静心在听,“你制作一面锦旗送给黄法官,要在这份锦旗上,把你最想说的感激话写上去,这样做,一点都不违规,而且对黄法官的政治声誉很有好处。”

“好的,我听你的。”

第二天上午,许民电话跟我商量锦旗上要写的话。当天下午,给我发来了微信照片。他手持的锦旗上写着“为人坦诚办案秉公，心底无私两袖清风”。我回信要他将锦旗快速寄给×中院的政治处。按照常规，政治处收到锦旗，会直接与承办庭对接。

我出此举，实际还有另外一个目的，这就是促成 0004 号案件对我方有利的处理。因为此案胜诉，按照常理应该是 0004 号也该胜诉，但由于案情不一，所以很难说 0004 号案也必定胜诉。杨法官若想让你不胜诉，判决理由嘛也不用操心。黄法官收到锦旗后，在合议庭合议 0004 号案时，常理上也会发表对我方有利的意见，可以促成杨法官顺势而为。

第五节　在婉拒法官劝导撤诉的同时，巧妙输送不能被突破的底线

只有 0003 号判决，却没有收到 0004 号的，是怎么一回事呢？大概是因为承办人不同，做事有快有慢的缘故吧。

0003号案是定案了,可是0004号案关于退货的诉求,确实是很难搞定的呀。如果0004号败诉,双方的结果是打了一个平手,即0003号许民不用赔偿罗虎一分钱,并且,诉讼费还全都是由罗虎埋单。0004号罗虎也不用赔偿许民一分钱,诉讼费由许民埋单。这个结果也不错,已经达到我开始设想的第二级状态——相互不赔。

但是,0004号判决我败诉,会用什么样的理由呢?卵石不合规格和卵石颜色不对是明白无误的呀,法院总不能闭眼说合格吧?若法院判决不合格而返还并赔偿,赔偿倒是好办,凭证据裁判,问题是执行中又怎么返还呢?这是一个极大的难题,无疑会造成社会财富不必要的浪费。不要说杨法官,即使现在我是法官,我也不怎么好判决啊。看样子,我必须要给法官找到一条出路,要告诉她怎么做为好。

我在思索。

其实,退货根本不是许民的本意,规格大一点货不是不能用,同样也能卖出好价钱。更重要的是,时至今日,卵石市场行情又大变,同样的卵石已卖到250元/吨,利润颇丰,退货肯定不划算。

思来想去,只赔偿、不退货才是最好。可这个意思表示,如何到达杨法官那里呢?

说来也巧,2017年10月26日上午,来自重庆的一个电话打了过来。电话中传来一个女人和气的声音:“张律师,我姓杨,是重庆×中院的。”

“你好你好!杨法官。”我立即打招呼。

“那个案件的判决书你们收到了吧?”

“是的,收到了。”

“那你们将这个案件过来撤诉吧。”对方显得异常客气。

“撤诉嘛,这个对我们来说有些难度。”

“为什么?”对方有点失望。

“我们当事人面临的情况有点复杂，交易下家也可能会来打官司，这事我们没有办法不要法院判处结果。”

“那……这案……”对方喃喃自语中，好似有几分试探。

“其实，也很好弄的。”我觉得，现在正好到我说明意图的最好时机，便接着说：“已经供的2200吨货物，法院可以用合同中概不负责的条款，驳回我方的请求就行了。没有提到的货物，是因为对方货物不合格造成的，船舶放空费等损失，就是应该赔偿我方。”

我说这番话一说，对于杨法官来说，判决也就好办多了。可以这样说，在所有的司法实践中，判决继续履行合同的，几乎微乎其微；而判决解除合同，因为方便执行也就不胜枚举。况且，这种判法是我心甘情愿的。

“喔，明白你的意思了，我们合议了再说吧。”

挂了电话，我好不得意，感觉法院一定会按我的主意办的，因为这是解决问题的最好方法。在我没有明确说明意图之前，法院若判决驳回退货诉求，一定担心我方不能服从判决。现在法院明白了，我方并没有退货那么高的要求，只是要求解决一点小小损失费用，这样判决下去，双方都可能会服，法院何乐而不为呢。

其实，果真拿到这样的判决，日后，我想下的一着“大棋”就有基础。

第六节　借助书面代理意见凸显意愿，为终审胜利添砖加瓦

电话是说了，但是杨法官究竟有没有全面领会我的意图呢？为万无一失，我又写了一份《代理意见》寄了过去。告诉杨法官，其一，货物质量不合约定应依法认定。罗虎的供货，无论是规格，还是

颜色，均不符合合同约定。罗虎提交的协会证明，也不可能推翻合同约定条款。因为协会证明是事后发生，合同是事先发生；协会证明是证人证言，合同是书证。若证明能推翻合同，全国没有打不赢的官司。其二，罗虎应承担因货物质量不合约定而不能按约交货的违约责任。许民提货不成而支付的船舶放空费16000元，是因货物规格超大且颜色不符所致，应由罗虎如数赔偿。许民的差旅费损失5456元，系因罗虎货物质量不合约定和因货物质量不合约定而不能按约交货（且数量不足）所产生，也应由罗虎如数赔偿。

这份《代理意见》，真是简单得不能再简单了，堪称我代理意见中的史无前例。但是，短小归短小，《代理意见》的意图，却十分清楚明白的，这等于是在告诉杨法官，我方服从判决的底线全都在这里面。

此后，我一直期待0004号案件的判决结果。

时间在不断的推移，西北风像一把柔韧的梳子，将漫天的树叶，一把一把地梳落下来，仿佛要荡尽季节的尘埃。不知不觉中，已来到2017年11月21日。这一天临近中午，一个快件交到了我的手上。拆开一看，果然不出所料，是0004号判决书。

0004 号案判决书

重庆市第[redacted]中级人民法院

民 事 判 决 书

(2017)[redacted]民终[redacted]号

上诉人（原审原告）：[redacted]雨花石工艺品厂，住所地[redacted]市[redacted]乡[redacted]村[redacted]。

法定代表人：许[redacted]民，厂长。

委托诉讼代理人：张怀奇，北京市君泽君（南京）律师事务所律师。

上诉人（原审原告）：许[redacted]民，男，1972年9月[redacted]日出生，汉族，住江苏省[redacted]市[redacted]乡[redacted]村[redacted]组5号，公民身份号码[redacted]。

委托诉讼代理人：张怀奇，北京市君泽君（南京）律师事务所律师。

被上诉人（原审被告）：罗[redacted]，男，1972年6月[redacted]日出生，汉族，住重庆市[redacted]区[redacted]街道[redacted]村10组，公民身份号码[redacted]。

委托诉讼代理人：洪[redacted]，重庆市[redacted]区[redacted]法律服务所法律工作者。

委托诉讼代理人：郭[redacted]，重庆市[redacted]区[redacted]法律服务所法律工作者。

上诉人[redacted]雨花石工艺品厂[redacted]、许[redacted]民因与被上诉人罗[redacted]买卖合同纠纷一案，不服重庆市[redacted]区人民法院（2016）[redacted]民初[redacted]号民事判决，向本院提起上诉。本院受理后，依法组成合议庭进行了审理。本案现已审理终结。

上诉人[redacted]雨花石厂、许[redacted]民上诉请求：撤销一审判决第二项，改判支持上诉人的一审全部诉讼请求。事实和理由：被上诉人供应的货物不符合双方合同约定，存在严重质量问题，故应该退款退货，并且由被上诉人赔偿上诉人的相应损失。同时上诉人多次前往被上诉人处提货，由于质量问题均提货未果，由此产生的损失也应由被上诉人承担。一审判决认定事实不清，适用法律错误，应予以改判。

被上诉人罗[redacted]答辩称，1. 上诉人于 2016 年 10 月 21 日入住[redacted]酒店 13 天，每天都考察了被上诉人的供货场地以及货物的数量和质量，同时一审中证人证言也证实上诉人对被上诉人的货物质量是认可的；2. 2016 年 10 月 30 日上诉人在被上诉人处提货 2200 吨，是经过上诉人检验质量合格后才装入船舱，每张过磅单都是上诉人亲自签名确认，过磅单明确表明无杂物；3. [redacted]多家沙石公司以及商会均证实鹅卵石是机器筛选，自然特征不规律，存在合理规格误差不影响正常交易；4. 2016 年 11 月 8 日上诉人在提货后还补交 2200 吨货物的欠款，同样说明其对已提货物质量的认可；5. 双方合同约定，上诉人提货后产生的产品质量问题，被上诉人概不负责，故上诉人不应再主张质量问题。综上，一审法院认定事实清楚，适用法律正确，请求驳回上诉，维持原判。

[redacted]雨花石厂、许[redacted]民向一审法院起诉请求：1、罗[redacted]取回其所供的 2200 吨不符合合同约定标准的货物并返还货款 338433.20 元；2、罗[redacted]返还[redacted]雨花石厂、许[redacted]民多收的价款 8400 元；3、罗[redacted]赔偿[redacted]雨花石厂、许[redacted]民公路运费 31800 元、卸货费 9540 元；4、罗[redacted]赔偿不能按期交货而产生的船舶空运费 16000 元；5、罗[redacted]赔偿[redacted]雨花石厂、许[redacted]民因质量不合约定标准和不能交货产生的差旅费损失 5456 元。

一审法院认定事实：2014 年 12 月 26 日，[redacted]雨花石厂、许[redacted]民作为需方，罗[redacted]作为供方签订了《鹅卵石购销合同》，[redacted]雨花石厂、许[redacted]民在重庆市[redacted]区范围内向罗[redacted]购买褐色鹅卵石。该合同第一条约定，供货期从 2015 年 1 月 1 日至 2016 年 12 月 31 日止，[redacted]雨花石厂及许[redacted]民年购买量不得低于贰万伍仟吨。合同第二条约定，产品规格为 2cm-6cm，产品颜色为重庆市[redacted]区常规褐色。合同第三条第 1 项约定，交货时间为由需方提前 20 天电话通知罗[redacted]。合同第四条约定，价格为每吨 155 元，每次供货量以现场核准单据为准，付款方式为需方提货时一次性付清。合同第六条第 2 项约定，[redacted]雨花石厂及许[redacted]民提货前检验产品质量，提货后发现质量问题，罗概不负责。该合同还对运输方式、违约责任等其他事项进行了约定。合同签订后，罗按约备货，雨花石厂及许民在2015年未向罗购买鹅卵石。2016年罗经催告雨花石厂及许民购货未果，遂向一审法院提起诉讼要求雨花石厂支付违约金。2016年10月30日，雨花石厂及许民到罗处购货，查验货物后装船，并支付了部分价款。同年11月6日，雨花石厂及许民再次派船到罗处购货，雨花石厂及许民认为罗供应的鹅卵石质量有问题，双方为鹅卵石是否合格发生争议，故未提货。后雨花石厂及许民认为2016年10月30日的购货有质量问题。同年12月，雨花石厂及许民再次到罗处提货，仍因质量问题未能成交。另查明：雨花石厂及许民、罗双方在一审庭审过程中确定2016年10月30日购货数量为2200吨。雨花石厂及许民共计支付罗货款349400元。庭审过程中罗举示了“重庆市区商会的证明”以证明鹅卵石的规格以机器设备孔径为准，且系自然形成，成品合格率90%以上视为合格。

另，一审法院根据雨花石厂的申请对罗供货的两个货场进行了勘验，经勘验罗供应鹅卵石的其中一个货场的鹅卵石大部分三面在2cm-6cm之间，有部分一面大于6cm,偶有单面小于2cm的卵石；另一个货场的鹅卵石大部分三面在2cm-6cm之间，有部分一面大于6cm,有二面大于6cm的卵石，无小于2cm的卵石。

一审庭审过程中，[redacted]雨花石厂及许[redacted]民还举示了机票、车票、收据等证据材料以证明其在履行合同过程中因此产生的公路运费、卸货费、船舶空运费、差旅费等。

一审法院认为：[redacted]雨花石厂及许[redacted]民、罗[redacted]双方签订的《鹅卵石购销合同》是双方的真实意思表示，并不违反相关法律法规效力性强制性规定，合法有效，应受法律保护。根据本案的诉辩情况，双方发生纠纷的主要原因为罗[redacted]提供给[redacted]雨花石厂的鹅卵石质量是否合格。虽然根据双方的合同约定产品规格为2cm-6cm，但由于鹅卵石是天然形成，每吨需由若干个鹅卵石批量组成，且根据设备的筛选特点也必然会出现一面大于6cm的情况，因此有部分鹅卵石未达到规格要求，符合批量货物的特征，不能据此就认定所有货物质量不合格，又由于双方在合同中并未对合格率进行约定，而根据重庆市[redacted]地区的交易习惯，成品合格率 90%以上即为合格。庭审过程中[redacted]雨花石厂并未举示证据证明罗[redacted]提供的鹅卵石的合格率数值未达到 90%，其举证不能的不利后果，应由[redacted]雨花石厂承担，因此，[redacted]雨花石厂诉称罗[redacted]提供的鹅卵石质量不合格，证据不足，其主张一审法院不予支持，故[redacted]雨花石厂要求罗[redacted]赔偿因为质量不合格给[redacted]雨花石厂及许[redacted]民造成的船舶空运费、差旅费的诉讼请求，一审法院不予支持。另双方在合同中约定提货前检验产品质量，提货后发现质量问题罗[redacted]概不负责，根据该约定[redacted]雨花石厂及许民于 2016 年 10 月 30 日对鹅卵石进行检验，检验后装船购买的行为，应认定罗提供的货物质量合格，雨花石厂及许民现又以罗 2016 年 10 月 30 日交付的鹅卵石质量不合格为由主张权利，于法无据，故一审法院不予支持。因此，雨花石厂及许民要求罗取回其所供的 2200 吨鹅卵石并返还货款，以及赔偿雨花石厂公路运费、卸货费的诉讼请求，一审法院不予支持。关于雨花石厂及许民要求返还多收价款的问题，根据双方庭审中确定的 2016 年 10 月 30 日购货数量为 2200 吨，按双方合同约定每吨 155 元计算，雨花石厂及许民应支付价款为 341000 元（155×2200 元=341000 元），而雨花石厂及许民实际支付金额为 349400 元，多支付了 8400 元，虽然罗辩称多支付的 8400 元系支付的加班费，但未举示证据证明，因此，一审法院认定该 8400 元系雨花石厂及许民多支付给罗的价款，罗理当退还，故雨花石厂及许民要求罗返还价款 8400 元的诉讼请求，符合法律规定，一审法院予以支持。综上所述，罗关于不应赔偿雨花石厂相关费用的辩称意见，一审法院予以采纳；关于不应退还价款的辩称理由不能成立，其辩称意见，一审法院不予采纳。为保护当事人的合法权益，维护正常的社会经济秩序。依照《中华人民共和国合同法》第六十条、第六十一条、第一百五十八条、第一百五十九条，《中华人民共和国民事诉讼法》第六十四条之规定，判决如下： 一、罗在本判决生效后十日内返还

[redacted]雨花石工艺品厂、许[redacted]民货款 8400 元。二、驳回[redacted]雨花石工艺品厂、许[redacted]民的其他诉讼请求。案件受理费 7682 元，减半收取 3841 元，由[redacted]雨花石工艺品厂、许[redacted]民负担 3500 元，罗[redacted]负担 341 元。

二审中，上诉人提交了以下证据：第一组证据是许[redacted]民亲笔书写的 2015 年上诉人亲自上门要货经过；第二组证据是许[redacted]民与罗[redacted]手机短信记录；第三组证据是机票，上述证据证明上诉人到被上诉人处的要货经过；第四组证据是勘验现场鹅卵石照片，证明被上诉人提供的货物不符合合同约定。被上诉人对第一组的真实性不认可，对第二组、第三组证据的真实性认可，但认为均不能达到上诉人的证明目的。对第四组证据的真实性认可，但认为石头的两面大于六公分都是正常的，是误差，并不能证明石头不合格。被上诉人二审未举示证据。本院认为，上诉人举示的第一、二、三组证据系证明其要货经过，与本案无关联性，故本院不予采信。第四组证据其已在一审中举示，故本院不再作评述。

本院二审审理查明，2016 年 11 月 6 日，上诉人租用重庆[redacted]船务有限公司的货运船前往被上诉人处提货，后由于双方对货物质量问题发生争议，上诉人未予提货，并向重庆[redacted]船务有限公司实际支付船舶空运费 16000 元。2016 年 12 月，上诉人许[redacted]民及其随行人员再次到被上诉人处提货，仍因质量问题未成交。自 2016 年 11 月至 12 月期间，上诉人许[redacted]民及其随行人员前往产生差旅费2710元。

本院对一审法院查明的其他事实予以确认。

本院认为，本案争议的焦点主要如下：一、上诉人于2016年10月30日所提货物是否存在质量问题；二、被上诉人是否应赔偿上诉人因未提货产生的损失及费用。针对焦点问题，本院评述如下：

一、关于上诉人于2016年10月30日所提货物是否存在质量问题，本院认为，本案中，双方在《鹅卵石购销合同》中明确约定：“雨花石厂及许民应在提货前检验产品质量，提货后发现质量问题，罗概不负责”，该条款系双方对货物质量检验的约定。根据《中华人民共和国合同法》第一百五十八条之规定“当事人约定检验期间的，买受人应当在检验期间内将标的物的数量或者质量不符合约定的情形通知出卖人。买受人怠于通知的，视为标的物的数量或者质量符合约定”。根据已查明的案件事实，上诉人在提取案涉货物时，许民亲自到场对货物进行检验，其工作人员亦在货物清单上予以签字确认，若上诉人认为被上诉人供应的货物存在质量问题，应及时告知被上诉人，否则应视为其对货物质量的认可。现上诉人未举示证据证明其在提货前向被上诉人提出过质量异议，故上诉人关于该批货物存在质量问题的上诉理由不成立，本院不予支持。

二、关于被上诉人是否应赔偿上诉人因未提货所产生损失及费用的问题，本院认为，根据双方合同约定，被上诉人提供的鹅卵石应为规格在2CM-6CM之间，颜色为[redacted]地区常规褐色的货物。同时约定若被上诉人因人为因素造成不能及时履行合同，应赔偿给上诉人造成的损失。根据一审勘验记录显示，供货现场的石头大部分三面在2cm-6cm之间，有部分一面或两面大于6cm，偶有单面小于2cm的卵石。上诉人陈述其购买鹅卵石系用于景观石，对石头大小、颜色要求较高，故约定的单价也远高于一般鹅卵石。本院认为，合同约定的交货规格应为2-6CM之间，颜色应为褐色，但从勘验笔录显示，被上诉人备货的货品仅大部分规格符合合同约定，从勘验现场的照片显示，颜色也存在参杂不一的情况。虽然鹅卵石系天然形成，本身存在差异，但其可以通过设备或人工进行筛选以达到尺寸、颜色的基本一致。故本院认为，在上诉人分别与2016年11月及12月两次前往被上诉人处提货，由于货物质量问题导致提货未果的情况下，上诉人由此产生的损失及费用应由被上诉人承担。上诉人的该上诉理由部分成立，本院予以支持，但其举示的差旅费损失证据中，部分费用未发生在上述两次提货期间，故本院对该部分请求不予支持。

综上所述，上诉人[redacted]雨花石厂及许[redacted]民的上诉请求部分成立，应予支持。由于二审中出现的新证据，导致一审判决虽查明事实清楚，但对部分事实认定有误，本院依法予以改判。依照《中华人民共和国民事诉讼法》第一百七十条第一款第（二）项规定，判决如下：

一、维持重庆市[redacted]区人民法院（2016）[redacted]民初[redacted]

号民事判决第一项；

二、撤销重庆市[redacted]区人民法院（2016）[redacted]民初[redacted]号民事判决第二项；

三、罗[redacted]于本判决生效之日起十日内支付[redacted]雨花石工艺品厂及许[redacted]民船舶空运费16000元、差旅费损失2710元；

四、驳回[redacted]雨花石工艺品厂及许[redacted]民一审其他诉讼请求。

二审案件受理费7682元，由上诉人[redacted]雨花石工艺品厂及许[redacted]民负担7282元，由被上诉人罗[redacted]负担400元。

本判决为终审判决。

审　判　长　　杨[redacted]

审　判　员　　吴[redacted]

审　判　员　　黄[redacted]

重庆市第[redacted]中级人民法院

二〇[illegible]七年[illegible]月[illegible]日

本件与原件核对无异

书　记　员　　彭[redacted]

这个判决结果，正是我最期待得到的。它的说理，几乎充分采信了我的《代理意见》。

这份判决认定，合同约定若被上诉人因人为因素造成不能及时履行合同，应赔偿给上诉人造成的损失。在这个前提下，开始驳斥“90%以上即为合格”的观点，认为“虽然卵石系天然形成，本身存在差异，但其可以通过设备或人工进行筛选以达到尺寸、颜色的基本一致。”这真是一种比较有意思的说理。想想也是比较有趣，法官在判决案件时，为了服务判决结果，正过来说——是理！反过去说——也是理！不仅如此，在这份判决里，还明确认定“上诉人于2016年11月及12月两次前往被上诉人处提货，由于质量问题导致提货未果”，并据此判决对方赔偿船舶空运费16000元及差旅费2710元。

这份判决，真是给力！

许民坐在我的面前，看着这一份判决，双眼光芒四射，面颊潮红，迫不及待地跟我说，“张律师，我还要再送一面锦旗出去。”说完，咧开大嘴哈哈地大笑起来。

许民的喜悦，也着实感染了我，我们非常开心。经历一年左右的苦战，这份判决书呈现了这个战役喜人的结果。

窗外，一首悠扬的歌声随风飘来：

等你等到天都蓝了
等你等到云都白了
等到每缕微风
都带着醉意
等你等到花都开了
等你等到山顶红了
等到每颗星星
都为你亮起
……

下篇　反　攻

第十章

顺势而上,局面有利不妨反戈一击

第一节　向委托人展开深度维权的空间,倾听委托人心声

许民开心地坐在我面前,圆圆的脑袋后仰在座椅上,双手手指在扶手上有节奏地轻点着。

我对许民说:"当初,我为案件的结果设定了三种状态,第一种状态——你不赔我,我略赔你,这种状态自然不必说了。现在可以说,已经稳稳地实现了第二种状态——我不赔你,你不赔我。甚至,我们扩大一点也能说,已经初步实现了第三种状态——我不赔你,你倒赔我。你看,除去他返还给我方的 8400 元不谈,法院判他倒赔船舶空运费 16000 元是不是?还判他倒赔差旅费 2710 元是不是?其实,这两个小倒赔,都是微不足道的。现在,你想不想更进一步了?"

"此话怎讲?张律师。"说话间许民已直起身,双手握住扶手。

"你不是说你各方面的损失很大嘛,0002 号案件,认定了'上诉人于 2016 年 11 月及 12 月两次前往被上诉人处提货,由于质量问

题导致提货未果’，这就明确无误地证明，是罗虎违约不能供货。既然是罗虎违约不能供货，罗虎就应该承担违约责任，就应该倒过来偿付我方的违约金，而不是仅仅局限在船舶放空费和差旅费。那么，对方的违约金怎么赔呢？由于双方合同上只约定了我方少提货应按150元/吨赔偿对方的违约金，而没有作出对等的约定，所以，我方要求对方按150元/吨偿付我方的违约金，这是没有依据的。但是——”我打开卷宗，指着合同上面的第五/2条说“这上面明确载明‘因甲方人为因素造成不能及时履行合同，应赔偿给乙方造成的损失’，可见，我方要求对方赔偿实际损失，是有合同依据的。”

我合上卷宗，双眼看着天花板，“那么，我们到底有没有实际损失呢？答案是有，而且肯定是有！”我将视线转向许民，“但是，我们的这些实际损失，是要用证据证明的。没有损失证据，即使真有损失，法官也会推断没有损失，毕竟法官主观臆断判决损失多少，是没有根据的。”

接着，我又若有所思地说，“我们能提供的损失证据，又有哪些呢？除了已提交并判决的差旅费最直接的损失外，可能就是律师费损失了，其他的可能都是间接损失了，而这些间接损失，根本难以提供明确的证据加以证明。那么，是不是不能提交损失证据，我们就无法再获取赔偿呢？”

许民听得十分入神。

“那也不是，我们应把思维跳出来，要求对方赔偿另外一种损失，这种损失在法律上叫——可得利益损失。”我又打开《合同法》，指着其中的第113条说，“法律规定‘当事人一方不履行合同义务或者履行合同义务不符合规定，给对方造成损失的，损失赔偿额应当相当于因违约所造成的损失，包括合同履行后可以获得的利益，但不得超过违反合同一方订立合同时预见或者应当预见到的因违反合同可能造成的损失。’这个法条就明确了违约一方还应该赔偿可得利益损失。”

我向许民具体讲解这个法条的含义，之后，我接着说：“当然，如果要提起这样的一个诉讼，我们会碰到一些难题，这就是可得利益损失成立与否？如果成立，损失的标准如何界定？如何计算？有何依据？”

我抬眼看许民，他正在目不转睛地看着我，像个小学生一样。我继续说：“这个问题是最难的。以往的案例，出现过使用同行、同期、同地其他市场交易主体价格作对照的；也出现过行业商会、协会对交易价格出具证明的；还有当事人自己用交易的合同、交税的发票证明价差的等，这些证据在法律上，都很难成立，因为确实存在关联性问题，法院往往不敢冒险作判。所以，在现实中，虽有法律规定，但这种成功案例寥寥无几。但是——”

许民听得更加专注。

我又拿出0001号判决书，指着上面内容说：“我们现在有两个最好的标准依据。第一个，一审法院在判决我方赔偿对方时，对方没有提出任何损失依据，法院依职权酌定，损失按15元/吨计算。既然能按这个标准判令我方赔偿对方，现在反过来时，法院也应该按这个标准判令对方赔偿我方，这样，我们就能够将这个最难踢的球，踢回给一审法院。若一审法院不按这个标准支持我方诉求，就是明显的同个案件不同做法，明显的司法不公。第二个嘛——”

我又拿出胡波合同，对许民说：“这个合同是罗虎自己提交法院的。这个合同上，罗虎与胡波同期、同业、同时就地买卖相同的卵石，并且是直接用于供应给我方，其价差是10元/吨净利润，这是罗虎自认的净利润价差，无疑也是非常有力的证据。基于上述两个证据，我们山上烤火——就地取材，再辅以其他证据，这个诉讼的证据难题应该能够化解。现在是看你有没有这个打算，想不想这么做。”

许民听完后，十分平静地对我说：“张律师，跟你说实话，因为这笔生意，我的损失确实很大。以前我跟你说过，我在要货时，他没有货给我，害得我多年建立起来的大客户，都流失了，这一项损失就无法计算了。我不要货时，他却拼命要我去提，不提就告我，要我赔偿375万元，第二年的375万元还没包括，并且一上来，就查封我房屋、冻结我账户。为了这场官司，你也知道的，我花了一些费用，还凭空多出这些烦心事，搅得我其他生意都没多少心情做，收入比往年差了一大截。”许民停了一下，舔了舔嘴唇，眼睛看着桌面，又继续说：“我前天还在想，我的这些损失呀，有形的无形的，日后跟谁算呢？今天，你说还有这么好的办法，跟他算，真是老天有眼，我为什么不去做?!”

听得出来，许民的心思还是想借助这个诉讼，挽回一些损失的。我也平静地对他说：“我非常理解你的心情，我也觉得对方做法确实有点过分，应该说，对方的所作所为，造成你的损失是客观存在的。但是，打官司是有花费的，官司一旦打起来，对方也不会坐以待毙的，一定会想尽各种办法加以对抗，比如申请再审什么的，事情也会变得很复杂。能不能获得赔偿，获得多少赔偿，并不是你想象的。为这事，你也会耗费不少的精力、时间。你有没有想过，有这些时间和精力，如果你去做做生意挣挣钱，或许会更加划算，所以你应该冷静地想清楚再做决定。”

“张律师，费用方面你不用多考虑。至于时间和精力，反正为这事，我已经耗进去了，再耗些进去也无所谓。从另外一个角度来说，打他这个官司，打赢多少是多少，打赢一分钱也是胜利，这实质上是一个性质上的问题。我要让世人看看，到底谁是混蛋。”许民说到这里停了下来，缓了缓情绪，伸手慢慢端起桌上的茶杯，轻轻地喝了一口，放下茶杯后，向我投来恳切的目光，“张律师，请你无论如何再帮帮我，这个官司我一定要打。为这事，你也看到的，我的损失这么大，该挣的钱没挣到，还倒贴了许多钱进去，我被人家欺负了，受的委屈也这么多,我也要维护我的合法权益对不对?”

许民这一问,倒是让我陷入思考。论职业,当事人的权益只要是合法的,律师就应该依法去维护;论现状,许民确实为此劳神无数,含冤受屈,破费不少。论情理,对方确实也是过分之极,初始出发点就是损人利己,现在给对方“上上课”也属正义之举。

许民见我没有说话,接着又说:“张律师,我恳求你,为我你再战一程吧,无论出现什么样的后果,我都完全接受,即便结果再差,我都不会怪罪于你,对你,我只有发自内心的感激!”

看得出,许民的态度已是十分坚决。

我对许民认真地点了点头。

第二节　再战前多角度分析形势,确定进攻战略

既然决定再战,我们就应该静心地分析分析目前的形势。

0003 号和 0004 号两案终审判决的结果,给局势带来怎样的改变呢?

从程序层面上看,两个判决是终审判决,意味着双方当事人的讼争,至此应该戛然而止,游戏应该结束。

从实体层面上看,罗虎起诉的 0001 号案件遭到彻底失败,不仅没有得到自己想要的 2015 年赔偿 375 万元,以及期待索要的 2016 年再赔几百万元,甚至一审法院判决支持的 375000 元也没有得到,而且反过来还要承担两级法院诉讼费计 78600 元;许民起诉的 0002 号案件,也给罗虎以重创。除了一审判决返还的 8400 元外,二审还加判赔偿船舶放空费 16000 元和部分差旅费损失 2710 元,承担两级法院诉讼费计 741 元。罗虎两案现实的经济损失合计已是十多万元。此外,罗虎支付的律师费用和花在诉讼以外的隐形费用,更

是难以估算。这个实体结果对罗虎来说,无疑已是偷鸡不成蚀把米,赔了夫人又折兵。

从当事人心态上看,要求罗虎对二审判决心悦诚服是不现实的,毕竟是一审、二审法院在对待违约等相关问题的处理上,看法不一,因而结论不一。罗虎是否到重庆高院申请再审,是个未知数。罗虎会因此评估申请再审改判的概率,以及可能支付的律师等费用,罗虎可能不会贸然动作。许民的心态应该是无比喜悦加轻松,当初我为他设定的三个可能的结果,不仅没有出现略赔,而且没有出现相互不赔,而是出现了“我不赔他,他倒赔我”8400 元和 16000 元这一状态,许民应该是满足的。

从法官层面上看,虽然二审法官改判了一审法官的案件,但在判决书中,已特别载明是“鉴于当事人二审提交了新证据”,根据上级法院的规定,这种不属于一审法官“错案”的情形,正常情况下,一审法官应该也能接受这个结果。而在非正常情况下,法官当然会鼓动罗虎申请再审,这个可能性或许存在,但应该也不会太大,毕竟不是法官自己家里的事。

基于上面的分析,再行开战,许民已是占尽了有利之机。用许民的话说,这个战场开辟下来,赢多赢少倒是放在“二”字上,输赢的“赢”字,才是放在“一”字上。因为输与赢,这是个“性质”问题,不是钱的问题,哪怕只赢一分钱。

如何进攻呢?在做法上,我们当然可以采取“两条腿”走路的方法,一面申请强制执行,一面反向起诉,两者齐头并进。

第三节　周密准备,备足所有反击“弹药”

反攻前,我当义无反顾把该准备的准备好。

经过反复斟酌，我决定将罗虎的妻子，也列入共同被告，因为这单交易，其妻显然是共同的权利义务人。列其妻为被告的好处是，若诉讼保全或日后执行，由于其妻是被告或被执行人之一，可以对其妻直接采取保全措施或强制执行措施。特别是日后的执行程序，如果罗虎不履行生效法律文书指定的义务，通过积极或消极方法对抗执行，法院可以通过对其妻采取拘传、司法拘留等强制措施，以此逼迫罗虎主动履行。

可是，我并不知道罗虎妻子的姓名、出生年月等信息，顶多只能推算出她的住址应该是和罗虎一样。而按照民事诉讼法的规定，起诉状必须列明明确的被告。

没关系，我先将诉状写好，其妻一栏先空上，日后去调查补上。

民 事 诉 状

原告1：*** 雨花石工艺品厂。住所地江苏省 A 市 S 乡 K 村。

投资人：许民。

原告2：许民，男，1972 年 9 月 ** 日生，汉族，住江苏省 A 市 S 乡 K 村 ** 组 5 号。公民身份证号码[redacted]。

被告1：罗虎，男，1972 年 6 月 ** 日生，汉族，住重庆市 J 区 H 街道 Q 村 10 组。公民身份证号码[redacted]。

被告2：***（系被告 1 之妻），女，19 ** 年 ** 月 ** 日生，汉族，住重庆市 J 区 H 街道 ** 大道 ** 段 *** 号 ** 幢 ***** 号。公民身份证号码 ******************。

诉讼请求：

1. 被告赔偿因违约而造成的合同履行后原告可以获得的利益损失 717000 元。

2. 被告赔偿因违约而产生的原告实际损失的律师费。

3. 被告赔偿因违约而产生的原告实际损失的差旅费5000元。

4. 被告承担诉讼费用。

事实与理由:

被告1与被告2系夫妻。

2014年12月26日,原告与被告1签订的《鹅卵石购销合同》,合同约定,从2015年1月1日起至2016年12月31日止,被告1以每吨155元的价格,向原告供应重庆J区地区常规褐色2-6公分鹅卵石,每年25000吨左右,原告提前20天通知被告1供货。双方同时约定,原告要货方式为电话通知,被告1手机号码为1309877***7,被告1保证"按需按时按规格"供货,因被告1"人为因素造成不能及时履行合同,应赔偿给乙方(指原告)造成的损失"。

合同签订后,原告分别通过电话、去人、短信、发函等多种形式要货不断。被告1在2015年因无设备生产、无现货及2016年因现货不足、且备货质量不符合合同约定等人为因素,致其两年内仅向原告供货2200吨,其余47800吨不能按约交货。

2017年10月、11月,重庆市第*中级人民法院在(2017)××[redacted]民终0003号和0004号判决中,分别认定了被告1无货可供、备货不足、备货质量有问题,同时认定了原告不承担责任、被告1应承担违约责任,并终审判决被告1赔偿原告由此产生的涉案相关损失费用。

由于被告1的违约行为,给原告造成的损失多多。又鉴于被告1与被告2系夫妻,该义务发生在两被告婚姻关系存续期间,原告根据J区人民法院(2016)××01**民初0001号案件判决中"酌定将违约金调减为每吨补偿15元"的标准和《合同法》等相关法律规定,要求两被告赔偿因违约而造成的合同履行后原告可以获得的利益损失计717000元(50000吨-2200吨*15=717000元),并要求两被告赔偿原告因此产生的其他实际损失费用，请求人民法院判如所请。

此呈：

重庆市J区人民法院

具状人：*** 雨花石工艺品厂

具状人：许民

二〇一八年一月二十三日

在这份诉状里，我之所以要请求对方赔偿差旅费等损失费用，出发点并不在真的追求赔到这些费用，而是便于让法院在判决中，更能平衡双方的利益和情绪。

在这份诉状的后面，我把两案四个生效的法律文书和胡波合同，作为主要证据。同时，将许民与另一交易对象——周忠——相同标的买卖合同作为重点。这一份合同，是 2016 年 10 月 8 日许民与周忠签订的。合同载明许民向周忠供给 4 万吨以上卵石，供货时间从 2016 年 11 月 20 日至 2017 年 11 月 20 日，价款 172 元/吨，提货货场为罗虎的货场。合同同时约定，周忠向许民预付定金 40 万元。在这份合同以外，我将周忠在合同签订后于当年 11 月 19 日、20 日通过银行所支付的计 40 万元定金，也作为证据排列上去。这些证据，对 15 元/吨的赔偿标准，证明力是非常强的。

除此之外，我还提交了许民与王泉等其他交易对象的货单、付款依据等材料，以此证明利润差价。

为了追求案件实效，方便案件的日后执行，我建议许民对本案申请诉讼保全，许民完全赞成。我将《诉讼保全申请书》《诉讼保全担保书》做好，将许民被罗虎诉讼保全查封房屋的房、地产证复印好，又将罗虎曾经接收货款的账户信息整理出来打印好，以作诉讼保全担保之用。

接着,按照我代理诉讼案件的习惯,我还是事先打印好《调查取证申请书》《证人出庭申请书》,同时将许民委托我对接纪检等部门的委托书等可能所需的各式文书,全部备好。

在做好上述工作的同时,由于对方判决确定的罗虎应付的船舶放空费、差旅费等,没有主动给付,申请强制执行是必然的。于是,我将《执行申请书》等材料,全部准备齐全。

第四节 摸清对方财产为保全服务,为日后执行打好基础

因为诉状和诉讼保全,都需要我掌握罗虎妻子的信息,这就要求我,不仅要知道罗虎妻子的姓名,还要证明他俩是夫妻关系。我带上律师事务所介绍信和生效的0004号民事判决书、当事人授权委托书等手续,踏上调查之路。

第一站来到J区民政局婚姻登记处,查询罗虎的婚姻登记信息。材料打印出来,其妻的姓名和与罗虎系夫妻关系的信息,就全有了。

在做完这件事以后,对于我来说,最重要的事,莫过于查到罗虎及其妻的财产。因为,一个官司成功与否,离不开两个方面:一个是能不能胜诉;另一个是能不能执行。如果能够胜诉,对方却是身无分文,穷如叫花,胜诉了又有多大的意义。反过来,如果对方腰缠万贯,实力雄厚,不能取得胜诉,又有何用。所以,在打官司时,若发现对方有账户资金或现成的其他财产,及时采取诉讼保全措施,尤为重要。若成功保全到对方资产,接下来的事,不用想太多,一门心思去打赢官司就行了。实施诉讼保全另外的意义还在于,有时候足额保全到对方财产,信心和干劲倍增;对方见账户被冻、财产被封,容

易斗志衰败，往往妥协，对案件快速调处结案有大大的帮助。

第二站，我来到房产管理局。工作人员要求我提供被告房屋所在地址。我立即意识到，不能提供被告房屋所在的地址的，可能会不让律师查询。我灵机一动，立即翻找罗虎当年保全许民房屋时所提交的、其用于担保的房屋地址。我一边找，一边和工作人员聊起天来。其实，我心里再清楚不过了，我所知道罗虎的房产，只有这一处。聊得热乎时，我突然向工作人员请求，将两被告的所有房屋信息全部打印给我。工作人员纠结了一下，也就顺应了我的要求。接过盖好公章的表格，我向其诚挚道谢。

一看这份表格，罗虎和其妻在J区名下有四处房屋。其中，最大的一处，还是一个220多平方米的空中别墅。我不由得满心欢喜，这么多的房屋，价值至少上千万元，完全可以满足我日后的执行要求了。

至此，我已经不用再去查找两被告的车辆或其他什么财产了。

第五节　一切准备就绪，毫不迟疑打响反攻

古人云："不可胜者，守也；可胜者，攻也。善守者，藏于九地之下；善攻者，动于九天之上。"意思是说，不能战胜敌人的时候，就要加强防守；能够战胜敌人的时候，就应该发起进攻。善于防守的人，就像藏于地下（而使敌人无从下手）；善于进攻的人，就像从九天之上发动攻击（而使敌人无处逃避）。此时，正是我方从"九天之上发动进攻"的最好时机。

2018年1月9日上午，J区法院立案庭内，依然是人头攒动。

我将事先打印好的含有罗虎妻子姓名的诉状，和相应的证据材料递给立案法官。同时，将《诉讼保全申请书》及《担保书》，也一并

放入材料里面。

我已经是第二次来立案了，还是上次那位年轻法官坐在里面。我手捧材料，微笑着对法官说，“你好！又来麻烦你了，去年我来过，你还记得吗”？

法官抬头看着我，像是回忆起来了，“有印象的，怎么了？起诉”？

我微笑着点点头。

法官把我的材料翻了翻，没有发现什么问题，随手填好一份交费通知单给我。我心里暗自感慨，真是熟人好办事呀。我去旁边柜台交了费，此案法院的编号为(2018)××01 ** 民初 0007 号。

按照立案法官的指引，我又来到执行立案柜台。

里面坐着一个年轻女法官，我将两案申请执行书及两案两审生效判决书等材料交了过去。与此同时，我将当初罗虎收取许民货款的银行账号，也分别放在两案卷内。

0004 号案，许民要求执行罗虎应返还的多收的 8400 元货款和应赔偿的船舶放空费 16000 元；0003 号案，因为判决载明罗虎的诉讼费还没交，尽管这不在我方管辖的范围之内，但是，许民不想让罗虎逃避缴费义务，我方故意越俎代庖，将此作为申请事项申请执行。

女法官也是草草地看了两案材料，几乎未作审查，便直接作了立案。

其实，按照常规推断，罗虎是能够预知我方会申请执行的。虽然，罗虎为此还付出点儿执行费用，那也是没有办法。罗虎总不至于主动将款项汇给许民吧，那样也太失面子了。所以，对罗虎来说，与其主动为之，莫如被动为之。

为这点儿执行款，我猜想罗虎是不会对抗的。如若对抗，不主动地、自觉地给付，罗虎被挂上“失信被执行人员名单”，将来坐高铁、飞机、旅游、孩子就读等,受到那么多的限制,那肯定是划不来,相信罗虎不会走到这种程度。

但是,作为我这个代理人来说,倒是希望本案的执行能够顺利点、简单点。如果能扣划到对方账户钱款,那是再好不过了,因为这会在执行环节中,省去很多事情。至少,我可以少跑几次重庆。

我曾经在执行庭工作过几年,眼看着一些申请人,特别是异地的申请人,为了追求执行成功,左一次右一次跑法院,消耗的精力、时间无数。有的时候,不想让他们跑也不行。那真是没有办法。被执行人有执行能力的还好,没有执行能力的,那就只能听天由命了,申请人吃苦无数,效果不显的案例,是数不胜数的。

至此,起诉已经受理了,申请执行也已经立案了,但我还有一件事情需要去办,这就是我要申请法院解除罗虎对许民账户的冻结、房屋的查封等保全措施。

按照女法官的指引,我进入法院办公楼,保全法官一面听我说,一面接受了我提交的全部材料,告诉我将按流程办理解除。

第六节　办事有难度时,勿忘巧借外力

当天下午,我重新回到 J 区法院,我希望快速推进我的诉讼保全,因为若按正常程序办理,实施保全的时间,说短三五天,说长一个月甚至两个月都办不下来。

怎么推进呢? 人生地疏,无人能助。一筹莫展之际,忽然我想到一个人。

这个人其实我也没有见过,但是我听过她的声音,是许民在向 J 区法院投诉通话时许民录音的,她是 J 区法院纪检室的,姓陈。

我何不找她试试。

我拨通陈纪检的电话，告诉她有关许民投诉的事，需要对接一下。那头一听，声音仿佛有点警觉，要我在楼下等她。

不一会儿，一个五十多岁的女人带着一个年轻小姑娘，从楼梯上走下来。这个女人应该就是陈纪检，后面的应该是纪检办事员了。纪检处理事情，常规是要求两个人以上的。

“你是许民?”陈纪检同我一见面，操着地方口音和气地问我，她将“许”的发音读作“学”，但看得出来，神情严肃。

“不是，我是张律师，许民的代理律师。”

我刚说完，陈纪检好像松了口气，对我说：“噢，是张律师呀，那我们到二楼接待室吧。”

我随她们来到接待室。办事员展开记录纸，拿出笔。

“许民安排我过来，与你们对接一下，他的投诉是怎么处理的。”我单刀直入。

“关于许民的投诉，我们是十分重视的……”陈纪检说，“在各有关部门将投诉转到我院后，我们调取了陈木所承办的两案卷宗，并向陈木作了情况了解，现在有些情况调查清楚了”。

接着，陈纪检按照许民投诉几大问题的顺序，一一做着解释。很明显，她的出发点还是帮陈木说话的。唯独诉讼费承担这个问题，只字不提，实质上，这个问题她也根本无法解释清楚。

说实在的，我根本无心听她什么解释，我的心思完全在落实诉讼保全上。

涉及诉讼保全的案件，经法院审查后，被卡壳、被退回的比比皆是，数不胜数。比如，在保全担保审查上，各地法院在实施中，做法不一。有的法院主要接受资金担保，严格审查资产担保，一般不情愿接受资质担保；有的法院在申请人提交资产担保的同时，还要求申请人必须再交部分现金结合担保；在资产担保时，绝大多数法院只接受本地房地产担保，不接受外地房地产担保，而且要求房屋余值，要远远大于申请保全的标的。故在担保审查环节上，只要稍稍严格，保全就不会被准许。

既然 J 区法院对许民的投诉是有所顾忌的，我不如借力发力。

“其实，法院的工作也是有难度的。”听完她的解释，我很理解地说。

陈纪检眼里一亮，连连说：“是呀是呀。”

“只不过，一些当事人不理解而已。有时候，碰到一些难缠的当事人，法院确实费力。”我不急不慢地说着，有点一语双关的味道。

“张律师，你说得对呀，我们法院这项工作不好做呀。”陈纪检仿佛找到了共同的知音。

“我很理解法院的苦衷，因为我也曾经在法院干过。”

“你也在法院干过？”陈纪检好像没听清似的，又问了我一遍。

我把我在法院的情况，向陈纪检作了简单介绍。一席交流，很快拉进了彼此的距离，她一下子像找到战友一样，告诉我她也是 85 年和我同期就进法院的，现在到年龄了，庭长不干了，上来做纪检工作。

办事员看我们像在聊天，停住笔，听我们交谈。

“关于许民投诉的事，我回去以后会找他做做工作，尽量要求他能够息诉。”我将话题一下子引入正题，接着说：“不过，有件事情能否请陈纪检帮个忙。”

“你说，只要能办到的。”陈纪检十分认真地看着我。

我便将要求诉讼保全的事，向她说了个明白。我告诉她，在保全担保问题上，我们没有可能提交现金，也没有可能找到本地的房产，采用资质担保又要另花费用。但是，许民位于江苏价值 700 多万元的房产，已经被 J 区法院在罗虎诉许民案件中查封，这是我们对本案保全最适宜的担保。在来 J 区之前，许民就曾说，如果 J 区法院不同意他用这个房产提供担保,他就同J区法院血战到底。显然,许民的这句话是我在现场发明创造出来的,说白了就是软硬兼施。

“我来跟相关部门对接一下,我想这个应该可以,你等候我的消息。”看得出,陈纪检也是一个办事干练的人。

“我还有另外一件事,也想请陈纪检过问过问。”没等她答话,我继续说,“就是本案的承办人问题,我想,去年陈木法官裁判的那两个案件,已经与许民产生严重的对立情绪。如果本案继续交由陈木承办,这可能对他们两个人都不好,所以我想能不能交给一个不重社交、办事公道的法官承办”。

陈纪检听后,一口承诺将会协调案件的交办事宜。

我告辞时,陈纪检起身相送,她那一张笑脸难掩心中愉悦。

第二天,一个女人的电话打了进来,音色又尖又细,虽然说的普通话,但音质有点古怪:

“你是张律师么,我姓吕,J区法院民二庭的,陈纪检都跟我说了,关于保全的事,你方便过来一下吗?”

我来到J区法院大厅。

下楼同我见面的是一个30岁左右的年轻女法官。她身材不高,身躯瘦弱,脸形小巧,五官紧凑,小小的鼻梁上,架着一副四方形的红框眼镜,眼镜后的一双眼睛倒很灵活,时不时闪射出几分机敏。

在看完我提交的保全材料后,她对身边的书记员说:“材料是可以的,你现在就给张律师做保全裁定,而后将材料交给保全组。”说完,回身上楼。

书记员让我在大厅等候。

想不到事情进展的如此顺利。大概J区法院也不想再得罪许民,举手之劳又完全合法合规的事,何乐不为?只不过时间上加快点而已，而按照法律规定，情况紧急的本来也应在48小时作出。

闲暇之际，我随手翻开大厅电子文书介绍。原来，此法官名叫吕倩，是民二庭的副庭长，和陈木是同一个庭，并且是同一样的副庭长职务。

约过了半个多小时，书记员拿着做好的文书，把我带到保全实施组，跟保全法官作了对接。

保全法官看过材料，指着一页纸问我："这是对方账号吗？"

"是的，对方曾经通过这个账户接收过我方的货款。"我说。

保全法官也不再说什么，让我回去等消息。

我兴高采烈地踏上回程，向陈纪检发了条短信，简单说明了情况，并表谢意。路上在想，我保全最差的结果，也能查封到罗虎和其妻的房屋。将来若官司胜诉需要执行时，虽然要经过评估、拍卖这些烦琐的程序，但毕竟有财物可供执行。而且，两被告有多处房产，留置一处给罗虎满足其居住即可。

没过几天，收到J区法院的一封快件，打开一看是一份《保全案件办理情况表》，在"办理情况及期限"一栏内，赫然写着：冻结罗虎在某行某账户上的"存款80万元，实际冻结80万元。"

保全案件办理情况表

承办人：朱[redacted]　　　　　　时间：2018年1月29日

案　　号	（2018）[redacted]执保[redacted]号	案　　由	财产保全
申 请 人	[redacted]雨花石工艺品厂、许[redacted]民		
被申请人	罗[redacted]、张[redacted]		
办理情况及期限	1、冻结被告罗[redacted]在中国农业银行重庆[redacted]支行账号为622841047[redacted]12上的存款80万元，实际冻结80万元，冻结期限从2018年1月17日至2019年1月16日。 2、查封原告许[redacted]民、担保人张[redacted]勤位于[redacted]市[redacted]镇[redacted]房屋，查封期限从[redacted]。（轮候查封）		
向保全申请人提示	在上述采取保全措施的期限届满7日前需申请续保，以保证保全措施不失效，在诉讼案件审理完毕法律文书生效后，若被告未能履行生效法律文书确定的义务，在申请执行时请附上已保全的财产线索以提高执行效率。		

呵呵，太好了！现金已冻结到了，不需要查封任何的房产，只要胜诉，法院直接划拨就行啦。这省去的工作量，真是嗨呢。

我拨通许民的电话，许民更是喜出望外。

就在许民沉浸在喜悦之际，又接连传来好消息：

罗虎应该给付的执行款，因我提供的罗虎账户里资金充足，已由J区法院划拨到位，并执行给了许民；

罗虎对许民账户的保全措施，已解除；

此外，我按照《民诉意见》第207条第1款有关“判决生效后，胜诉方预交但不应负担的诉讼费用，人民法院应当退还，由败诉方向人民法院交纳”的规定，我分别向×中院和原审法院所申请退回的诉讼费，也已全部退到许民的账户。

最滑稽的是，我对0003号案件的执行申请，因申请人主体不适格，而被法院裁定驳回了。但执行法官明确告诉我，是其主动要求承办法官陈木将诉讼费移来执行，现该款已经全部执行到位。

我的目的百分百达到了。

第十一章

随机应变,代理过程切莫思维僵化

第一节　没有对方出席的庭审,也万万不可掉以轻心

开庭传票寄来了,确定的庭审日期是 2018 年 3 月 15 日 14:30。

收到没几天,吕法官忽然给我打来电话,告诉我罗虎一直拒收应诉材料,已经退回来两次,直到现在为止,对方还没有来取应诉材料,估计不会来参加庭审。

“那怎么办呢?”我问。

“按时开庭吧。根据最高人民法院有关送达的规定,视作他已经收到了。”听完吕法官的话,我在想,这个吕法官看来还挺公正,至少到这个时候,看不出她偏向对方。

吕法官所说的最高人民法院的规定,是 2017 年 7 月 19 日刚刚施行的。最高人民法院《关于进一步加强民事送达工作的若干意见》第 8 条规定,当事人拒绝确认送达地址或以拒绝应诉、拒接电话、避而不见送达人员、搬离原住所等躲避、规避送达,人民法院不能或无法要求其确认送达地址的,可以分别以下列情形处理:

（一）当事人在诉讼所涉及的合同、往来函件中对送达地址有明确约定的，以约定的地址为送达地址；

（二）没有约定的，以当事人在诉讼中提交的书面材料中载明的自己的地址为送达地址；

（三）没有约定、当事人也未提交书面材料或者书面材料中未载明地址的，以一年内进行其他诉讼、仲裁案件中提供的地址为送达地址；

（四）无以上情形的，以当事人一年内进行民事活动时经常使用的地址为送达地址。

人民法院按照上述地址进行送达的，可以同时以电话、微信等方式通知受送达人。

这样的规定，不要说作为当事人的罗虎，就是他的代理律师如不及时学习，也不一定知道。

是日，按照法院传票指定的时间、地点，我坐在原告席。果然，对方并没有人员出席庭审。

吕法官敲响法槌。

我以为，这样的缺席庭审，不过是走走过场而已，故没有太多的重视。当我举证到许民与另一交易伙伴——王泉的交易时，不想吕法官对我突然进行了发问：

"原告，你提交的许民与王泉的交易是否确有其事？"

"确实。"我毫不忧虑地回答。

"有没有签订买卖合同？"

"没有，这是小数量的买卖，现款现货，当场结清的。"

"那法庭现在就打王泉电话进行核实。"吕法官按照材料上的电话号码拨了过去。

对方并没有人接听。

吕说，没有人接电话，继续审理。

话刚说完，手机铃声响了。

“噢，他回电话过来了。”吕一边说，一边接上电话。在电话里，吕详细问明了这单货物交易的具体情况，渐渐开始确信，这是真实的。

吕法官要求我方继续举证。

接下来，我举证周忠的合同及已付的定金。此时，吕法官又再次打断我的举证，又是一连串的发问：

“原告，许民与周忠 2016 年 10 月签订合同时，许民是否与罗虎谈妥了购货相关的事宜？”

“谈了。当时，周忠和许民到过罗虎货场，看到有部分货物，大约在 3000 吨左右，罗虎一直告诉许民供货没有问题，说自己有十几个货场。”

“周忠有没有认为货物规格太大或太小，以及颜色有杂色？”

“本代理人当时不在现场，不是很清楚。”

“罗虎当时是否在场？”

“本代理人也不是很清楚，但是能够肯定，罗虎和周忠见过面，双方认识。”

吕法官接着发问：“既然你们说罗虎货场仅有 3000 吨存货，罗虎没有充足的货源，而且从 2015 年年初到 2016 年 10 月 8 日都没有给你们供货，你们凭什么相信罗虎还有货可供的承诺？又凭什么去同周忠签订 4 万吨体量的购货合同？并且还约定了如此高额的定金使损失进一步扩大？”

吕的这一发问，真是咄咄逼人，十分犀利，看来我之前对这个庭审过于轻视了。

我稳住自己，不急不忙地回答说：“我们确切地知道罗虎无货可供的时间，是 2016 年 11 月以后，准确地说是我们两次发函要货以后，发现对方无货可供。在此之前，谁敢确定罗虎无货可供呢。我们与罗虎签订的合同若不提货，要按 150 元/吨赔偿违约金，这可不是个小数目。我们与周忠签订合同，并且收取定金，毫无扩大损失的动机，恰恰相反是为了保证我们与罗虎的合同，能够顺利得以全面履行。”

吕仍继续重复追问：“你们说罗虎一开始就违约无货可供，你们凭什么相信罗虎以后就有货可供呢？”看样子，吕对这个问题是要紧抓不放。

“罗虎一开始违约，不代表罗虎以后也相同地违约，如同一个小孩子从小犯错误，不代表长大还犯相同错误一样。在合同履行过程中，罗虎多次一再承诺供货没问题，我们又凭什么不相信他只变‘坏’不变‘好’呢？难道我们不清楚不相信他的后果吗？”吕法官被我这样一问，愣住了。

吕法官那双眼睛在镜片后转了转，停了片刻，又继续问道：“你们与罗虎合同履行期是 2015 年 1 月至 2016 年 12 月，你们与周忠合同履行期是 2016 年 11 月至 2017 年 12 月，那么，从 2017 年 1 月开始直到与周忠合同履行结束时止，这个期间，你们的货从何而来？”

“主要从罗虎这边来。”

“也就是说，你们将继续与罗虎签订新的合同？”显然，吕法官的这一发问，似乎设了一个“套”。

“我们与罗虎签订的合同总量是 5 万吨，如果罗虎能足额供货给我们，我们就可以足额供货给周忠，不需要重新签订什么新合同。”

经过这番唇枪舌剑，吕再也不问什么了。

流程走完，吕宣布庭审结束。这个庭审，给我最深切的体会便是，即使对方不出庭，自己也不能过于大意。

第二节　庭上的观点未说详尽，庭后应提交书面意见补全

为打消吕的疑虑，扩大有利形势，我应该把庭上没有充分讲清的观点，再写一份详尽的书面意见给她，我要表明：

第一，我方主张偿付可得利益损失及其他损失的根据是充分的。我方的根据主要是两块：一块是法律根据，即《合同法》第 113 条和第 107 条有关违约方赔偿可得利益损失的规定。另一块是合同根据。即《购销合同》第五/2 条有关违约方赔偿实际损失的约定。

第二，罗虎“不履行合同义务”或“履行合同义务不符合约定”已为生效的终审法律文书所认定。因为第 0003 号判决书载明：“上诉人许民从 2014 年年底到 2015 年年初，一直在向被上诉人主张提货，但截至 2015 年 6 月 23 日被上诉人设备还没有完全具备生产涉案合同所约定的鹅卵石；甚至 2015 年 11 月，罗虎向许民发送的短信图片也显示，场地并无实际货品。”罗虎向胡波 1 万吨的买货合同，净利润价差 10 元/吨，“不足以证明被上诉人罗虎于 2015 年年底前已经具备足够数量并符合合同约定的鹅卵石”。第 0004 号判决书载明：“虽然鹅卵石系天然形成，本身存在差异，但其可以通过设备或人工进行筛选以达到尺寸、颜色的基本一致。”“在上诉人许民分别于 2016 年 11 月及 12 月两次前往被上诉人罗虎处提货，由于货物质量问题导致提货未果的情况下，上诉人由此产生的损失及费用应由被上诉人承担”。依据法律规定，生效法律文书具有直接采信的效力。

第三，罗虎造成我方的损失法定存在和事实存在。罗虎不能按

约供货，至少产生以下三类损失：

1. 因合同未按约履行实际产生的、已经发生的各项损失；

2. 因合同未按约履行产生的未来的、可以期待的、能够得到的利益损失；

3. 因合同未按约履行产生的第三方索赔的损失。

本案诉求索赔的对象，显然是第 2 类和第 1 类损失。

先说第 2 类损失。在与本案有关联的 0001 号案中，罗虎对所谓损失，没有提交任何的证据加以证明，只是在开庭中口头上说有损失，陈木照样酌定判赔 15 元/吨违约金。而在该案审理之时，罗虎若真的有损失，至此也已经发生了，该损失已是“过去时”形态，最高院对此有明文规定，要提交证据加以证明。

而在本案之中，我方所主张的可得利益损失，是未来的、可以期待的、能够得到的利益损失，属于“未来时”形态。尽管当事人对“未来时”形态损失根本无法举证，但我方还是列举了大量“可比照”证据，对此加以证明，更不必说其中还列举对方自己提交的“胡波合同”。

至于第 1 类损失，我方在庭审中所举证据，已经证明了律师代理费损失和差旅费损失均客观存在。

第四，罗虎对我方可得利益损失的范围完全能够预见。理由在于：

1. 罗虎是经商数十年的“老手”，自己也在商海中浸染多年，获利丰厚。

2. 罗虎自己在 0001 号案件中，自己举证了“胡波合同”，可见，其能预见的利润范围至少也是每吨 10 元以上。

3. 罗虎作为一个有经验的商人，深知该卵石若是异地买卖，投入了上下力、运输、场地占用、资金占用等各项成本后，利润更大，至少也是每吨几十元、上百元。

4. 0001 号案陈木酌定的利润差价损失是 15 元/吨，陈木不同意、也不采信“胡波合同”的价差。由此可见，一个从未经商、毫无经商经验的、从事审判工作的外行，也能预见出涉案买卖净利润是 15 元/吨。

5. 假设我方不履行与罗虎的合同，我方能预见的赔偿范围是多少呢？合同上写得清清楚楚，每吨赔偿 150 元，合计赔偿 750 万元；假设罗虎不履行合同，罗虎能预见的赔偿范围又是多少呢？按照对等原则理当也是 750 万元。由于合同约定上的文字差别，即使其不能预见到 750 万元，也能预见到异地每吨买卖净利百八十元。

第五，我方与周忠的合同并未将损失扩大化。其一，相对于可得利益的诉求而言，在本案中完全不存在要审理我方与周忠合同损失扩大与否的问题。本案可得利益的诉求标的，是要解决可得利益成立与否，若成立，成立多少的问题。我方举证的与周忠的涉案标的物买卖，是为了证明涉案鹅卵石若实现买卖，我方可得利益每吨价差 17 元，而不是为了证明另外我方因此可能还存在 40 万元的定金损失。该 40 万元的定金损失若有，是另案诉讼解决的问题，而不是本案的审判对象和审判范围。属于本案审判范围的，是对这一证据成立与否进行认证，而且应该是仅限于此。其二，罗虎第一年对我方供货不能，罗虎第二年能否向我方供货，我方在与周忠签订合同的当时是不明知的，也是不能推导得出结论的。因为罗虎第 1 年的不按约供货而违约（变坏），不代表其第 2 年仍不按约向我方供货（不变好）。事实上，罗虎也确实在第二年的 10 月 30 日供了一船 2200 吨货物。准确地说，我方内心确认其不能按约供货是两度催告以后的 2016 年 11 月、12 月，是时，周忠的合同于 2016 年 10 月 8 日早已签订多日，所以不存在法官当庭发问的明知其违约为何订此合同而扩大损失的情形。反言之，若我方在双方合同和罗虎催货的强大压力下，仍不去寻找新客户来履行涉案合同，谁来保证罗虎合同期满后不追究我方 750 万元的违约金？可能换成法官自己亲历，也不敢这样做。而涉案发生的真实情况是，罗虎还没等到合同期满，就已经于 2016 年 8 月早早起诉我方索赔 375 万元了，只不过我方直到当年 12 月 22 日才知道此诉，可见罗虎一直没有放弃这样的主张和图谋。

第六，法律要求人民法院同一执法尺度，不搞双重标准。公正是司法的灵魂。0001 号和 0002 号两案为什么裁判错误？一个很重要的原因就是不公正，就是对原、被告适用了不同的裁判“标准”。在 0001 号罗虎作为原告的案件中，陈木不满足于“胡波合同”价差标准，自行上调 5 元/吨，最终以 15 元/吨裁判我方偿付违约金；在我方作为原告的本案中，我方提交的大量证据证明了利润差价，证明了我方实际利润价差正常是在数十到百余元。其中最具说服力的当是“胡波合同”。若按照 0001 号案陈木的裁判做法，应是在我方主张的 15 元/吨价差基础上再加上 5 元/吨，即按照 20 元/吨作出裁判。

显而易见，我方中途退货，导致罗虎不能实现销售获利，我方须赔 15 元/吨；罗虎不能供货，导致我方不能实现销售获利，同样也须赔我方 15 元/吨。若法院对罗虎适用 15 元/吨而对我方不适用 15 元/吨赔偿，岂不是显失公平?!

我想对吕法官说的，只有这些。材料整理好后，我寄了出去，也不知她看了后认同多少。

第三节　和解与否取决于当事人的意愿，但应提供利弊分析

一天上午，J 区有个叫张国的人给我打来电话。此人是我在 J 区法院门口认识的。

那一天,我需要复印几页材料,看到法院大门西边有一家法律服务门店,走了进去,闲聊之中熟悉起来。

后来去J区法院办事,空闲时,我就去他那儿坐一坐。

他和我年岁相仿。我跟他说好,日后如果法院这边需要拿拿材料、交交费或程序上签签字什么的,我要许民出授权书给他,请他代办,他满口答应。

双方相处得很愉快。彼此熟悉后,免不了他要问我到J区的来意,因而对案情多少有一些了解。闲聊中,他告诉我,对方代理人洪腾,他很熟。

这个时候,他突然打我电话,是什么事?

张国在电话里说:“是这样的,张律师,上次开会,我正好与洪腾坐在一起,闲聊之中,他知道我认识你。今天上午,他突然到我门店来了,他的意思是要我带信给你们,官司不打了,双方和解吧,法院判决的钱都给你,双方到此全部结束。他说,如果不答应,罗虎就到重庆高级法院申请再审,推翻×中院两个判决。你们看怎么办?他要我一定回个话给他。”

我说:“这样吧,我把你说的情况,跟许民沟通一下,听取他的意见我再告诉你。”

我打通许民的电话,简要地说明了情况。

许民听完后异常平静,缓慢地对我说:“张律师,跟你说真心话,我对罗虎和那个叫刘勇的人,内心是恨得咬牙切齿。为这场官司,我给同行看笑话不说,家里一家子人天天发愁,茶饭不思,他逼我最甚的时候,我杀他的念头都曾有过。”许民停了一下,又继续说:“有时我在想,我就这样被蛇咬一口,难道就算了?就这么轻易地让他过去了?我真的是咽不下这口气。”听得出来,许民有些报复心态。

我婉言对他说:“你这样的心态是能够理解的,也是正常的。但是，存心报复对方也无必要。如果能够和解，息事宁人对你来说，也未必不是好事。如果不和解，未来你可能还要为此劳心费神，矛盾和压力都可能继续存在，所以你要想清楚啊。”

“张律师，你说得是没错的。但假如和解了，我的损失跟谁算？我的委屈跟谁诉？我就是要他还我一个公道。当初，我知道他起诉我时，我赶过去协调。在酒店，我左一声右一声叫他哥哥，热脸贴他冷屁股，喊了无数声哥，求他放我一马，你知道他怎么说？他说‘你先赔我 200 万元，打钱过来，尔后去把 5 万吨货全提了，余下的 175 万元违约金再作商议’，那时，不管我说什么，他都不行。现在，我一想到他那副嘴脸，那真是恶心妈妈为恶心开门——恶心到家了！”许民缓了缓，又说，“现在，他要和解了，他早干吗的？为什么早先不说和解呢？请你告诉他，不可能！告诉他，不是什么事情都由他说了算的。至于你说未来可能有的矛盾和压力，我有这个心理承受能力。”

听许民这么一说，我倒是一时语塞。和解的法律前提，是当事人完全出于自愿。以我的职业经验，在当事人不愿意的情况下，做做说服工作，当然无可非议。但是在当事人极度不愿意的情况下，一定不要强扭，强扭了后果不一定好，甚至还有许多潜在的后遗症。

“那……对方可能真会申请再审的。”我进一步提醒说。

“他申请再审就申请再审吧，吓唬谁呢？”许民接着又说，“再说，他说把该给我的钱都给我，给我什么呀？法院早就划来了，我早就拿到了，说空呢。你就要他跟罗虎说，当初许民是怎么求你的，只差跪下来求了，噢，现在你说不打了，说不打就不打了吗？可能吗？下面他想做什么都可以，我都两个字——奉陪！”

许民态度为何如此坚决？我想，除了许民当时委曲求全不成的怨气至今没有消解外，或许许民看到已足额冻结到罗虎的 80 万元，没有让罗虎出血而心有不甘；或许许民已经开支了 0007 号诉讼费等费用，开弓没有回头箭而骑虎难下。既然许民如此坚定，我作为代理律师，当然不好去反对，在这种情况下，我没有说服许民就此罢休的半点儿理由。

第四节 灵活机动处理意外情况，思维固化不会对自己有益

这天上午，吕法官又给我打来电话，告诉我说，罗虎和他的代理律师昨天来法院，将应诉材料拿走了，坚决要求重新开庭，说罗虎前阶段生病住院的。今天上午，又提交了住院证明。

“那怎么办呢?”我问。

“庭里研究一下再说吧。”吕法官挂断电话。不一会儿，吕法官将罗虎的住院证明和病历，用彩信发给了我。

到底是同意再次开庭好，还是不同意再次开庭好呢?

若不同意再次开庭，我方具有充足的理由。在上一庭中，法官庭审中已经阐明是合法送达，依法开庭，并且最后已经宣布闭庭，等待择日判决。在这样的情况下，法院又通知再次开庭，我方完全可以拒绝，甚至不去。在庭审缺席情况下，判决自然应该对我方有利。如果法院硬要重新开庭，更加可以推测法院偏袒罗虎，这给许民对J区法院的投诉，无疑又增加了一条理由。

若同意再次开庭，就需要再跑一趟J区，必然要加大人力、精力、物力成本的支出。而且，对席开庭的情况下，判决不存在对我方更有利的情况。

思考再三，我决定同意再次开庭。为什么呢? 因为缺席开庭是建立在合法送达的基础之上的。现在罗虎出示住院证明和病历，或许构成其不能收到应诉材料的正当合法的理由，若一审法院不承认，日后二审法院对此承认，极大可能会以一审程序有问题为由，将

本案发回重审，毫无疑问，这会费更大的事，更加增大人力、精力、物力成本的支出。

我主动打通吕法官电话，对她说："看样子罗虎确实生病，既然他要求重新开庭，那就重新开一下吧，无非我多跑一趟，没什么大不了。"

吕法官还是答复，等研究后再说，原则性挺强的。看来，吕法官并不是说，我同意重开就重开，这事儿是法院说了算，不是我说了算，我还是顺其自然吧。

没过多久，法院通知了再次开庭。

临出发前，许民对我说，"你此去小心一点儿，罗虎现在官司打输了，我们执行又扣划了他的钱，现在这个案件又把他80万元冻结了，还不停地投诉、举报罗虎的隐名股东刘勇，纪委对刘勇已立案调查，只差点儿就把刘勇搞了进去，在此情况下，对方会不会狗急跳墙，跟我们来'非礼'要注意，要不要我派人去保护你？"

说实话，这个问题我不是一点都没考虑到。第一次参加庭审，那时分明知道对方不会出庭。这一次，对方肯定会出庭。在庭内可能不会发生什么意外；在庭外时，意外发生的可能性究竟有多大不得而知，毕竟曾经出现过罗虎带人扣押过曹达的事件。我曾经进行过评估，料定罗虎是不敢胡来的。

"不用啦，"我信心满满地对许民说："他多半不敢胡来的。放心好了，即使他敢胡来，凭我的经验，应该能够化险为夷的。"

说实在的，几十年法律生涯中，我也不可能不遇到一些险情，每每遇此，都凭自己智慧和经验一一化解。记得危险的一次，我一个人开完庭，对方早早已纠集了五六个光头，在法院门外拐弯路口等我。这些人一上来，就把我围在中间，为首的故意找茬想要动手，若那时说话和处理稍有不慎，后果可想而知。为明哲保身，我当即调转枪口，夸赞对方说得是对的，指责我方当事人要求是怎么的过分，然后告诉对方，若不是因为代理职责因素，我早就离我方当事人远去了，云云。一席话，对方听得异常过瘾，道别时紧紧握住我的手，仿佛我们已是多年的老朋友。

第五节　激烈交锋中善于“草船借箭”，以子之矛，攻子之盾

在开庭的前一天，我询问对方是否提交了证据。吕法官说，有，让我过来复印。

对方能提交什么证据呢？也不用动脑筋去推测了，拿了就知道了。

我随手翻看着对方的证据，有许民与罗虎的合同、货物照片；有2016年催告许民提货的函件、证人证言，这些都是狗熊耍扁担——翻来覆去老一套。看着看着，我突然眼前一亮，对方竟还提交了2015年罗虎与另4家供货单位买卖合同，内容是罗虎分别以10至30元/吨的价格购货几万吨，还提交了为履行合同而发生的部分付款凭证，以此证明罗虎有充足货源可供给许民，其中还包括一份胡波合同。

我真是喜出望外！这几家的合同和付款凭证，岂不是我可得利益损失最好的价格证明吗?！罗虎买的货10至30元/吨，卖给许民是155元/吨，这个区间的利益差价何其之大，真是“踏破铁鞋无觅处，得来全不费功夫”。

我当晚将这几份证据编成我方的一组新的证据目录，以便在庭审中提交。

2018年4月10日上午9:30，J区法院第10法庭。

我刚在庭里入座，门口走进来一个40多岁的中年人，短短的发型，方方的脸，看上去倒有几分干练。

在他的身后，跟进来的竟然是罗虎。多日不见，罗虎又黑又黄，面容憔悴，身板瘦弱，看样子真是大病初愈。

罗虎的身后，还真的跟进来3个年轻人。

那个40多岁的中年人和罗虎坐在了被告席，其他人则坐在了旁听席。

"你们双方还能调解呀？"开庭前，吕法官看似亲切地问了一句，但目光却是转向了我。

"可以呀"我回答说，"本来——许民是完全不同意谈的，这次来开庭之前，我专程去找了许民，告诉他罗虎身体不好，劝他矛盾宜解不宜结，要他后让一步，双方协调协调算了，做了不少工作，许民才勉强同意"。我说这些，是故意在罗虎面前卖个人情，设法使对方相信我是善意友好的。

在调解这个事项上，不要先行拒绝法官。一般而言，若你拒绝了，法官心里可能对你会有反感，因为调解结案对法官来说无比省事，不用消耗精力、时间去写几页甚至几十页的判决书，一二张纸的调解书便能解决问题。更重要的是，案件矛盾得以化解，法官免受一方甚至双方的投诉和控告，法官何乐而不为呢？

法官听后，又把眼神转向了罗虎。那意思是在问，你呢？

"调解我巴不得。"罗虎一口浓重的重庆口音。但罗虎就说了这么一句，就停住了。

"那你方的调解方案呢？"法官见罗虎没有继续说下去，继续问罗虎。

"我的方案是我不找（钱给）他，他不找（钱给）我，双方到此拉倒。"

"噢，"吕法官哼了一声说，"看来……分歧还是很大的，现在开庭吧"。

在面前的电脑桌面上，我看到书记员记录的对方那个中年男人，原来名字叫曹军，是位律师。看样子，罗虎是因为不再信任此前的代理人洪腾，更换了强手。

我抽空将对方换人的情况发信给许民，告诉他对方内部一定出了问题，代理人更换了，也许现在是我们隔岸观火的好时机。

眼下我想对方应该彻底明白，我要下的这着“大棋”到底是什么了。

吕法官询问双方是否申请回避。我立即表明，申请回避。并陈述如下：

我方要求回避对象有两类：

1. 曾经承办 0001 号和 0002 号案件主审人陈木及其有关的合议庭成员。

2. 曾经批准民初 0001 号案件原告罗虎缓缴、少缴或免缴诉讼费的相关院领导。

吕法官问，“第一类回避的理由是什么？”

于是，我围绕许民投诉的几个方面内容，一一作出陈述。

末了，我说道：“由于 0001 号案和 0002 号案实体上和程序上极为明显的错误和不公正，两案的终审裁判结果，已经作了 180 度改判。这一改判结果已经昭示，两案属于‘错案’。至于错案发生的根源，由于贵院至今没有深挖、没有追究，且没有作出任何处理，客观上纵容了陈木对本案的审判活动，存在继续施加不良影响的可能。基于上述情况，我方有理由怀疑并相信，陈木会对本案的审判施以不良影响。鉴于其与本案当事人、诉讼代理人有‘其他关系’，‘可能影响到本案的公正审判’，因此，第一类的回避对象必须对本案审判活动进行回避。”

吕法官随便地听着，又随便地接着问，“那第二类回避理由呢”？

我继续说道：“关于第二类对象的回避，是基于下述理由：

“0001 号对方起诉时，诉求的标的就明确写明 375 万元，但贵院却一直未按标准收费。对方起诉立案和诉讼保全,却没有受到任何障碍和影响,而 0002 号原告是我方的案件,分文诉讼费都不能少交。

“我方向你院纪检监察部门反映这一问题后,你院纪检监察部门调查后答复说,不是对方没交费,而是交了保全费 5000 元,其他的费用何故未交纳,没有向我方说出任何的原因和理由。据此,我方有理由怀疑或推测,批准人是院领导,并且是审判委员会委员。

“罗虎在 J 区是无人不晓、名气很大的一个老板,有雄厚的资金实力等不说,其与妻子张 * 名下,已知房产就有 4 处以上,其中,位于 J 区 ** 段 5 * 9 号 2 * 3 幢 1 * 1 处的一幢豪华别墅,就有 220 多平方米,其正常开的是豪车。就是这样一个大老板,几万元的诉讼费竟被批准缓交甚至免缴,个中‘N’因素不难想象。

“更令人不能接受的是,我方投诉这一问题后,仍没及时纠正并要其交纳。在迫不得已之下,我方只能代替贵院从国家利益出发申请执行该笔诉讼费。申请后,执行法官将该诉讼费如数扣划至法院账户,扣划当时罗虎账上资金就有数百万元,事实足以证明其完全不符合被批准缓交甚至免缴的条件。

“基于上述情况,我方有事实和理由怀疑并相信,批准民初 0001 号缓交或免缴诉讼费的领导,‘与本案当事人、诉讼代理人有其他关系,可能影响对案件的公正审理’,因此,第二类的回避对象必须对本案审判活动进行回避。”

说完,我将一份书面的《回避申请书》,当庭递交给吕法官。

吕法官又把申请书快速浏览了一下,看完后,口中就嘟哝了一句“那不让他们参加”,就继续审理。

吕法官的这种处理方式,其实犯了错。因为按照法律规定,回避与否,是需要院长作出决定,这可是属于程序严重违法。

庭审继续进行着,围绕争议焦点我连续举出 30 多项证据,但我对新编入的对方提交的差价类的证据，停止了举证。因为此时对方尚未将其证据举出，若对方知道这组证据对其不利，当庭不举示或当庭撤回，我则达不到草船借箭目的。

对方代理律师对我方证据的一一质证，其意见完全是任意发挥，有的证据认可，有的证据否认。

在其陈述完毕后，我当即揭露说，“对方今天的质证意见，完全是信口开河，有不少甚至是出尔反尔。”接下来，我列举多处，“这些证据，对方在之前两案一审、二审四个程序中，其特别授权的委托代理人洪腾，都是认可无异的，而在本案的庭审中，对方却矢口否认，全盘推翻，充分暴露出对方诉讼中的随意性和反复性。”

我这种有理有据的反驳，让对方律师立即乱了阵脚，手忙脚乱起来，不断地用翻卷动作掩饰自己的满脸窘迫。我内心当然清楚，因为前四个案并非此律师代理。

我乘胜追击，严正指出：“至于货物价格按 15 元/吨计算，对方此前也是完全认可和接受的，因为对方在两案一审判决后，并没上诉。对方以自己的实际行为表达了对这一价格认可无异。”

对方一听，竟也不知说什么好。幸亏法官帮他解围，对他说，“下面由被告举证吧。”

听到这话，对方才定下神来，拿出事先准备好的证据按顺序进行一一陈述列举起来。我一直等到对方将差价内容的证据举出，才发表了质证意见。

“双方还有没有证据向法庭出示了？”吕法官抬头询问双方。

“我方有。”我一边将一叠新的证据目录及证据提交法庭，一边说，“这是我方证明可得利益损失价格为 15 元/吨新的证据，而且这 15 元/吨价格是最低算法。”

对方接过证据副本一看，先是一愣，惊讶地说：“他这个证据是哪里来的？”弄了半晌，才明白我方的意思。是时，脸泛潮红，再次语塞，但后悔已晚。

对方的这个被动，再一次证明了在诉讼中，不是所有的证据都可以随便提交的。一些具有两面性的证据，在举证之前，一定要细思、多想，避免犯错。

“应该说明的是，这组证据来源于对方，证明效力最强。”我补充说。

对方默不作声。

吕法官也愣在那里，她也想不到我以子之矛，攻子之盾，半晌后方问，“还有其他证据吗？”

“还有，我方当庭向法庭出示物证——手机短信，以此证明对方无货，导致我方不能实现合同目的。”我将手机作为物证提交上去。

吕法官要求将手机给对方查看。对方看完手机后，忽然向法庭提出：“请求法庭责令原告将当庭出示的手机物证提交法庭，送交有关部门进行数据恢复，以查明对方在举证前，删除了我方所发的对对方不利的短信。”

我一听，暗自好笑，这个要求显然荒唐无比。

吕法官看着我，似乎想听听我的意见。

“手机信息是双方之间发生的，对方完全拥有，因而不适用举证责任倒置，按照‘谁主张，谁举证’的司法原则，对方对此负有举证责任。”吕法官听了我的一席话，什么话也没说。

大概是认为庭审流程也进行的差不多了，吕法官要双方简要地发表辩论意见，随后宣布庭审结束。

笔录签字完毕，罗虎领着一帮人怏怏而去。

从一帮人退场的神色上，看不出有任何不良意图，我知道许民和我曾经的担心是多余的。但我至今也不明白，罗虎何故带来那三个年轻人，难道就是简单的陪同？

我把笔录拍发给许民，许民知道我已开庭完毕，立即就打来电话，关切地询问是否有异常情况，我回答“天下太平”。我把开庭情况与许民交流了一下，往宾馆走去。

第六节　裁判或陷入两难境地，“中场休息”时只须静候

应该说，我给吕法官出了一个不小的难题。

0001 号案件，认定许民在 2015 年对要货举证不能，“因此，被告（许民）在 2015 年未向原告（罗虎）购货的行为已构成违约，依法应当承担相应的民事责任”。该案许民上诉后，0003 号案件终审认定许民已经要货，罗虎“不足以证明被告上诉人于 2015 年年底前已经准备足够数量并符合合同约定的卵石”，因而，许民的上诉观点成立，许民不违约。若 2015 年这一时间段划分说法能够成立，在这个时间段内，双方必须发生买卖交易，而事实上却没发生，导致这一结果的出现，不是许民错，就是罗虎错，肯定有一个要担责任，这是回避不了的问题。现在已下的结论是，许民不违约。罗虎是否违约？终审没有直接认定，但推导无疑，许民不违约就是罗虎违约。

0001 号案件，在罗虎没有任何损失证据的情况下，法官依职权酌定，按 15 元/吨支付违约金。到了 0007 号案件中，同一宗案件同一个法院审理，法院不能翻手为云覆手为雨，自己打自己嘴巴，把标准降低或提高。个中道理就是我方一再强调的：我方不要货，导致对方不能实现销售，我方要赔对方 15 元/吨的违约金；反过来，对方不能供货，导致对方不能实现销售，也应该按 15 元/吨支付我方违约金。

而 0002 号案件的一审判决，“由于卵石的天然属性……因此有部分卵石未达到规格要求……不能据此就认定所有货物质量不合

格”，根据“当地的交易习惯，成品合格率 90% 以上即为合格。”进而认定许民“并未举示证据证明被告（罗虎）提供的卵石的合格率数值未达到 90%”，因而认定罗虎不违约。上诉后，终审 0004 号案件认定：“虽然卵石系天然形成，本身存在差异，但其可以通过设备或人工进行筛选以达到尺寸、颜色的基本一致。”由于罗虎的货物质量问题，导致许民提货未果，罗虎应承担违约责任。许民是否违约？终审也没有直接认定，但推导无疑，是罗虎违约即许民不违约。

0004 号案件，虽然没有划分合同是一个或几个周期，但是，认定了许民于 2016 年 11 月及 12 月两次前往罗虎处提货未果。这一年，除已供的 2200 吨货物外，其他应为罗虎供货不能。

罗虎两年均供货不能，基于这样的情况，吕法官不可以不认定罗虎违约；也不可以否定陈木酌定的 15 元/吨违约金标准。吕法官若不依此标准判决罗虎偿付违约金，将会矛盾百出；若依此标准判决，罗虎就一定陷入被动境地，谁知道这是不是吕法官想要看到的结果。吕法官一定是左右为难……

其实，我的这些想法，完全是“替古人担忧”了，法院能收案就能结案，没有法院结不了的案件，再难再复杂的案件，你都不要为法院发“愁”，法院有的是办法。我现在也没有什么事要做了，静静等待就行。

第二天，我在机场候机的时候，许民打来电话轻松地对我说：“你告诉我，对方更换了律师，当时我还心里不踏实呢，看了你发的开庭笔录，我才知道，对方原来是纸老虎。”

我告诫许民，不可掉以轻心，谁知道下面会发生怎样的情况呢？

第十二章

处境艰难,必当意志顽强有所作为

第一节　落入险境要沉着,保持信心和意志

这一天下午,接到来自重庆市高级人民法院一个女法官的电话,告诉我罗虎已向该院申请再审了,问我相关文书向何处送达。我一听,这真不是什么好消息,当即明确寄给我收即可。

在电话里我问法官,罗虎是申请了几个再审案件,法官回答说,目前我们只收到一个案件,是重庆市第 × 中级人民法院的 0003 号案件,其他没有收到。

我感觉到了一种无形的压力。

不得不承认,对方的这着棋,真是砒霜泡生姜——又毒又辣,令我方非常麻烦,非常棘手。

客观地讲,0003 号案件的一、二审裁判,确实是观点不同、认定不同而已。在许民没有直接证据证明自己要货的情况下,法官只能根据罗虎的短信内容,运用日常生活经验法则和常理常情去推导。这种推导,就很难说大家都无一例外地一样。换句话说,不同的法官可能推导出不同的结果,得出不同的结论。假设,高级法院的审

判法官，所推导的结论与一审一致，0003 号案件就会发生动摇，0007 号案件根基就会不稳。若高级法院的法官就此裁定再审，那就意味着 0003 号案件裁判，可能存在重大错误，结果不堪忍受。我方此前的苦心经营，可能前功尽弃，成果付之东流。

回想当初，罗虎带信要求两“不找”，双方就此了结，许民是断然拒绝的。如果在那个时候收场，对许民的结局，肯定是一个字——赢。现在的情况，结局变得扑朔迷离。罗虎此举一旦成功，就会反攻倒算，双方又会回到赔偿 375000 元的老路上去。

罗虎的这一招，真是直刺许民的软肋啊。

许民知道这样的消息后，匆匆忙忙地赶来见我。

“你看，果然罗虎跟我们来了最毒的一手。”我对许民说。

“他这一手，真的毒吗？”许民有点疑惑地问我。

我把个中的利害关系向许民说了，许民随即陷入沉默。

“难道我当初不同意和解，是决定错误吗？”许民说这话时，眼睛看着地面，声音非常低沉，与其说许民是在问我，还不如说他是在问自己。

“现在，不要去想什么对与错了。当初，既然我们决定对罗虎奉陪到底，现在我们就应该毫不犹豫地奉陪下去！”我劝导他。

“我们现在就没有办法吗？”许民又再现出往日那种企盼的眼神。

“你也不必有过重的思想负担，事情并没有想象的那么糟糕。”我一边安慰许民，一边对他说：“假设，我们最不希望的、最糟糕的结果真的出现——0003 号案件根基被动摇了——此案被决定再审，但是 0004 号案件的根基还在呀；再假设，0003 号案件我们应该去按 15 元/吨赔对方 375000 元，这也才仅仅是解决了 2015 年的问题，2016 年呢？”

我站起身来，抱起自己的双手继续说：“2016 年，对方规格和颜色都不合格,而且这个事实已经被拍得死死的,翻都推翻不了,那么,2016 年罗虎就应该按 15 元/吨赔我,对不对?”

“对呀!”许民一拍自己的大腿,一双眼睛睁得大大的。

“只不过,2016 年是应该除去已提货的 2200 吨。减去后两者相冲,差了 3 万多元而已,这也不是多大的数字。我想,这可能是我们最差的结果了。说不定,这也正是罗虎对 0004 号案件没有申请再审的原因呢。”

许民略加思索,十分肯定地连声说:“对,对,你说的对! 就是这个账!”

我深吸了一口气,继续说,“何况,我们刚才只是分析了最差的结果。要知道,罗虎要追求这个对我们不利的结果,一路上也非易事,也会障碍重重的。”

“张律师,我对你有信心! 一直就是对你有信心!”许民一下子像放下了一个沉重的包袱,显得轻松起来,脸上又恢复了些许笑容。

不几日,罗虎的《再审申请书》收到了,是针对 0003 号案件提出的这个案件的编号是(2018)××民申 0005 号。我照录如下:

再审申请书

再审申请人(一审原告，二审被上诉人)：罗[redacted]，男，1972年6月[redacted]日出生，汉族，住重庆市[redacted]区[redacted]街道[redacted]村10组，公民身份号码[redacted]。

被申请人(一审被告，二审上诉人)：许[redacted]民，男，1972年9月[redacted]日出生，汉族，住江苏省[redacted]市[redacted]乡[redacted]村[redacted]组5号，公民身份号码[redacted]。

被申请人(一审被告，二审上诉人)：[redacted]雨花石工艺品厂，住所[redacted]市[redacted]乡[redacted]村[redacted]

法定代表人：许[redacted]民，厂长

再审申请人罗[redacted]因与许[redacted]民、[redacted]雨花石工艺品厂买卖合同纠纷一案，不服重庆市第[redacted]中级人民法院2017年10月16日作出的（2017）[redacted]民终[redacted]号民事判决，现提出再审申请。

再审请求：依法撤销重庆市第[redacted]中级人民法院（2017）[redacted]民终[redacted]号民事判决。

事实和理由：

[redacted]市第[redacted]中级人民法院（2017）[redacted]民终[redacted]号民事判决认定的基本事实缺乏证据证明，一审判决并无错误。

1、二审中被申请人举示的“新证据”不符合法律规定

的新证据的构成要件，不能作为认定基本事实的依据。

根据《最高人民法院关于民事诉讼证据的若干规定》第41条的规定，民事诉讼法中规定的“新的证据”，在二审程序中包括以下两种情况：一审庭审结束后新发现的证据；当事人在一审举证期限届满前申请人民法院调查取证未获准许，二审法院经审查认为应当准许并依当事人申请调取的证据。此外，对于当事人在人民法院准许延长的举证期限内因客观原因未能提出的证据，如果不审理该证据可能导致裁判明显不公正的，该证据可以视为新的证据进行法庭审理。一审程序和二审程序中新的证据，应当在一审和二审开庭审理时提出。所谓一审庭审结束后新发现的证据，是指在一审庭审结束前，该证据尚未形成或产生，或者虽然该证据已经形成或产生，但负有举证责任的当事人不知道也不可能知道该证据已经形成或产生的情况。

本案中许[redacted]民、[redacted]艺品厂新提供的陈述、罗[redacted]2015年3月11日、2015年6月23日、2015年11月4日、5日的短信图片、乘机机票、勘验现场鹅卵石照片在一审时是客观存在的，而许[redacted]民、[redacted]艺品厂在一审的举证期限内并未举示，应当视为放弃了自己的举证权利，不属于一审庭审结束后新发现的证据，也不属于因客观原因无法调取而应申请法院调取的证据，综上所述，不属于二审中“新的证据”。根据《最高人民法院关于民事诉讼证据的若干规定》第43

条第1款的规定，当事人举证期限届满后提供的证据不是新的证据的，人民法院不予采纳。

2、即使二审中所提供的证据符合“新证据”的标准，也不能达到其证明目的。

二审中，上诉人许[redacted]民、[redacted]艺品厂主张“上诉人并不存在违约，相反，是被上诉人没有及时备货”，那么上诉人应对其主张承担举证证明责任，且根据《最高人民法院关于适用<中华人民共和国民事诉讼法>的解释》第一百零八条的规定，其所举证据证明力应达到“高度盖然性”。结合案涉《鹅卵石购销合同》的约定，也就是说，上诉人应举证证明“1、上诉人提前了20天电话通知被上诉人供货；2、.上诉人要求供货的数量；3、被上诉人没有及时备货”，且上诉人所举证据的证明力应达到“确信待证事实的存在具有高度可能性的”的程度，而上诉人所提供的证据根本不能达到该标准。

罗[redacted] 2015年3月11日、2015年6月23日、2015年11月4日、5日的短信图片内容体现的是即使设备有些许问题，罗[redacted]也未推卸责任反而一直在为履行合同义务而积极准备，而设备问题也是行业中的正常状况且罗[redacted]也更换了新的设备，短信中未反映许[redacted]民、[redacted]艺品厂向罗[redacted]催要货物，更未反映罗[redacted]无供货能力。

许[redacted]民的乘机机票、勘验现场鹅卵石照片与上诉请求并无关联性，无法证明上诉人提前通知了供货而被上诉人没有及时供货的事实。

上述证据即使结合一审证据也不能形成完整证据链，缺乏相应证据证明“1、上诉人提前了20天电话通知被上诉人供货；2、上诉人要求供货的数量；3、被上诉人没有及时备货”的事实。连作为反证的“真伪不明”的证明力都达不到，更不可能达到“高度盖然性”标准。

3、二审判决认为“但是根据一审中的勘验情况，以及该合同约定的数量，并不足以证明被上诉人于2015年年底前已经准备足够数量并符合合同约定的鹅卵石”的认定属于认定事实错误并错误分配举证责任。

首先，对于合同约定的数量只是一个概数，并不是确定的数量，具体数量是根据被申请人的通知予以确定。同时，一审中法院勘验的货物只是部分货物，而不是全部货物。同时，货物的质量是否合格是以被申请人现场检验确定，在被申请人未现场检验之前，无法确定货物的最终质量。在2016年10月30日，被申请人在申请人处提货2228吨的事实，足以证明申请人提供的货物符合合同约定的质量标准。所以，二审判决认定事实错误。

其次，申请人是否已经准备足够数量的鹅卵石是属于被申请人的抗辩理由；如果被申请人有证据证明曾经想申请人要求提货25000吨的前提下，申请人应当承担备货是否达到

25000吨的证据。本案中，被申请人没有举示任何证据证明在2015年年底前向申请人要求供货25000吨的事实，那么，就应当由被申请人举示证据证明申请人备货不足的事实。但是，二审法院无视该事实，将举证责任分配给申请人，显然举证责任分配错误。

综上，二审法院认为上述证据与一审中其他证据相互印证，就将其作为认定基本事实的证据是错误的，据此作出的判决应依法撤销。

此致

重庆市高级人民法院

再审申请人(签名或者盖章)：罗

二〇一八年四月十二日

这份申请书的落款日期是2018年4月12日，这个日期，正是0007号案件第二次开庭审理的第3天。说明罗虎已经知道0007号案件对其不利，可能要败诉，而迅速采取的抗击措施。

这个案件的编号为(2018)××＊申0005号。与再审申请书同时寄来的，一个是询审传票，询审的时间是2018年5月16日下午；另一个是法院合议庭组成人员，竟是重庆市高级人民法院环境资源审判庭的。或许，这个庭没有那么多的环境资源案件承办，而代为办理再审审查业务吧。然而，这个庭的审判人员，精通民事审判业务吗？不得而知。假设案件落入一个外行手里，那可能要费死劲，真是有点儿担心。

不管怎么说，我都要准备充分。

第二节　针锋相对必不可少，驳斥中力求有理有据

法院通知书说：应当提交书面意见，“不提交的，不影响本院审理”。业内人士都明了，再审审查注重于书面审，当事人提出与不提出书面意见，法官都是以原审卷宗为基础的。有的时候，法官根本不需要通知双方到庭进行询审。就在几个月前，我同事代理的一起专利权权属案件，不服某省高级人民法院判决，到最高人民法院申请再审，最高人民法院受案后，负责再审审查的法官，就打来过一个电话，问了问情况，就将申请驳回了，我同事连面见法官陈述的机会都没有。

我方作为被申请人，让我方提出书面意见，实质上是法院给予了我方一个陈述的机会。对方在再审申请书中，说了那么多理由，有些极易混淆视听，为什么我们不加以澄清、加以驳斥呢？因此，我

方要提交书面意见，而且要认真提交书面意见。

梳理罗虎的这一份再审申请书，重点不外乎纠缠四个问题：一是故意混淆我方的一审、二审的举证；二是我方二审的证据不属于新证据；三是我方所举证据不能证明提前了 20 天电话通知供货；四是我方要货数量不明确。为此，我要有理有据地做以下反驳：

第一，我方一、二审所举证据，不容罗虎故意混淆。罗虎的再审申请书载明，本案中许民、雨花石工艺品厂新提供的陈述、罗虎的短信图片、乘机机票、勘验现场鹅卵石照片等，在一审的举证期限内并未举示，不属于二审中新的证据，实属信口开河。有关的短信图片，我方一审中应诉后的 1 ~ 9 天内早已举示。勘验现场鹅卵石照片，是原审法院和双方在一审中共同完成的。

第二，罗虎否定我方二审新证据的理由，与法律规定相悖。二审 0003 号案中，属于我方新提交的许民陈述和许民去罗虎处要货的乘机机票两证据，罗虎认为因超期而根据最高院“证据规定”不应采纳。而我国《民事诉讼法司法解释》第 90 条第 2 项规定：“在作出判决前，当事人未能提供证据或者证据不足以证明其事实主张的，由负有举证证明责任的当事人承担不利的后果。”可见，当事人的举证期限是“在作出判决前”，这当然包括第一审判决前和第二审判决前；第 101 条规定：“……当事人因客观原因逾期提供证据……视为未逾期。”第 102 条规定：“当事人因故意或者重大过失逾期提供的证据，人民法院不予采纳。但该证据与案件基本事实有关的，人民法院应当采纳……当事人非因故意或者重大过失逾期提供的证据，人民法院应当采纳……”应当区分的是，罗虎所说的最高院“证据规定”，施行于 2002 年 4 月 1 日；《民事诉讼法司法解释》施行于 2015 年 2 月 4 日。按照新法优于旧法、上位法优于下位法的法律原理，我方所举的上述两项新证据，无疑应采信。

第三，罗虎认为我方没有提前 20 天电话通知供货，不能成立。

因为时间久远的因素，我方应该客观地承认，我方无法调取到与罗虎的合同履行起初的通话记录。但我们沿着事发的“时间轴”，结合涉案主要证据，可以清楚地得出以下结论：一是我方在一个合同周期跨度两年内，连续的、反复的要货不断；二是每一组证据通知供货的时间都提前20天以上。

第四，我方的要货数量非常明确。合同的履行中，2015年上半年，许民电话要货不断。2016年，许民明确要求罗虎“按合同把货准备一下”“按合同把规格、数量准备一下”。明确指明数量要“按合同”，合同数量是5万吨。此后，在许民的《催告函》中，要求罗虎“向我方供应该合同所约定的、应供给我方的……下余鹅卵石”。随后，许民所发的新的《催告》，要求罗虎备好“符合合同要求的所有数量的货物”。这些事实和证据，足以证明要货数量非常“明确”。

第五，罗虎申请再审的出发点，并非认为二审判决错误。在二审0003号案判决后，由于我方陷入客户流失并被客户索赔双倍定金40万元的窘境，并且可得利益等各方面损失巨大，而对罗虎提起索赔可得利益之诉，J区法院受理了0007号案。在该案2018年4月10日开庭前片刻，主审吕倩法官问双方是否愿意调解，罗虎说：“调解我巴不得，我不找他（钱），他不找我（钱）”“这案我不会给他一分钱的”“不到此了结我就搞申诉”。因调解不成，罗虎未达自己目的后，真的就在两天后的4月12日写好涉案再审申请书，并提起申请再审。由此可见，罗虎申请再审的动因，是为了对抗可得利益案的索赔，想借机给我方施加压力，逼我方就范，其初衷根本不是认为二审0003号案是真的判决错误。

综上所述，罗虎故意搅浑事实，混淆视听，以期实现不赔偿可得利益损失的目的。这种做法，与情、与理、与法都不应该获得支持。

应该说，我的答辩中，故意披露真相给法官，深刻揭露对方伎俩，这无疑会对我方大大有益。

第三节　换位思考，尽可能给法官提供获得感知的证据

我们必须客观地承认，现在法院的审判一线法官，确实非常忙碌。一名入额法官，一年承办几百件案件，工作量是可想而知的。我们可以计算一下：一年 365 日，剔除节假日及每月 8 天的周末休息日，实际能工作的时间 200 多天，每个人的时间和精力都是有限的，按每日审结一件案件计算，全年也只能结案 200 多件。可有的时候，写一件案件的判决书，可能要写几十页，可能就要花费一个星期的时间，所以，几乎没有法官不加班工作的。在这种超负荷的情况下，要求每个法官，对在手的每个案件，都把案件吃得那么透彻，有点不太现实。

所以，作为代理律师，要想取得良好的代理效果，就要学会为法官着想，替法官考虑。在言语表达上，我们要尽可能言简意赅，表达出自己想要表达的东西，让法官一听就能清楚明白。对一些难以弄清弄懂的问题，我们也不妨用表格、数字、图形，使法官一目了然。在举证问题上，也是如此。特别是对一些音像证据，尽可能冲印出彩色图片，以追求良好的证据效果。

相对本案而言，尽管我昔日已经提交过 8 段视频，但是，我相信法官因为过忙，而不一定有空观看。在这样的情况下，我把工作向前推进一步，截取视频图片，并把这些图片冲洗成彩色照片。特别是对胡波货场杂色货物，我还特意将色彩美化，使颜色更艳，花色更鲜，日后当庭出示时，使法官有更感官的认识。

第十三章

判决有误，需要不乱方寸冷静应对

第一节　不服判决，应通过法律途径救济

闲暇之际，我和许民交流，许民的意思是说：假设我是J区法院的法官，前两案被你上诉，作了颠倒改判，不是二审“因上诉人提交了新证据”，就差点被定性为“错案”，我心里肯定不会服气。现在，你上诉人得寸进尺，还逼着我帮你判赔违约金，逼着我帮你发意外之财，逼着我按你的要求就范，怎么样我也不会让你称心。

其实许民说得也不无道理，这宗案件说白了，不就是一审、二审观点不同、认识改变吗？但是，J区法院通过什么方式不让我称心呢，许民自然说不出名堂。

说实话，假如我是J区法院的法官，我也想不出什么好的办法。但是，我相信法官足智多谋的智慧，我相信法官可能不用苦思冥想就能妙招奇出，我相信他们总会有办法的，我等待谜底揭开。

这一天，0007号判决书终于下来了。

0007 号案判决书

重庆市[redacted]区人民法院

民 事 判 决 书

（2018）[redacted]民初[redacted]号

原告：[redacted]雨花石工艺品厂，住所地江苏省[redacted]市[redacted]乡[redacted]村[redacted]。

投资人：许[redacted]民，该厂厂长。

原告：许[redacted]民，男，汉族，1972 年 9 月[redacted]日出生，住江苏省[redacted]市[redacted]乡[redacted]村[redacted]组 5 号，公民身份号码[redacted]。

二原告共同委托诉讼代理人：张怀奇，北京市君泽君（南京）律师事务所律师。

被告：罗[redacted]，男，汉族，1972 年 6 月[redacted]日出生，住重庆市[redacted]区[redacted]街道[redacted]村 10 组[redacted]，公民身份号码[redacted]。

委托诉讼代理人：曹[redacted]军，重庆市[redacted]律师事务所律师。

原告[redacted]雨花石工艺品厂[redacted]、许[redacted]民与被告罗[redacted]买卖合同纠纷一案，本院于 2018 年 1 月 9 日立案后，依法适用简易程序，于 2018 年 3 月 15 日、2018 年 4 月 10 日公开开庭进行了审理。二原告共同委托诉讼代理人张怀奇、被告罗[redacted]及其委托诉讼代理人曹[redacted]军到庭参加诉讼。本案现已审理终结。

原告雨花石厂、许[redacted]民向本院提出诉讼请求：1. 被告赔偿因违约而造成的合同履行后原告可以获得的利益损失717 000元；2. 被告赔偿因违约而产生的原告实际损失的律师费[redacted]元；3. 被告赔偿因违约而产生的原告实际损失的差旅费损失5000元；4. 被告承担诉讼费用。事实和理由：2014年12月26日，原被告签订的《鹅卵石购销合同》约定，从2015年1月1日起至2016年12月31日止，被告以每吨155元的价格，向原告供应重庆市[redacted]地区常规褐色2-6CM鹅卵石，每年25 000吨左右，原告提前20天通知被告供货。双方同时约定，原告要货方式为电话通知，被告保证“按需按时按规格”供货，因被告“人为因素造成不能及时履行合同，应赔偿乙方（指原告）造成的损失。合同签订后，原告分别通过电话、去人、短信、发函等多种形式要货不断。被告在2015年因无设备生产、无现货及2016年因现货不足且备货质量不符合合同约定等人为因素，至其两年内仅向原告供货2200吨，其余47 800吨不能按约交货。2017年10月、11月，重庆市第[redacted]中级人民法院在（2017）[redacted]民终[redacted]号和[redacted]号判决中，分别认定了被告无货可供、备货不足、备货质量有问题，同时认定原告不承担责任、被告应承担违约责任，并终审判决被告赔偿原告由此产生的涉案相关损失费用。由于被告的违约行为给原告造成诸多损失，原告根据[redacted]区人民法院（2016）[redacted]民初[redacted]号案件判决中“酌定将违约金调减为每吨补偿 15 元”的标准和《合同法》等相关法律规定，要求被告赔偿因违约而造成的合同履行后原告可获得的利益损失717 000元[（50 000 吨-2200 吨）*15 元/吨=717 000 元]，并赔偿原告因此产生的其他实际损失费用，请求法院判如所请。

被告辩称，1. 根据合同约定，二原告应向被告购货量达到每年 2.5 万吨左右，不能在第二年一并要求提两年的货，同时二原告必须在提货前 20 天通知被告提货的具体数量。2. 合同签订后，被告积极履行了备货义务，并通过电话、本人亲自到许[redacted]民住所地、书面函件等形式要求二原告及时提货，但二原告以种种理由拒不提货，因此实际上是二原告违约在先，被告对二原告的可得利益损失免责。3. 二原告就本案争议的过程，是被告起诉到法院后，二原告为规避其违约责任且为达到不正当利益的目的，而恶意实施的行为。4. 二原告提起的是可得利益之诉，在双方签订购销合同的时候，被告并不能预见其可得利益的可行性。合同只对二原告没有达到约定购买量的违约损失进行了约定，而对被告是否足额供货的损失没有约定或有相关含义的意思表示，对于二原告提货后货物能否销售、销售的价格、二原告可以获得的利益及数额，被告在签订合同时不能预见也不应当预见。因此，被告不应当承担支付可得利益损失的义务。5. 二原告诉请的律师费及差旅费损失，没有法律依据。综上，请求驳回二原告的诉讼请求。

本院经审理认定事实如下：2014 年 12 月 26 日，二原告（需方，乙方）与被告罗[redacted]（供方，甲方）签订《鹅卵石购销合同》，主要约定：“……一、合同概况 1、乙方在重庆市[redacted]区范围内，使用甲方的鹅卵石，甲方保证按时按需按规格向乙方供应鹅卵石。2、供货期：从2015年1月1日至2016年12月31日止。3、乙方年购买量不得低于贰万伍仟吨左右。二、产品名称、规格、颜色 ……2、产品规格：（2cm-6cm） 3、产品颜色：重庆市地区常规褐色（以样品封存大致颜色为准）。三、交货时间、地点及运输方式 1、交货时间：由乙方电话通知，但乙方必须提前20天通知甲方所需数量。2、交货地点：重庆市区甲方生产地。3、运输方式：乙方自行组织运输方式，运输过程中所产生的一切费用和全部责任均由乙方自行承担。四、价格、结算和付款方式 1、鹅卵石155元/吨（不含税），涨水季节另议……五、违约责任 1、乙方购买量若未达到约定购买量所差数额按150元/吨补偿给甲方。2、因甲方人为因素造成不能及时履行合同，应赔偿给乙方造成的损失……”。

2015年，许民与被告联系提货事宜，但未通知要求被告供货的时间及数量。被告由于机器故障，不能正常生产，遂与案外人签订若干鹅卵石购销或供应合同。其中，2015年2月8日，被告（乙方）与案外人胡波（甲方）签订《购销合同》，主要约定：“……一、甲方将自己筛选的2-6公分的褐色鹅卵石交由乙方自行销售。二、单价：145元/吨（含运输上船交货）。三、数量：甲方必须保证每年向乙方供货1万吨……”。2015年全年，二原告未在被告处实际提货。

因二原告2015年未实际提货，被告于2016年8月22日向本院提起诉讼，诉请二原告支付其2015年未按约定数量采购鹅卵石而造成的损失，后该诉讼请求被重庆市第[redacted]中级人民法院终审判决驳回。2016 年 10 月 30 日，二原告向被告采购鹅卵石 2200 吨，同年 11 月 10 日，该批货物到达二原告所在地码头。同年 11 月 6 日，二原告再次到被告处提货，因双方对货物质量问题发生争议，二原告未予提货。经重庆[redacted]船务有限公司证实，本次拟运输鹅卵石的数量为 2500 吨。同年 11 月 12 日，许[redacted]民打电话通知被告“按合同把货准备一下”、“按合同上把规格、数量准备一下”，被告表示同意。同年 12 月 7 日，许[redacted]民到重庆市[redacted]区向被告主张提货，双方见面前许[redacted]民电话告知被告自己来[redacted]提货了，被告表示自己有货，让许[redacted]民来提，但许[redacted]民明确表示，不接受上次那个货（同年 11 月 6 日双方发生质量争议的货物）。双方见面后，二原告向被告递交《催告》，被告看了一眼后拒绝接收，许[redacted]民便将该《催告》张贴于原告的车辆上。该《催告》载明：“贵方务必在本月 27 日前抓紧备好双方合同约定的符合合同要求的所有数量的货物”。因双方对货物质量问题仍有争议，本次交易仍未成交。2016 年 11 月至 12 月期间，许[redacted]民及其随行人员前往[redacted]区产生差旅费2710 元。2016 年 12月19 日，二原告因货物质量问题向本院提起诉讼，诉请被告赔偿原告 2016 年 11 月 6 日因货物质量不合格未实际提货而产生的船舶空运费、差旅费等损失。2017 年 11 月 3 日，重庆市第[redacted]中级人民法院终审认定上述货物不符合合同约定，并判决被告赔偿二原告船舶空运费、差旅费等损失。

2016 年 10 月 8 日，许[redacted]民（甲方，供方）与案外人周[redacted]忠

（乙方，需方）签订《购货合同》，主要约定：“……一、甲方按照乙方要求规格 2-6cm 左右，颜色褐色及时向乙方提供货物。二、供货时间从 2016 年 11 月 20 日至 2017 年 11 月 20 日。供货数量 40 000 吨以上，每吨价格为 172 元/吨。三、2016 年 11 月 20 日前乙方必须向甲方支付订金计肆拾万元。四、提货地点为甲方在重庆市[redacted]区（罗[redacted]）供货货场，甲乙双方应现场验货合格后乙方自提，运费由乙方负责承担……”。2016 年 11 月 19 日及次日，周[redacted]通过转账方式两次共计向许[redacted]民支付定金 40 万元。

2016 年 11 月 7 日，二原告（甲方、委托人）与北京市君泽君（南京）律师事务所（乙方，受托人）签订《诉讼代理合同》，约定甲方与罗[redacted]买卖合同相关的各纠纷案件，委托乙方指派律师作为代理人，甲方应当于合同签订之日起三日内支付基础代理费[redacted]万元。嗣后，雨花石厂向北京市君泽君（南京）律师事务所支付律师费[redacted]元。2018 年 1 月 3 日，二原告（甲方）与北京市君泽君（南京）律师事务所（乙方）签订《补充协议》，约定甲方再另行增补乙方代理费[redacted]元，乙方负责“打包”完成甲方与罗[redacted]之间的已经发生或可能发生的相关法律事务。嗣后，雨花石厂向北京市君泽君（南京）律师事务所支付律师费[redacted]元。

2015 年 1 月 17 日，许[redacted]民前往重庆，产生机票费用 530 元。2016 年 12 月 19 日至 2018 年 3 月 15 日，二原告的委托诉讼代理人张怀奇为处理双方前述两件诉讼案件及本案支出机票费用 5008 元、重庆本地交通费用 139 元、住宿费 1823 元、邮递费用

40 元、打印费用 34 元，共计 7044 元。

本院认为，原告雨花石厂、许[redacted]民与被告罗[redacted]之间的买卖合同关系依法成立并有效，双方应当全面履行自己的义务。本案的争议焦点有：1. 被告是否应当对二原告的损失承担赔偿责任？2. 二原告是否有可得利益损失？如果有，数额是多少？ 3. 二原告的可得利益损失是否超出签订合同时被告预见到或应当预见到的损失？4. 被告是否应当赔偿原告律师费、差旅费损失？对此，本院评议如下：

1. 关于被告是否应当对二原告的损失承担赔偿责任的问题。本院认为，如果被告违约，则应对二原告的损失承担赔偿责任。被告是否违约需考虑以下因素：（1）如果二原告按照合同约定提前 20 日通知被告所需供货数量而被告未备足符合约定的货物则为违约；（2）在二原告通知供货数量不明确的情况下，如果被告同意供货却未备足符合约定的货物则为违反后续约定，也应当视为违约。根据上述标准，2015 年，虽然许[redacted]民与被告联系过提货事宜，但未按合同约定提前 20 日通知被告所需供货数量，也无证据表明被告曾承诺供货，因此现有证据不足以证明被告 2015 年违约。2016 年被告是否违约的问题评析如下：（1）二原告是否通知了被告所需供货数量。2016 年 11 月 12 日、12 月 7 日，许[redacted]民通过电话、当面递交《催告》等方式主张提货，在电话中要求被告“按合同上把规格、数量准备一下”，在《催告》中要求被告备好“符合合同要求的所有数量的货物”。而在双方签订的《鹅卵石购销合同》中，仅约定了二原告年购买量不得低于

25 000 吨左右，而无关于每次购买数量的约定，且“不得低于”、“左右”均表示概数，全年购买量也不明确。在庭审中双方对于电话及《催告》中关于供货数量的表述又不能达成一致意见，概难认定二原告已通知被告明确的供货数量。(2) 被告是否违反了后续约定。2016 年 11 月 6 日，二原告派船到被告处拟购买鹅卵石 2500 吨，从双方对货物质量发生争议的情况看，本次供货是经被告同意的。被告同意供货后却因货物质量不符合约定导致二原告未予提货，已构成违约。对于上述 2500 吨鹅卵石买卖未成交给二原告造成的损失，被告应当赔偿。2016 年 12 月 7 日，被告同意二原告来提货，却只能提供质量不符合约定的货物从而导致本次买卖未成交，已构成违约。对于本次拟交易的数量，根据同年 10 月 30 日二原告提货 2200 吨、同年 11 月 6 日二原告拟提货 2500 吨的事实及二原告代理人关于“每船一般在 2000 吨左右”的陈述、被告代理人关于“长江水域[redacted]段的通航能力在 2000 吨左右的船只”的陈述，本院酌定二原告每次提货量为 2500 吨；又因为是时已是 2016 年 12 月 7 日，按照合同约定的履行期间、备货时间及船舶航行周期，本院酌定二原告还可提货一次，故而本次交易的数量本院认定为 2500 吨。对于上述 2500 吨鹅卵石未成交给二原告造成的损失，被告应当赔偿。综上，被告应当对两次交易共计 5000 吨货物未成交给二原告造成的损失承担赔偿责任。被告辩称其已多次要求二原告及时提货，但二原告以种种理由拒不提货，二原告违约在先，被告不应对二原告的损失承担责任。对此，本院认为，上述两次交易未成交其原因在于被告提供的货物不符合约定，不管被告先前是否要求过二原告提货，二原告对上述损失的发生均没有过错，不能因此扣减被告的赔偿额，更不能免除被告的赔偿责任。

2. 关于可得利益损失有无及数额问题。在二原告催告被告供货前，许民已于2016年10月8日与案外人周忠签订了《购货合同》，约定许民以172元/吨的价格向周忠销售相同规格的鹅卵石40 000吨，如果原被告之间的鹅卵石买卖能够成交，则二原告可以通过转售获得差价利润，因此二原告的可得利益损失具有现实可能性。关于可得利益损失的计算单价，上述《购货合同》约定了销售价格及数量，并约定双方现场验货合格后周忠直接在罗货场提货，并自行承担运费。据此，如果原被告之间的合同能够履行，则许民可赚得差价17元/吨。根据上述《购货合同》的约定，许民在交易中需要付出的成本主要是许庆民随船陪同验货的差旅费等费用。根据2016年11月至12月期间许民及其随行人员前往产生差旅费 2710 元这一事实，许民单次前往的差旅费应当不超过2710元，在每次提货2500吨的情况下，每吨的成本应当不超过1.084元。因此，扣除许民随船陪同验货的差旅费等成本，可得利润通常也会高于15元/吨。关于可得利益的计算数量，由于被告在两次交易中违约导致双方对共计5000吨货物未成交，可得利益损失的计算数量为5000吨。按二原告主张的15元/吨的差价计算，转售后可得利润75 000元。

3. 关于可得利益损失是否超出签订合同时被告预见到或应

当预见到的损失问题。被告主张，被告在签订合同时对二原告提货后能否销售及销售的价格、利润等均不能预见。对此，本院认为，虽然能否销售是不确定的，但原告购买鹅卵石是为了营利而非消费，原告提货后能够通过加工、转售等方式获得利润，应当是常态。且从双方在合同中的相关约定来看，合同专门约定了因被告人为因素造成不能及时履行合同时应赔偿给二原告造成的损失，说明被告至少应当预见到其若不按约定发货则可能给二原告造成损失。再者，二原告购买鹅卵石的单价仅为 155 元/吨，但如果其购买数额未达到约定购买量，则所差数额需按 150 元/吨补偿给被告。由此，被告应当预见到，如果二原告购买鹅卵石不能获得利润或获利较低，则难以接受如此高额的违约金条款。因此，按照 15 元/吨的标准计算可得利益损失，并未超出签订合同时被告预见到或应当预见到的损失。

4. 关于律师费、差旅费损失的问题。二原告举示的证据显示，差旅费绝大多数为二原告的委托诉讼代理人处理相关诉讼事宜发生的交通费、住宿费等费用，律师费及上述差旅费与被告违约没有必然因果关系，在原被告并未约定一方违约应当向另一方赔偿律师费及实现债权的费用情形下，二原告诉请被告赔偿上述费用损失，本院不予支持。二原告举示的证据中，另有一项系 2015 年 1 月 17 日许[redacted]民到[redacted]的机票费用，该项证据不足以证明该费用系因被告违约所产生的损失，对于二原告诉请被告赔偿该项损失的主张，本院不予支持。综上，对于二原告诉请被告赔偿其律师费、差旅费损失的主张，本院均不予支持。

综上所述，因被告违约导致二原告不能提货，被告应当赔偿给二原告造成的可得利益损失 75 000 元。二原告诉请被告赔偿其律师费、差旅费损失于法无据，本院均不予支持。依照《中华人民共和国合同法》第六十条、第一百零七条、第一百一十三条、《最高人民法院关于审理买卖合同纠纷案件适用法律问题的解释》第二十九条、第三十条、《中华人民共和国民事诉讼法》第六十四条第一款、《最高人民法院关于适用〈中华人民共和国民事诉讼法〉的解释》第九十条规定，判决如下：

一、被告罗[redacted]在本判决生效之日起十日内赔偿原告[redacted]雨花石工艺品厂、许[redacted]民可得利益损失 75 000 元；

二、驳回原告[redacted]雨花石工艺品厂、许[redacted]民的其他诉讼请求。

如果未按本判决指定的期间履行给付金钱义务，应当依照《中华人民共和国民事诉讼法》第二百五十三条规定，加倍支付迟延履行期间的债务利息。

案件受理费 11580 元，减半收取计 5790 元，由原告[redacted]雨花石工艺品厂、许[redacted]民负担 4952 元，被告罗[redacted]负担 838 元；保全费 4520 元，由二原告负担 3720 元，被告负担 800 元。案件受理费由被告负担的部分限其在本判决生效之日起七日内向本院交纳；保全费由被告负担的部分由其在给付上述款项时一并支付给二原告。

如不服本判决，可在判决书送达之日起十五日内，向本院递交上诉状，并按对方当事人的人数提出副本，上诉于重庆市第[redacted]

中级人民法院。双方当事人在法定上诉期内均未提出上诉或仅有一方上诉后又撤回的，本判决发生法律效力，当事人应自觉履行判决的全部义务。一方不履行的，自本判决内容生效后，权利人可以向人民法院申请强制执行。申请执行的期限为二年，该期限从法律文书规定履行期间的最后一日起计算。

审　判　员　　吕[redacted]

重庆市[redacted]区人民法院

二〇

本件与原本核对无异

书　记　员　　陈[redacted]

这一份判决，让人哭笑不得。判决先是说罗虎2015年不能供货，不能定性罗虎违约，以此与终审生效判决认定相对抗，化解罗虎2015年不能供货应赔偿的难题；后再说2016年许民要货，必经罗虎同意供货，且每次提货只能提1船，因而两次两船货判赔75000元。不过，有一点是可以肯定的，这一判决结果不是简单出现的。吕法官曾经电话中跟我说过，此案要上会研究。

许民获得这个判决时，面部表情复杂无比，简直让人读不懂。“张律师，你看你看……”许民不知如何表达是好。半晌，许民才说：“他们对我是怎样判的，现在对他又是怎样判的，这不是分明欺负人吗？这样的人还能当法官吗？”接下来，哗哗啦啦说了一大通，不乏攻击之词，并且没有根据的猜想，一定有个幕后推手一直在掌控操纵案件。他把判决书上发现的问题用笔画了下来，然后，手指着这些地方，义愤填膺地声讨着。他认为，他此前预测对了，这是J区法院在故意报复，对此，必须给这些无法无天的法官迎头痛击。末了，许民对我说，“张律师，我一定要投诉这个法院，投诉这个法官，我要弄得他们不得安宁！”

我见许民说得差不多了，火气也发得差不多了，便对他说：“你讲得没错，这份判决确实有诸多说不过去的地方。但是，不管怎么说，这份判决的结果，是对方赔偿我方可得利益损失75000元。当初，你我一致认为，赔钱不在于判多判少，哪怕只判对方赔你一分钱，也是我们要到了一个‘说法’，也是换来一个扬眉吐气，也是‘正义战胜邪恶’。现在应该说，基本要到了这一结果，对不对？至于你说投诉法院和这个法官，我倒不是很赞成。我认为对待判决上存在的问题，还是应该从法律途径去解决，也就是可以考虑上诉，让二审法院看看这个判决究竟有没有问题。”

我见许民没有说话，又继续开导了他一会儿，告诉他即使投诉也没有任何作用，与其如此，不如依法斗争。一席话后，许民的心情好转许多,又和我说这说那。

现在的问题是,抛开我方对判决的不满,对方会服从此判决吗?会不会出现树欲静而风不止呢?

第二节　面对反扑,要透过现象看本质

果不其然,没几日,吕法官打电话给我,告知罗虎提出了上诉。问我上诉状收件地址是否还按原来的地址寄我,我作了肯定的答复。

一审判决对罗虎如此有利,应该是罗虎梦寐以求的最好结果,他还好意思哭着闹着喊着跳着要上诉?

下面是罗虎针对0007号案的上诉状。

民事上诉状

上诉人（一审被告）：罗[redacted]，男，1972年6月[redacted]日出生，汉族，住重庆市[redacted]区[redacted]街道[redacted]村10组，公民身份号码[redacted]

被上诉人(一审原告）：许[redacted]民，男，1972年9月[redacted]日出生，汉族，住江苏省[redacted]市[redacted]乡[redacted]村[redacted]组5号，公民身份号码[redacted]

被申请人(一审原告 ）：[redacted]雨花石工艺品厂，住所[redacted]市[redacted]乡[redacted]村[redacted]。

法定代表人：许[redacted]民，厂长

请求事项：

依法撤销（2018）[redacted]民初[redacted]号《民事判决书》第一项判决并判决驳回被上诉人的诉讼请求。

事实和理由：

一、一审判决认为“2016年11月6日，二原告派船到被告处拟购买鹅卵石2500吨，从双方对货物质量发生争议的情况看，本次供货经被告同意的”的认定错误。

首先，一审判决认定“概难认定二原告已通知被告明确的供货数量”，又认定“2016年11月6日，二原告派船到被告处拟购买鹅卵石2500吨，从双方对货物质量发生争议的情况看，本次供货经被告同意的”，其认定先后矛盾。

其次，被上诉人在2016年11月6日提货的前提是在2016年10月30日在上诉人处提货2228吨后，对上诉人提供的货物质量充分认可之后的延续行为，证明被上诉人对货物的质量是完全认可并同意的，否则，被上诉人就不会到上诉人处再次提货。因此，一审判决没有全面分析和查明事实的情

况下，认定2016年11月6日提货是因为货物质量产生的，显然违背客观事实，也不符合常理。

第三，根据合同的约定，被上诉人在提货前20天告知上诉人提货的数量，但是，在一审中，被上诉人没有举示任何证据证明向上诉人需要提货的具体数量。一审判决认定2016年11月6日提货数量为2500吨显然与法无据。同样，一审判决认定2016年12月7日提货数量为2500吨也是与法无据。

二、一审判决认为“二原告主张15元/吨的价差计算”的认定错误。

一审判决得出15元/吨价差的结论只是简单的价格[redacted]的依据，没有充分考虑案涉鹅卵石转运的运费、货物到达后转运的运费以及加工环节的人工费等成本，从而认定价差为15元/吨显然错误且与法无据。

三、本案被上诉人主张逾期利益损失的直接依据是2016年11月20日与周[redacted]忠签订的《供货合同》，该合同是在上诉人与被上诉人签订合同后近两年的时间才产生。也就是说，被上诉人的损失显然不是在上诉人与被上诉人签订合同时就是上诉人预见或应当预见的情形。同时，该合同产生的背景是在上诉人起诉被上诉人承担违约责任后，被上诉人才实施的行为，这一事实也足以说明被上诉人签订合同的动机显然不是因为逾期利益受损，而是为了达到其对抗上诉人起诉的目的实施的。

四、一审判决无视被上诉人先行违约的情况，从认定上诉人违约显然错误。

被上诉人如果要主张逾期利益损失，其中的一个必要前提是不存在违约行为。本案中，正是由于被上诉人先行违约，丧失了向上诉人主张逾期损失赔偿的条件。但是，一审判决没有查明该事实，只从表面现象简单认定为上诉人违约并承担逾期利益损失，显然违背了法律的规定。

综上，一审判决认定错误，查明事实不清，依法应当撤销。为此，特提起上诉，请求贵院查清事实，依法改判。

此致

重庆市第[redacted]中级人民法院

上诉人：[redacted]

二〇一八年五月十八日

看了罗虎的上诉状，我感觉对方是在虚晃一枪，是在无病呻吟。因为罗虎料定我方一定会提出上诉，所以他也提出上诉，其目的无非是想通过上诉，在二审中加强同我方的对抗罢了。这套花拳绣腿演给谁看呢？

令人啼笑皆非的是，罗虎的上诉内容中，有一些观点，却是对我方十分有利的。比如，罗虎说一审法院概难认定已通知明确的供货数量，又认定派船拟购2500吨货物，这两者自相矛盾，这个观点和我方的观点高度一致，我可适用“拿来主义”反向一击。

同样令人不踏实的是，对方的上诉占据天时地利，在二审作战中，什么样可能的情况都会发生，所以我一定不能掉以轻心。

我别无选择，必须坚决上诉。

第三节　全身心上诉，即使不成也无愧于心

面对判决书上的歪理，我思考和构架着上诉的法律点。连续几天，投入上诉状的写作。

民事上诉状

上诉人：＊＊＊雨花石工艺品厂。住所地江苏省A市S乡K村。

投资人：许民。

上诉人：许民，男，1972年9月＊＊日生，汉族，住江苏省A市S乡K村＊＊组5号。公民身份证号码[redacted]。

（以上两上诉人，以下统称为我方）

被上诉人：罗虎，1972年6月＊＊日生，汉族，住重庆市J区H街道Q村10组。公民身份证号码[redacted]。

（以上被上诉人，下称罗虎或对方）

上诉人对重庆市J区人民法院作出的（2018）××01＊＊民初0007号民事判决不服，提起上诉。

上诉请求：

1. 撤销重庆市J区人民法院作出的（2018）××01＊＊民初0007号民事判决，改判支持上诉人原审全部诉讼请求。

2. 撤销重庆市J区人民法院作出的（2018）××01＊＊民初0007号民事判决中诉讼费用承担的判决，改判上诉人不承担原审诉讼费用。

3. 本次上诉费由被上诉人承担。

上诉理由：

重庆市J区人民法院做出的（2018）××01＊＊民初0007号民事判决（下称0007号判决）错误，突出表现在：

第一，原审认定对方2015年不违约，故意与生效的法律文书对抗。

0007号判决，人为地将一个合同周期，割裂为2015年和2016年两个周期。原审在对2015年（周期）的要货作假设推理后，得出"因此现有证据不足以证明被告（罗虎）2015年违约"的结论。

基于相同证据，生效的（2017）××05民终0003号（下称0003号案）判决认定："综合双方提供的证据，上诉人许民2014年底2015年初，一直在向被上诉人（罗虎）主张提货"，罗虎的证据"不足以证明被上诉人（罗虎）于2015年年底前已经准备足够数量并符合合同约定的鹅卵石"，据此判决"驳回罗虎（要求我方支付违约金375万元）的诉讼请求"。0003号判决不支持罗虎违约金诉求，也就是认定了我方不违约。

2015年起直至2016年10月30日，合同双方没有发生一粒鹅卵石的交货、提货，这是不争的事实。而按原审法院和罗虎人为地对合同周期的划分和理论，单就 2015 年而言，虽没发生但又必须发生交货、提货，由此只能得出不是我方违约、就是对方违约的结论，不存在双方都不违约的情形。现在一模一样的证据，生效的终审法律文书认定我方不违约，而 0007 号判决认定对方不违约，形成了一矛一盾。

生效民事裁判的事实认定，对双方当事人和法院具有强制性通用力和拘束力，这种既判力是完全出于法律规定。我国民事诉讼法司法解释第九十三条规定："下列事实，当事人无须举证证明：……(五)已为人民法院发生法律效力的裁判所确认的事实；……前款第五项至第七项规定的事实，当事人有相反证据足以推翻的除外。"涉案的此节事实，双方均没有任何新的证据，更没有任何相反的证据，证据完全相同。原审是用手中的审判大权，故意与生效法律文书相对抗。

第二，原审将合同约定的一批货，故意认定为必须分若干次才能提取。

2014 年 12 月 26 日，罗虎在案外人刘勇(罗虎的隐名股东、实际控制人、涉案幕后主谋、现为 J 区公安系统在任重职官员刘勇，卷内机票等证据证明其涉案)带领下，拿着事先设计好的格式合同，来江苏 A 市我方厂内签订合同时，我方告知罗虎自己是卖货(鹅卵石)给外地，有时要量小，有时要量大，我方若找到大客户，你方一批次供货货源有没有问题？罗虎对许民说："货源你不用担心，要多少有多少，一次几万吨、几十万吨都没问题""你要提多少吨货都可以，只要提前 20 天告诉我就行""我的货多，我朋友那边货也多"。这样，双方书面合同确定了"2015 年 1 月 1 日至 2016 年 12 月 31 日"为合同周期；供货数量 5 万吨(一个批次)，但因为 5 万吨货的体量，必须给罗虎 20 天的准备时间；若不是一个批次提货 5 万吨的，则要告知罗虎不要准备那么多的数量。双方合同的这些约定，确立了"一个批次交货是原则，分次、分批交货是例外”。

合同的履行中，2015 年上半年，许民电话告诉罗虎是上海的客户，要量大，要货急，要罗虎快快一次性交货 5 万吨，罗虎根本没货，连生产设备都没有，一拖再拖，最终致我方的上海客户流失。

2016 年上半年，罗虎安装好设备、能够产货后，遂反过来，接连两次发函给我方，要求我方提货，否则追究我方违约责任。我方千方百计寻找到了周忠等新客户，又要求罗虎一次性供货 5 万吨，罗虎根本没有那么的货，现场只有约 3000 吨，且质量不符，又供应不上。

因为我方是买货卖货，而不是自用，我方的两次要货，从来就没有分次、分批的概念（自用存在分次、分批可能性）。而原审法院将要货 5 万吨，首先“设想”为必须经过多次、多批，继而全盘否定一次性完成提货，并且，基于这样的“设想”，原审又推导出要货“数量不明”对方就不违约的结论。原审法院凭什么这么肯定要货的批次只存在“多批次”，而绝不存在“一批次”？

第三，原审认定一（批）次提货就是一船（2500 吨），故意违反基本的商业常识。

0007 号判决载明：“本院酌定二原告每次提货量为 2500 吨”，并阐述 2016 年 11 月 6 日这次为一船 2500 吨（11 月 9 日我方《催告函》要货压根没提），12 月 7 日“还可以提货一次”一船 2500 吨，共计两船 5000 吨（0007 号判决第 8 页）。

这样的“本院认为”，仿佛是“外星来客”作出的。

涉案鹅卵石外销，是用船舶运输来完成的。只要给钱，运输的船舶多如牛毛，犹如公路运输的汽车多如蚂蚁一样。如同人多要出行，滴滴、快车、顺风车，只要给钱叫上一百辆也有。此种运输船舶，并不是精贵的像“辽宁号”航母一样，全国只有一艘，需要它运完一个趟次回来再运第二个趟次。

在罗虎货源不足、现场仅有约3000吨的情况下,若我方派出数条船只,蜂涌而至去提货,按民间说法,就是“头脑进水”;按法律说法,就是明知对方供货不能而故意扩大损失;这是换了任何智力健全人、任何商人都不会这么去做的常识。

原审作出两船货各提2500吨认定时,还振振有词地说是“按照合同约定的履行期间、备货时间及船舶航行的周期”确定的。

先说“船舶航行的周期”。原审有此“周期”认识,就是出于只用一条船舶来回运输(好像这条船是我方自己的、我方不需要外用船一样)。对此,我方还是坚持用本案事实来说话。合同履行中,双方发生的仅有的一次2200吨的提货,运输船名是“中＊＊001”号;双方发生的2016年11月6日提货未果的运输船名是“航＊＊902”号。可见,原审一条“船舶航行的周期”是凭空想象的。

再说“备货时间”。合同约定的是20天。对此,我方还是坚持用本案事实来说话。对照下面的时间节点,原审不妨计算计算距离合同期结束的2016年12月31日,是多少个20天的“备货时间”?①2015年初我方要货时,对方2015年3月11日短信回复说“以后贡(供)货就应该没问题了”;②2016年10月30日我方提货2200吨时,对方再无其他货源可供提货;③2016年11月6日我方派船提货时,因货源不足和质量不合约定提货未果;④2016年11月7日我方向对方首次发出要求足额提货的《催告函》时(原审这一节事实提都没提起),对方在限定的同年12月3日前未予理涉;⑤2016年12月9日我方当面向对方要求足额提货时,对方一再搪塞。同日,我方向对方再次手机短信发出要求足额提货的《催告》时,对方在限定的同年12月27日前仍未予理涉。上述除⑤外,每一个时间节点都有两个20天以上、甚至数十个20天。

最后说“履行期间”。合同约定了“从2015年1月1日至2016年12月31日止”。我方只要提前20天(最迟可在2016年12月10

日前）通知了对方，哪怕是在合同的最后一天提取全部货物，也是遵守了双方约定（我方甚至可以说，即使最后一天提取不完货物，延续日期里继续提货也不违约，只是应支付对方场地等相关费用）。

接下来，不妨再看看提货需要的时间。在对方货源充足、不存在任何障碍的前提下，我方提一船货物到底需要多长时间？对此，我方还是坚持用事实来说话。

双方仅发生的一船供货，提货时间是从 2016－10－30－10:28:05 起到同日 21:37:05 结束，11 个多小时提货 2200 吨（中间还因更换石子堆、等车、等人等因素停工多时）。就按每船 12 小时计算，一天 24 小时能提两船 4400 吨，13 天提完 50600 吨。而罗虎称自己有两个货场（另一个是胡波货场），若两个货场同时发货，只需 6.5 天提完 50600 吨。若每个货场有两个以上的码头，或运装车辆更多，则提货更快。

原审如此振振有词认定，能够成立吗？

第四，原审将我方明确的要货数量，故意认定为要货数量不明。

0007 号判决虽然认定了我方 2016 年“在电话中要求被告按合同把规格、数量准备一下。在《催告》中要求被告备好符合合同要求的所有数量的货物”，但却认定“在庭审中双方对于电话及《催告》中关于供货数量的表述又不能达成一致意见，概难认定二原告已通知被告明确的供货数量”（0007 号判决第 7～8 页）。

涉案要货数量到底是“明确”，还是“不明确”？我们还是坚持用证据来说话：

其一，电话视频“按合同把规格、数量准备一下”。明确指明数量要“按合同”。合同数量是多少？是 5 万吨。

其二，《催告》要求备好“符合合同要求的所有数量的货物”。“所有数量”要“符合合同要求”，合同要求数量是多少？是 5 万吨。

其三，原审提都不提的我方 2016 年 11 月 9 日的《催告函》（详见原审我方证据9项第18-27页),第一条载明:对方要在21日内(即最迟在2016年12月3日前),“依照贵我双方合同”“按需”“按时”“按规格”的供货约定,“向我方供应该合同所约定的、应供给我方的……下余鹅卵石”“合同所约定的”“应供给我方的”货物数量是多少?是5万吨再减去已提取的2200吨。

上述三个证据,全部证证在卷。供货数量到底是“明确”还是“不明确”?原审这样的认定,显然不是因为文化水平低、不能理解字句造成的,而是完全出于庇护对方的裁判需要,人为的故意行为。

退一步、万万步而言,若果真我方要货数量不明或暂无证据证实,也足以认定我方的要货数量就是5万吨。因为在合同没有“5万吨”数字约定的情况下,我方要货要说明数量,这是必须的,否则对方不知道供多少货;反之,在合同有明确写明“5万吨”数字的情况下,难道罗虎突然不知道要供货多少?难道罗虎还会误以为要供货6万吨、7万吨抑或更多更少?因此,只要写明5万吨数字,要货就是5万吨,这是谁都能理解的常识;例外的情形是:只有在要不了5万吨货的情况下,我方才须特别地跟对方说明数字,以免积货浪费成本。

此外,原审还认定了货物数量“不得低于”“左右”是概数,得出“全年购买量也不明确”的结论(0007号判决第8页正数第2行)。原审可能忽略或者忘记了0001号案件的对方之诉,罗虎就是按两年5万吨(一年25000吨)为基数换算成违约金375万元起诉我方的,并且其在该案开庭中进一步对此作了释明。我方当时对两年5万吨(一年25000吨)合同数量也认可无异议。就是这样一节双方认可、毫无争议的事实,到了本案之中,却凭空出现了争议。原审是出于何种动机嫌案情还“乱得不够”?原审的审判职能到底是要解决纷争,还是要使纷争更复杂?

第五,原审将合同仅一个周期,故意认定为两个周期。

涉案合同只有一个履行周期，是合同明确规定的。我方在周期内任意时间，只要提前20天要货，均不违约。我方之所以有这样的结论，理由如下：

(1)一个合同只有一个履行周期，这是众所周知的常识。倘若一个合同划分为两个或更多的履行周期，则必须要有当事人双方特别合意，并在合同中特别加以明确约定。合同成立后，便不可人为地、任意地、单方面地对合同履行周期进行拆解或划分。

(2)双方的《鹅卵石购销合同》一/2条确定了只有一个周期。一/2条约定："2. 供货期：从2015年1月1日至2016年12月31日止。"

这一"期"字约定，清楚地反映出涉案合同只有一个履行周期。因为合同并没有把第一年和第二年的供货和结算，拆分为两个周期、两个阶段来加以明确(没有写成第一期：从2015年1月1日至2015年12月31日止；第二期：从2016年1月1日至2016年12月31日止)。

(3)罗虎将合同两年期拆分为两个履行周期，其所建立的基础是合同条款中的计"数量"单位，而不是计"时间"单位。

合同一/3条约定："3. 购买量：乙方年购买量不得低于贰万伍仟吨左右。"这一"量"字约定，明确该"年购买量"指的是"量"，是一个计算货物"数量"的单位，而不是指"时间"，不是计算"周期"的单位。可见，合同上区分的清清楚楚，"期"是"期"，"量"是"量"；"期"不是"量"，"量"不是"期"。

(4)罗虎以自己实际的"言"和"行"，确认了合同只存在一个履行周期。

①(2016)××01＊＊民初0001号案，罗虎2016年8月22日《民事诉状》中的诉讼请求为："1. 被告支付违约金375万元"，其中没有半句描述仅是"一年"的违约金；该诉状的内容中，也没有半句

描述仅是“一年”的违约金(此后的庭审中,我方作两年的抗辩后,对方才改口说成是主张第一年的)。

②《民事诉状》第一段载明:“供货时间2015年1月1日至2016年12月31日止”,可见其主张两年为一个周期,没有主张两年为两个周期;

③《民事诉状》第二段载明:“但到现在(指诉状日期2016年8月22日),被告并未按照约定购买量提货。”其所表述的从2015年1月1日至诉状日期2016年8月22日计19个月22天,系在同一个周期内。其并非表述为截止2015年12月31日,或表述为第一年为一个周期,另再加近8个月的周期。

④罗虎在0001号案中所举证据(系罗虎的行为),跨度也是涵盖了两年时间,并非只是一年时间。在一审庭审中,罗虎举示的涉案合同、罗虎与胡波合同,两证据的落款时间为2015年。但其当庭举示的两次通知我方提货的《函告》,落款时间分别是2016年3月13日和同年7月5日。这就清楚地说明,其所举证据涉及两年,两年的证据都是为其375万元诉求支撑和服务的;也更加清楚地反证,两年期只存在一个合同周期。

(5)按法律规定解释,也只存在一个履行周期。

《合同法》第一百二十五条规定:“当事人对合同条款理解有争议的,应当按照合同所使用的词句、合同的有关条款、合同的目的、交易习惯以及诚实信用原则,确定该条款的真实意思。”“词句不一致的,应当根据合同的目的予以解释”。

涉案合同中,双方若不是写成“年购买量”25000吨,而是写成“月购买量”2083吨;或写成“天购买量”69吨;或写成“时购买量”2.9吨;那么,按照罗虎的理论,就变成了双方一月一结算(周期)、一天一结算(周期)、一小时一结算(周期),显然既不客观,也不符合交易习惯。

(6)我方在合同两年履行周期内,只要提前20天要货都不违约。

合同第三/1条明确了:交货由乙方电话通知甲方,但必须提前20天时间。这一约定清楚地反映出:“只有原告有权去要货,而被告根本无权通知原告提货。”此从双方合同的一/1条“甲方保证按需、按时、按规格向乙方供应鹅卵石”的“三按”原则中,也得以印证。在我方不需要货物(按需)的时段(按时),罗虎就没有资格、也没有权力要我方去提货。也就是说,只要在合同履行周期内,哪怕到履行期的最后的20天前(即2016年12月10日前),我方才通知罗虎供货,我方都不违约,罗虎都必须供货。

因此,不要说我方在合同订立后即长达9个多月要货不断,即使没有这9个多月的要货,单就我方“分别于2016年11月及12月两次前往被上诉人处提货”未果的事实(生效的0004号判决认定),我方也没有违约。

故此,原审故意将合同周期加以拆分,完全是为自己作出偏袒性的判决服务的。

第六,原审认定我方提货须经对方同意,故意在审判中为合同履行创设莫须有的新条件。

0007号案判决认为:我方要货“如果被告同意供货却未备足”应为违约(判决书第7页中部)”;我方2016年11月6日的“本次供货是经被告同意的”(判决书第8页中部);“2016年12月7日被告同意二原告来提货”(判决书第8页中部)等。也就是说,如果对方不同意供货,我方是不能提货的,对方在合同履行中,享有“同意”与“不同意”供货的“超级特权”。这一“超级特权”出自何处?完全出自于原审创造性地“在审判中的对合同条款的新增设”。

更为奇葩的是,基于这一“在审判中的对合同条款的新增设”,双方还产生了“后续约定”(判决书第7~8页),并还就谁违反了

“后续约定”展开了论述。我方不禁要问问原审:我方提货必经对方同意的合同条款在哪儿?若没有此合同条款其他的证据在哪儿?我方与对方的“后续约定”在哪儿?是何时、何地、何人“后续约定”的?“后续约定”的具体内容是什么?若没有书面“后续约定”的依据,其他证据又在哪儿?

毋庸多言,前提错误,注定原审认定错误;认定错误,注定原审实体裁判错误。

第七,原审明知法有规定,故意违法行事。

其一,对申请回避事项未依法作出决定。

由于此前原审法院作出的0001号民事判决(上诉后二审案号是0003号)以及相关联的(2016)××01**民初0002号民事判决(上诉后二审案号是0004号),是J区地区隐藏在公安系统的黑恶势力,左右司法审判的产物;是原审法院受制于“压力”“关系”和“人情”等,亵渎司法、颠倒是与非、混淆黑与白的产物。二审法院对两案作出了黑白颠倒式的180度改判。但是,如此错案,原审法院并没有对原承办人陈木及相关批准不交、缓交诉讼费的院领导进行任何问责,继续包庇纵容。由两案延伸而来的本案,我方事前书面并又当庭口头申请对陈木及该院领导(审判委员会委员)回避。对此,原审不是由院长作出是否回避的决定,而是由承办法官当庭口头说说“不让他们参加”。从原审在判决中表述的“本院评议如下”,我方有理由高度怀疑,被申请回避的人员,参加了本案的“评议”,并且陈木不止一次地与本案承办法官(两人同庭同为副庭长)交流、诱导并施以了不正当影响。

我国民事诉讼法司法解释第325条规定,下列情形,可以认定为民事诉讼法第一百七十条第一款第四项规定的严重违反法定程序:……(二)应当回避的审判人员未回避的。故此应认定原审程序严重违法,据此原判也应依法撤销。

其二，违反独任审判的规定。

我国《人民法院组织法》第九条规定："简单的民事案件、轻微的刑事案件和法律另有规定的案件，可以由审判员一人独任审判。"最高法院审判方式改革的多个文件，也一再要求"还权于审判员"，实现"审"与"判"的结合，让"审"的人去判，不"审"的人不判。而原审做法恰恰相反。原审"本院评议如下"中的一个"议"字，足以证明他人（可能包括陈木等人）参与了本案的讨论与研究（原审副卷应有记录可查，因为隐匿或篡改研究等笔录，则是《人民法院工作人员处分条例》第四十条明确的更严重的行为），背离了法定的"独任"审判的要求。

就本案而言，假设不是"简单的民事案件"，可依法组成合议庭审理；合议庭意见不一，可交由审判委员会研究决定。在"独任审判"的情况下，法律没有创设"他人评议"制度，他人根本无权参与"独任审判"案件的评议。

其三，适用法律错误。

由于原审错误地假定、分析、推理，导致认定事实错误，继而适用《最高人民法院关于审理买卖合同纠纷案件适用法律问题的解释》第二十九条、第三十条判决，必然错误。

此外，原审没有按照合同的约定和《合同法》第一百零七条的规定，判决支持我方诉求的赔偿实际发生的差旅费、律师费损失，也是非常错误的，对损失中的合同履行期内的许民机票，原审也不支持赔偿（同类机票0004号案均予支持），更是错误明显。

纵观原审法院对所涉相关联的0001号、0002号和本0007号案的判决，不难发现，在原审法院，我方（外地人）永远、永远也不可能打赢官司。我方中途退货，导致对方不能实现销售获利，我方须赔对方诉求375万元中的375000元（两年则为750万元中的75万元）；反过来，对方不能供货，导致我方不能实现销售获利，对方就只须赔我方诉求(两年)717000元中的75000元(减成一年则为37500元),完全相同案情下的原审判决我方获赔数,只是对方的10%,并且随便找个理由,就能为这个10%的判决自圆其说。原审的这种做法,实在是背离了法官无动于衷居中裁判的宗旨,背离了法院公正司法的职能要求,背离了“公平与正义”的底线,实属罔顾事实,偏袒偏护,蛮横认定,胡乱裁判。

综上,上诉人请求二审人民法院依法支持上诉人诉请。

呈:

重庆市第*中级人民法院

上诉人:***雨花石工艺品厂

上诉人:许民

2018年5月15日

这份上诉状,写得够长、够细、够周密的。文中有些地方用排比句的形式,列举一审的种种错误,观点突出,架构分明。

我觉得作为一名执业律师,法律文书的写作能力是不能或缺的,写作水平的提高,需要自己在实践中有意识地经常锤炼。

而作为律师,比写作水平更重要的,当是对事业的热爱和执着,只有这样,才能全身心地投入服务,才能无悔于当事人的信任和自己的职业。

我记得刘晓庆在自传体《我的路》一书中写道:一个人做任何事,其结果不要过多地去想,即使失败了,但只要自己对自己问心无愧地说一声,我已经尽力了就行。我理解这段话,关键是能不能做到“问心无愧”四个字。

第四节　穷尽二审证据，因为终审后难有举证机会

我的上诉状后面，还附随了《证据目录一》，将许民的陈述作为二审中的证据提交，以证明要货的数量是 5 万吨。为了驳斥一审"每次只能一条船提货"并且"每船提货只能是 2500 吨"，我将此前已提货 2200 吨的船名"中 ＊＊001 号"和放空提不到货的船名"航＊＊902 号"，作为证据提交，以此证明提货的船舶多如牛毛。

提交了这些证据够了吗？还有没有对我方有利的证据可以再行提交？我搜肠刮肚地想了又想。

忽然有灵感发现：在 2016 年，罗虎分别于 3 月 13 日和 7 月 5 日，两次向许民发来《函告》，要求许民去提货，而且该证据来自于 0007 号和 0001 号两案一审中对方自己提供。一审法院 0001 号案中，对罗虎两次书面通知我方提货，没有按每次通知只能提一船货 2500 吨计算来判决我方偿付对方违约金每次 37500 元，而是按年计算判决我方偿付对方每年的违约金 375000 元；同在 2016 年，我方分别于 11 月 7 日和 12 月 7 日，先后发送《催告函》和《催告》通知对方供货，该证据同样来源于 0007 号和 0001 号两案一审中我方提供，0007 号案没有按年计算判决对方向我方偿付违约金每年 375000 元，而是按每次通知只能供一船货 2500 吨计算，判决对方向我方偿付每船违约金 37500 元。

这组证据同时证明：0007 号判决认定我方每次提货必经对方同意，对方同意后而不发货才应偿付违约金；而 0001 号案件没有认定，对方每次通知供货必经我方同意，我方同意对方供货后而又不去提货才应偿付违约金。

这组证据还能证明:0007 号和 0001 号两案均是 J 区法院民二庭对本宗案件的审理。同样的案件事实,不同样的差别对待、差别处理、差别判决,如同杀我方用匕首,杀对方用牙签。这组证据自然成为《证据目录二》。

做好了这一组证据,我觉得还可以更进一步地去举证证明:一审法院"双重标准"办案的问题,便做出《证据目录三》,这就是 J 区法院陈木第 0001 号和 0002 号案判决书,以此证明我方作为外地人,在异地法院永远不可能获得公平对待和公正结果。特别是诉讼费的承担,同一个法院、同一个法庭、同一个承办法官、同一宗案情、同一对当事人、同一段时间(当年 6 月 7 日和 6 月 8 日),却适用不同的裁判标准,公开作出偏袒对方的枉法裁判,毫无公平正义可言。

除上述以外,我将一审的《回避申请书》也提交上去,以证明一审法院违反程序办案。

至此,我想我的证据好像都已经穷尽了。我将卷宗又仔仔细细地翻看,想着对方对我方可能的攻击。

第十四章

强化说理，宜将法理、事理、情理并重

第一节　同行交流，尽可能以理服人

2018 年 5 月 16 日下午 14:30，我早早地来到重庆市高级法院。离询审还有一个小时，我在大厅里长椅上等候。

突然，一个声音从身后传来："张律师！"

我回头一看，一个 50 多岁的男人，正在向我热情地打招呼。此人身材矮小，五官紧凑，神经兴奋，像是刚喝过几杯酒一样。

我并不认识此人，也肯定他不是法官。因为我知道本案的主审法官赵彤是位女性，即使合议庭有男性法官，也不认识我，更不可能跟我打招呼。

我正要问对方是谁，他身边还有一个人，此人不是别人，正是 0007 号案件罗虎的代理律师重庆市 ** 律师事务所曹军，我顿时心中有数了。

交谈之中，我才知道，此人名叫陈雄，是重庆市另一个律师事务所的律师，是罗虎增聘的另一位代理人。这个时候，陈律师为什么要热情如火地跟我打招呼呢？对方想套个近乎么？显然没有必要。

我猜想，对方大概是想通过交流，从我方窥探一些情况吧。

陈雄忽然近前一步，几乎贴在我耳边轻声问："你们那个案件上诉了吗？"

"你说的是0007号案件吗？已经上诉了。"我回答说。

"呵呵，上诉也好，上诉也好。"陈有点儿皮笑肉不笑。

"那你们上诉了吗？"我故意问。

"我们呀……"陈一耸双肩，笑了笑，未置可否。

"那你们另一个0004号案件申请再审了没有呢？"我继续问。

"噢，你说的是那个反过来起诉我们的案子吧，那个……这个……我还不太清楚。"陈又支支吾吾。看得出，此人是钢针掉油锅里——又尖又滑。

"唉，其实，他们当事人双方根本没必要弄得这么对立。"我低声像是自言自语地说。

"不行的呀，你的当事人好像不是好惹的，不罢休呢，嘿嘿……"陈似乎皮笑肉不笑。

"不是呀，陈律师，咱不谈法律谈事理。第一年，你罗虎没生产，跟你要货没货，导致人家许民客户流失了，损失这么大；到第二年，你有货了，人家许民却没有客户了，接下来你罗虎就拼了命地要人家提货，不提货就要人家赔偿375万元，你说这合乎道理么？"

"你说的也是……但……我不好说。"对方一边点头一边说，停了一下，对方突然话锋一转，"那你们现在有什么想法呢？"

既然他想窥探我方的情况，我想何不将计就计，输送一点信息给他呢？

"呵呵，现在能有什么想法呢，其实，"我故意说："许民倒不是很生罗虎的气，而是对刘勇反感极大，许民认为这一切，都是刘勇在幕后操纵的，看看下面情况再说吧。"我这番话，实际上告诉罗虎，对许民也不要有太大的意见，问题都出在刘勇身上，刘勇要罗虎挑起纠纷,想发意外之财,是刘勇把苦头给罗虎吃了。不管对方对我的话是信还是不信,放个烟幕弹出去,对缓和罗虎对许民的对立有益无害。

第二节　舌战法庭,关键时刻据理力争绝不退让

正说话间,书记员通知双方入庭。

进了门,我才知道,原来罗虎也来了。看他那神情,一肚子的闷闷不乐。

主审法官是位个头稍高、身材苗条的年轻女性,脸庞清瘦,轮廓分明,皮肤白皙,一对美丽乌黑的眼睛,镶嵌在高高的鼻梁之上,微薄的嘴唇,与这张精致的脸形十分相配,简直像是西洋画风中的瑞典式女人。

按照此前高院的书面通知,她应该就是主审法官赵彤。

法庭询审开始。

"我先宣布一下,本庭根据《民事诉讼法》第 200 条规定询审。如果申请理由不成立,则驳回;如果成立,则决定再审,双方听明白没有?"赵法官声音爽脆,语言干练。

双方均答听明白了。我暗自在想,这话到底是说给我听的,还是说给对方听的?还是完全程式化的语言?

赵法官先要求对方陈述理由。

曹军十分卖力地宣读着罗虎的《再审申请书》。

曹军刚读完毕,陈雄就开口说话了,"我补充一点,在申请书以外增加阐明一个事实,那就是 2015 年许民不去提货的真实原因,是因为当时的卵石价格回落。"

对方两位代理人刚说完,罗虎迫不及待地要求讲话,赵法官予

以准许。

“是这样，”罗虎用他那特有的地方方言，一字一句地说：“合同签订时，许民亲自过来看货，不断地夸赞货物品相好，确认一点问题也没有。合同签订后，我多次要许民来拉货，许民一直就是不来拉。我自己有多个信息图片、照片可以证明。”

赵法官身体前倾，专注地听着，好像生怕听漏掉一个字，她敏锐的眼睛左右转动，因为思考她眉毛微皱。

“后来，许民又把我告了，要我赔偿可得利益。所以，我要申请再审，纠正错误。”罗虎说到这里，也不再说话，两眼直盯盯地看着赵法官，那眼神仿佛在问，“我说的，你都听懂了吗？”

赵法官收回视线，直起了身子，对着我说，“被申请人陈述吧。”

我翻开事先准备好的书面意见，按照事先划出来的重点，概括性地作陈述。我之所以这样做，是因为书面意见写得较长，法官不会情愿听我照本宣科，我当然要选择重点，并用口语交流的方式讲述，便于和法官互动，以换取法官的注意。

赵法官也不打断我，下垂着眼皮，像个睡美人似地安静地听着，不时地翻看一下手中的卷宗。

“我要特别提醒法庭注意，”在陈述完书面意见后，我接着说：“对方申请再审的动因，是为了对抗 0007 号案件。这一点，罗虎刚才当庭说得很清楚。此前，在 0007 号案件开庭审理前，一审法官问双方是否愿意调解，罗虎说，‘调解我是巴不得，我不找他，他不找我’，并且说，如不同意，就会申请再审，可见，对方的动因，根本就不是认为二审有错误，而是因为 0007 号案件的需要才采取的对我方施压的措施。”

罗虎一听，有点把持不住，不经法官同意径直对我说：“张律师，你是金牌律师，你说的真是口若悬河啊。”

对罗虎此言我根本不去理会，我觉得这是执业律师起码的素质。

罗虎又抢着对赵法官说:“我要许民来提货,左一次右一次的,又是电话,又是发函的,现在,许民把我发给他的提货短信全删了,还说我没有货供应……”哗哗啦啦,罗虎又陈述了一大堆。

赵法官对罗虎的任意发言,也不制止,任罗虎说来,她但听无妨。

我清楚罗虎所讲的全是发生在2016年,知道对方陈述中露出了破绽。因为对方主张的是2015年违约金,陈述的却是2016年的催促提货的事情,两者自相矛盾。我遂见缝插针,低声提醒赵法官说:“他说的全是2016年发生的事。”

赵法官恍然大悟,毅然决然地说:“再审申请人,你不用再说了。”

停了停,赵法官低声嘀咕,“这个案件,说到底一审、二审是观点问题。”

我去,真没想到,这个赵法官竟然说出了跟我此前想法完全相同的话。

这更增加了我的担心。

接下来,赵法官要求双方举证。

罗虎将通知提货的函件、自己有存货的合同、手机短信拍成的照片等,一一向法庭抛出。这些证据,都是一审、二审提交过的,无非是老调重弹而已。

罗虎举证完毕后,赵法官要求我方举证。我将一叠证据抛了出来,其中,突出地将彩色照片提交给赵法官,并大声对赵法官说,“这就是对方打算供给我方的货物。”

赵法官看着彩色照片,问罗虎:“这是你货场的货物吗?”

罗虎查看着照片,迟疑不答。

“这个杂色怎么解释?”赵法官又问。

不等罗虎说话，陈雄抢先一步说：“这不是供给许民的货。”

“这是罗虎带法官现场勘验的货物，这上面有罗虎和法官陈木两人背影。罗虎带法官去这个现场勘验，就意味着罗虎要向许民供应这样的货。”中院小个子法官教会我的这一句话，此时被我用得恰到好处。

“那个背影应该不是法官，而是许民。”罗虎装着看不清狡辩道，分明已是黔驴技穷。

我并不说话，拿出另一幅照片，法官的侧面清晰可见，“那这张照片呢？”

罗虎看后，什么话也不说。

赵法官静静地看着眼前的情景，也不说话，好像在看戏。

现场突然变得十分安静。

过了好一会儿，赵法官随手将对方有货的证据又看了看，轻声地说：“关于有货没货，双方不要再说了，没有货时到处都有货。现在关键是许民要货没有。”

法官的这一观点，又着实让我吃了一惊，这个问题非同小可。二审是把罗虎没货作为一个理由放进去裁判的，现在这个问题赵法官说不用谈了，真是对我方大大的不利。

没等我多想，法官接着问我：“2015 年你方跟对方要货的依据是什么？”

“最核心的证据，现在只能提交短信。”我接着说，“因为时间久远的原因，我方无法调取与罗虎的通话记录，但我方的机票和许民的陈述，可以辅证。”我随即将有短信、机票、当事人陈述等一一提交。

赵法官听后毫无反应，也不想再继续，扫视双方一下后，问双方是否同意调解。

在调解问题上，我当然清楚，其好处是息事宁人，避免了日后的讼累;坏处是我方必须作出让步,必须妥协。当然,协议是双方妥协的结果。两者权衡,我们不应该像赌气似的完全拒绝调解,只要对方愿意赔钱,双方完全可以谈,多少钱并不十分重要,当然,钱太少了,也没必要调解。我觉得,罗虎若有个40万元的赔偿,也就差不多了。因为有了这个40万元,再跟周忠好好协商协商,内外问题可能都能解决了。至于自己的其他损失,对方也会有,那都是无法避免的,这个状况必须要接受。说个不好听的话,好比一个人正常在路边行走,突然被车剐擦而受伤,想不通的人说,为什么没有剐擦到别人,而是剐擦到我,不行,就是一点不能让步。想得通的人说,还好还好,我只是受了点轻伤,性命没有问题,万幸万幸,让步一点也无妨。一个人遭遇了诉讼,有时如同遇上了这种倒霉的事。向前想,越想越钻"牛角尖";向后想,"后退一步海阔天空",两者道理其实是一样一样儿的。

若打算调解,不是当庭随口一句"同意",不是在现场临场发挥,而是应事先有调解的策谋。我们可以事先将调解的方案,做两个甚至三个,每个方案都有一个自己决不突破的底线。同时,应该考虑好,由我方还是对方先行抛出方案,哪样做更占据主动。

在陈述方案时,也应该讲究技巧。常言道,一句话把人说笑起来,一句话把人说跳起来。委婉表达又不失威仪,灵活之中又有原则。

现实中,我们遇到很多的案件,被告要求分期付款,并且要求减让本金及利息、违约金、诉讼费等,原告往往不肯让步,至调解告吹。有智慧的人,往往后退一步,同意减让,同意分期,但这个减让和分期,是附有条件的,那就是被告要按期履行。若有一期不能按期兑现,则原告减让的部分不减让,仍按原金额;未到期的部分提前到期,原告有权提前主张给付全部。这样的条款,设置进调解书里,无疑具有强制执行的效力。若被告不同意这样的条款,说明被告根本无调解的诚意,调解不成一点都不用可惜。若被告同意,原告的利益并未提前丧失。当然,也有心机很深的原告,在被告应付款到期之时,故意拖延受领付款,故意造成被告逾期给付。随后,申请执行全部,被告往往是有苦难言。

眼下,面对法官的询问,罗虎看着自己的两位代理人。陈雄不无几分奸猾地对法官说:"看看对方的意见。"

赵法官将目光转向我。我按照事先的计划说道,"也可以谈谈。"

赵法官顺势而为地对我说:"那先谈谈你方的调解方案。"

"我方的调解方案是——"我缓慢地、似乎很不情愿地说,"我方愿意在索赔70多万元的基础上,做10万元至20万元的让步。"我刚说完,罗虎腾地站起,脱口而出地说:"我要求对方赔我375000元!"他说这话时,怒目圆睁。此刻,罗虎的面部表情是很值得一看的,诧异、不满、愤怒逐一地在他面孔上流露出来。

法官一听,不假思索地随口说:"你们都扯不清,我看一个不要赔一个算了。"

"如果这样的话,我们在J区法院就和解解决了。"我喃喃地说。因为这个时候,我再不能考虑是不是这样说会得罪法官了,我已经到了必须亮明我立场的时候了。

法官一听,随手合上卷宗,一边起身一边说:"那双方看笔录签字吧。"说完,拿起卷宗,拂袖而去。

这个女法官作风够干练的。

第三节　通过书面意见,论证自己的理由所在

这个询审的结果,好像对我很不利。法官的意图很明显,谁都

不赔偿谁，是我没有同意。我不同意这样解决的结果，是法官增加了工作量，一般要写好长的裁判文书，当然会将反感集中在我头上，应该不会给我好果子吃。

我应该设法扭转这样被动的局面。

我寻思很久，认为我应该继续通过书面方式，阐述我方的理由所在。

补充意见

尊敬的赵法官：

罗虎与我方买卖合同纠纷申请再审一案（案号2018××民申0005号），我方在原答辩意见的基础上，现发表补充意见如下：

一、鹅卵石生产加工后才能销售，市场上少有现买现卖符合涉案要求的成品。

从江里淘挖上来的毛石，大小不一，颜色五彩，碎石掺杂，根据定制人（客户）的不同规格和颜色的定制要求，用机器生产出规格，用人工分检出颜色，才能销售。

毛石市场价格一般在30元/吨左右，低的10元/吨左右（此价从罗虎0007号案中举证的[redacted]公司28元/吨就清楚地看出）。经过人工和设备加工成本后，成品石价格几倍翻升，涉案合同售价155/吨。

求供规格2～6公分、颜色褐色的鹅卵石，只有承揽、加工后才能出成品（相当于原树木材，须按要求的尺寸上锯开裁），在不知道客户需求的情况下，极少有人先做这样的事情。所以，市场上很少能够买到符合涉案要求的成品。若有卖，也绝非30元/吨价格。

罗虎在询审中，故意将毛石与成品石混为一谈，偷换概念，引导人走向误区。不要说在当时，就是在J区卖石的任何时期，若想一下子现买现卖5万吨“符合合同要求”的鹅卵石成品（哪怕现在去集中收购J区所有这样的成品石），几乎都是天方夜谭。

因为加工需要时间，又因为5万吨是个庞大的体量（已提货2200吨的运船要23条，沿江排列下来近一公里，每条船上货约要12小时，若单日装一条船，须23天才能完成），所以合同约定了提前20天通知要货。因此，罗虎自己货多，纯属假话。若果真货多，顶多也只是“毛石”货多，绝非成品石。

二、罗虎超过20天不能供货已是违约在先，若倒过来还支持其37.5万违约金于法不合。

2015年，我方的要货有许民陈述、乘机机票和“泸州蓝田出口处”的手机短信相互印证；2016年，我方的要货：有《催告函》和《催告》及同年10月6日、12月7日几次现场要货及电话要货视频为证。

暂不讨论合同是几个周期，上述的每一次要货，都大大超过20天（甚至数个20天）。罗虎在一个20天内不能供货，已是违约在先（尤其2016年违约是铁证）。显然，罗虎应对我方承担违约责任，而不是相反。本案若进入再审，是否意味着罗虎37.5万元违约性质的钱，可能要的是对的，但这实在不合基本事实和法律。

三、罗虎几乎没有损失，或准确地说没有损失依据。

1. 罗虎2015年无成品石（自称6月才“开始”生产，实际全年都未出成品）。2016年，罗虎成品石只有3000吨左右，因为规格、颜色不符合“合同要求”（已为生效的0004号判决所确认），其责任当自负，若有损失也算不到我方头上。

2. 罗虎所谓已购买的“毛石”，按照其陈述，“一部分销售了，一部分埋进土里”。先说“销售”的这部分，其已经获利，而且大大获利（同样的鹅卵石，市场上近年渐渐涨价已到270元/吨左右，且这个价格目前有多少我方要多少）。再说“埋进土里”这部分，罗虎在

0007号案举证证明“2017年因政策要求全部被推平掩埋”。请注意，时间是“2017年”，也就是说，是发生在合同履行期结束之后（更不是2015年的事）。罗虎若果真有合格成品，并按我方2016年《催告函》和《催告》要求期限供货，就一定不会产生此“掩埋”结果。故若这部分真有损失，当然也算不到我方头上。

3. 法律和最高法院规定违约损失要提交证据证明，无论是0001号案，还是0003号案，罗虎均未提交任何损失证据证明。而一审37.5万元违约金的判决，纯粹出于“酌定”，显然于法无据。

4. 罗虎没出货，有货在。不要说货价暴涨，其已获利丰厚，即使不涨，若有损失也不大。这完全区别于我方已经从身上掏出来的、真金白银“出血”的损失，并且还面临40万元定金双倍赔偿的窘状。

四、罗虎一贯编造谎言，一贯不尊重事实。

罗虎很会歪曲事实，在本案中，至少编造了七大谎言：

1. 一审我方的四个证据，是二审中提交的“新证据”；

2. 卵石多的是，（不用加工）可立即交货；

3. 5万吨卵石的最终下落，不是销售就是埋进土里（活不见人死不见尸）；

4. 自己有三个货场（此前说有十几个货场），勘验的货物不是全部；

5. 从来都是自己打电话要求我方来提货，我方一次电话要货都不曾打过（并将2016年通话记录移花接木到2015年上半年。）

6. 2015年从来没有要过货，2016年两次书面要货通知自己没收到。

7. 勘验照片上的人物不是法官，而是许民；

尤其最后一个，堪称弥天大谎。连这么基本的事实都否认，罗虎所说的还有多少可信度可言。

上述意见,请求法庭能予重视,谢谢!

陈述人:***雨花石工艺品厂

陈述人:许民

2018年5月15日

第四节　对方再生事端之际,占理就无所畏惧

重庆高院女书记员打来电话,说罗虎又申请了重庆市第×中院判决的0004号案,要将申请等文书寄给我。

想不出0004号案件,有什么理由可以申请再审的。规格呀,颜色呀,货量呀……哪一点他能成为合法再审理由的,想必是无病呻吟罢了。

没几日,文书到达了,这个案件的编号是(2018)民申0006号,申请书照录如下。

再审申请书

再审申请人(一审被告，二审被上诉人)：罗[redacted]，男，1972年6月[redacted]日出生，汉族，住重庆市[redacted]区[redacted]街道[redacted]村10组，公民身份号码[redacted]。

被申请人(一审原告，二审上诉人)：许[redacted]民，男，1972年9月[redacted]日出生，汉族，住江苏省[redacted]市[redacted]乡[redacted]村[redacted]组5号，公民身份号码[redacted]。

被申请人(一审原告，二审上诉人)：[redacted]雨花石工艺品厂，住所[redacted]市[redacted]乡[redacted]村[redacted]。

法定代表人：许[redacted]民，厂长

再审申请人罗[redacted]因与许[redacted]民、[redacted]雨花石工艺品厂买卖合同纠纷一案，不服重庆市第[redacted]中级人民法院2017年12月3日作出的（2017）[redacted]民终[redacted]号民事判决，现提出再审申请。

再审请求：依法撤销重庆市第五中级人民法院（2017）[redacted]民终[redacted]号民事判决的第二、三项判决。

事实和理由：

重庆市第[redacted]中级人民法院（2017）[redacted]民终[redacted]号民事判决认定的基本事实缺乏证据证明，一审判决并无错误。

二审判决查明事实不清，认定事实错误，导致其判决结果错误。

1、二审判决查明事实不清。

二审判决无视一审中申请人提供的重庆市[redacted]区砂[redacted]商会的证明即根据重庆市[redacted]地区砂石的交易习惯，对于批量砂石的交易，其合格率达到90%以上即为合格。同时，由

于砂石是天然形成，即便通过人工或设备筛选，也不可能达到100%的同一颜色或规格。但是，二审判决无视该证据或事实，拒不查明批量天然砂石合格率的事实，显然事实不清。

2、二审判决认定“在上诉人分别于2016年11月及12月两次前往被上诉人处提货，由于货物质量问题导致提货未果的情况下”的认定错误。

首先，被申请人从2016年10月20日至2016年11月5日到申请人处查验货物，将申请人提供货物的货场全部查验完毕，然后于2016年10月30日在申请人处的提货2228吨；被申请人第一次提货后，被申请人提货后没有提出任何异议，并于2016年11月及12月两次前往所提货物；由于货物均是属于同一批次的货物，被申请人再次提货说明申请人所备货物符合被申请人的需求及质量标准。

其次，对于天然砂石且是大批量需求的情况下，不可能提供人工或设备的筛选就能够达到100%的一致，根据交易习惯和天然砂石的自然规律，只能以合格率来确定砂石的质量标准。但是，二审判决在没有查明该事实的情况下，认定质量不合格，显然违背了交易习惯和自然规律，属于认定事实错误。

综上，二审法院作出的判决显然错误，应依法撤销。

此致

重庆市高级人民法院

再审申请人（签名或者盖章）：罗[redacted]

二〇一八年五月七日

这个案件的编号为(2018)××民申0006号。看了后,我觉得这个再审申请的理由,非常肤浅。说二审无视90%以上即为货品合格的商业习惯,且认定提货不成系因货物质量原因所致是错误的。

许民知道后,掩饰不住内心的关切,他想知道这个再审申请,对他的伤害到底有多大。

我在电话里告诉他,不必紧张,我们有充足的理由可以驳倒对方,正义在我们这一边。我要他尽管放心忙自己的事情,这事交给我处理。

我觉得,对罗虎这种没什么道理的再审申请,我只要简单说说以下理由:1. 货物质量不合约定是铁板事实;2. 90%以上即为货品合格系无稽之谈;3. 已提2200吨货场与勘验货场本不是同一批次货物;4. 罗虎应承担因货物质量不合约定而不能按约交货的违约责任;5. 罗虎申请再审的出发点并非认为二审判决错误。

我的这些观点,其实不少是老调重弹。只要占理,心无所畏。

第五节　情商重要性高于智商,用最浅显的举例说清难说的道理

除了用文字说明以外,很重要的一条,就是一定要与法官沟通交流。因为,法官确实很忙,有的时候,你写的东西,他们不一定有时间去看。即使看,有的时候,也只看个标题,一目十行。所以想要把希望寄托在书面上,是不踏实的。

尽管沟通不是我强项,但我必须沟通。我希望将自己与法官调到同一个频道上。

"请问,是赵法官吗?"

"是。"

“我是张律师,是许民的代理律师。”

“什么事?”

“前几天,我寄给你的那个0005号案件补充意见收到了吗?”

“收到了。”

“哦”,我突然降低声调,像和老朋友拉家常一样,“跟你赵法官说,那天询审出来后,其实我心情非常沉重。”

“哦?”对方听得十分认真。

“那天询审,我没有时间和机会说多少,对方一再混淆事实,我很无助,其实——我也是当过法官的。”

“噢,原来是同行。”她渐有交谈的兴趣。

“是啊,原来我在江苏的一个基层法院当过庭长一直办案的。”我话锋一转,“赵法官,这个案件我方真是有点冤啊,那天对方说他有5万吨货,他怎么可能有呢?从江里挖上来的是毛石,先要一一分检出颜色,而后再生产出2~6公分的规格,最后才是成品。这个,你从价格上就看得出来。他购进价20~30元/吨,卖给我们是155元/吨,不经过加工生产,价格怎么可能卖这么高呢?这有点儿像到菜场去买毛豆,剥出来的毛豆米每斤可能要卖15元,没有剥的毛豆,可能就卖5元一斤,市场上,剥好的与没剥好的毛豆都有卖,但剥好的毛豆毕竟很少呀,一般都是客户有需要才剥呀。想要在市场上一下子找剥好的毛豆,那里有那么多呢?”我想,她是个女人,她一定经常上街买菜的,用她身边最熟悉的事,打比方给她听,说服力自然会强。

“噢,是这样啊。”看样子,她接受了这个观点。

我又将一审法官裁判明显不公的情况,跟她一说。她听完后,十分沉静地对我说:“等下面研究吧。”

噫,听声音,好像有点儿希望。

过了约十来天,我再次打电话给她,告诉她许民暴风骤雨式的投诉,已经有了说法,打黑办正在调查刘勇,云云。她说她知道了,并且说,案件很快会有结果了。

我觉得,这些信号听起来不错。

第六节　成果不会凭空而来,理足自然赢取人心

2018 年 7 月 10 日,这一天太阳,似乎比往常来得火热。临近中午时分,一份快件交到我手上,拆开一看,是两份裁定书。一份是(2018)××民申 0005 号案裁定书,另一份是(2018)××民申 0006 号案裁定书。

0005 号案裁定书

重庆市高级人民法院

民 事 裁 定 书

(2018)[redacted]民申[redacted]号

再审申请人（一审原告、二审被上诉人）：罗[redacted]，男，1972年6月[redacted]日出生，汉族，住重庆市[redacted]区[redacted]街道[redacted]村10组，公民身份号码[redacted]。

委托诉讼代理人：陈[redacted]，重庆[redacted]律师事务所律师。

委托诉讼代理人：曹[redacted]军，重庆[redacted]律师事务所律师。

被申请人（一审被告、二审上诉人）：许[redacted]民，男，1972年9月[redacted]日出生，汉族，住江苏省[redacted]市[redacted]乡[redacted]村[redacted]组5号，公民身份号码[redacted]。

委托诉讼代理人：张怀奇，北京市君泽君（南京）律师事务所律师。

被申请人（一审被告、二审上诉人）：[redacted]雨花石工艺品厂，住所地[redacted]市[redacted]乡[redacted]村[redacted]。

法定代表人：许[redacted]民，厂长。

委托诉讼代理人：张怀奇，北京市君泽君（南京）律师事务所律师。

再审申请人罗[redacted]与被申请人许[redacted]民、[redacted]雨花石工艺品厂[redacted]买卖合同纠纷一案，不服重庆市第[redacted]中级人民法院（2017）[redacted]民终[redacted]号民事判决，向本院申请再审。本院依法组成合议庭对本案进行了审查，现已审查终结。

罗[redacted]申请再审称：（一）被申请人二审提供的陈述、罗[redacted]2015 年 3 月 11 日、2015 年 6 月 23 日、2015 年 11 月 4 日、5 日的短信图片、乘机机票、勘验现场鹅卵石照片，在一审时是客观存在的，不属于一审庭审结束后新发现的证据，也不属于因客观原因无法调取而应申请法院调取的证据，不属于二审中的“新证据”，根据《最高人民法院关于民事诉讼证据的若干规定》第 43 条第 1 款的规定，人民法院应不予采信。（二）即使二审中提供的证据符合“新证据”的标准，也不能达到证明目的。1、被申请人应举证证明其提前了 20 天电话通知申请人备货、要求供货的数量、申请人没有及时备货，被申请人所举示的证据不能达到高度盖然性标准。2、罗[redacted]2015 年 3 月 11 日、2015 年 6 月 23 日、2015 年 11 月 4 日、5 日的短信图片体现的内容是，即使设备有些问题也一直在为履行合同义务积极准备，短信中未反映被申请人向申请人催要货物，更未反映罗[redacted]无供货能力。3、乘机机票、勘验现场鹅卵石照片无法证明被申请人提出供货而被申请人没有及时供货。（三）二审认定事实错误并错误分配举证责任。合同约定的数量只是一个概数，并非确定数，具体数量是根据被申请人的通知确定。货物质量是否合格是以被申请人现场检验确定。二审认定“根据一审中的勘验情况以及该合同约定的数量，不足以证明被上诉人于2015年年底前已经准备足够数量并符合合同约定的鹅卵石”错误。被申请人未举示证据证明在2015年年底前向申请人要求供货25000吨，应当由被申请人证明申请人备货不足的事实，但二审法院将举证责任分配给申请人错误。罗[redacted]根据《中华人民共和国民事诉讼法》第二百条的规定申请再审。

本院认为：罗[redacted]的申请再审理由依法不能成立，具体分析如下：第一，关于许[redacted]民、[redacted]雨花石厂在二审中提交的证据是否应当采信的问题。2002年实施的《最高人民法院关于民事诉讼证据的若干规定》第43条规定：“当事人举证期限届满后提供的证据不是新的证据的，人民法院不予采纳。”罗[redacted]申请再审认为许[redacted]民、[redacted]雨花石厂在二审中提交的证据不属于新证据，二审法院不应采信。但是2015年实施的《最高人民法院关于适用〈中华人民共和国民事诉讼法〉的解释》第一百零一条规定：“当事人逾期提供证据的，人民法院应当责令其说明理由，必要时可以要求其提供相应的证据。当事人因客观原因逾期提供证据，或者对方当事人对逾期提供证据未提出异议的，视为未逾期。”根据该规定，当事人在举证期限届满后提交的证据虽然逾期，但是对方当事人同意质证的，不发生证据逾期的失权后果。本案二审中罗[redacted]并未对许[redacted]民、[redacted]雨花石厂逾期提交证据提出异议，且发表了质证意见，故二审法院对该部分证据的采信并无不当，罗[redacted]的该申请再审理由不能成立。第二，关于许[redacted]民向罗[redacted]要求供货或者催要过货物的举证责任是否完成的问题。2015 年 3 月 11 日，罗[redacted]向许[redacted]民发送短信：你好许总，我这边可能还有十天左右就能修好，年前安装两次没成功，年后是重新搭建的新台子，以后贡（供）货应该没问题了。2015 年 6 月 23 日，罗[redacted]向许[redacted]民发送短信：你好，我们已经在开始生产了，设备就是容易坏，这个星期应该正常，要换一台设备。2015 年 11 月 4 日、5 日罗[redacted]向许[redacted]民发送短信图片，图片显示是一些设施设备和零星石块等。以上事实虽然没有直接反映许[redacted]民向罗[redacted]要货，但是从交易习惯和对话习惯可以认定罗[redacted]发送的短信和图片应该是针对许[redacted]民的供货要求进行的回复。二审法院将该部分证据作为间接证据，结合其他证据认定许[redacted]民完成了举证责任并无不当。罗[redacted]关于举证责任分配不当的申请再审理由亦不能成立。

综上，罗[redacted]的再审申请不符合《中华人民共和国民事诉讼法》第二百条规定的情形。依照《中华人民共和国民事诉讼法》第二百零四条第一款、《最高人民法院关于适用〈中华人民共和国民事诉讼法>的解释》第三百九十五条第二款之规定，裁定如下：

驳回罗[redacted]的再审申请。

审 判 长　赵[redacted]

审 判 员　曹[redacted]

审 判 员　黄[redacted]

二〇一八年六月二十八日

本件与原件核对无异

书 记 员　冯[redacted]

0006 号案裁定书

重庆市高级人民法院

民事裁定书

(2018)[redacted]民申[redacted]号

再审申请人（一审被告、二审被上诉人）：罗[redacted]，男，1972年6月[redacted]日出生，汉族，住重庆市[redacted]区[redacted]街道[redacted]村10组，公民身份号码[redacted]。

委托诉讼代理人：陈[redacted]，重庆[redacted]律师事务所律师。

委托诉讼代理人：曹[redacted]军，重庆[redacted]律师事务所律师。

被申请人（一审原告、二审上诉人）：许[redacted]民，男，1972年9月[redacted]日出生，汉族，住江苏省[redacted]市[redacted]乡[redacted]村[redacted]组5号，公民身份号码[redacted]。

委托诉讼代理人：张怀奇，北京市君泽君（南京）律师事务所律师。

被申请人（一审原告、二审上诉人）：[redacted]雨花石工艺品厂，住所地[redacted]市[redacted]乡[redacted]村[redacted]。

法定代表人：许[redacted]民，厂长。

委托诉讼代理人：张怀奇，北京市君泽君（南京）律师事务所律师。

再审申请人罗[redacted]因与被申请人许[redacted]民、[redacted]雨

花石工艺品厂[redacted]买卖合同纠纷一案，不服重庆市第[redacted]中级人民法院(2017)[redacted]民终[redacted]号民事判决，向本院申请再审。本院依法组成合议庭对本案进行了审查，现已审查终结。

罗[redacted]申请再审称：(一）批量砂石即使通过人工或者设备筛选，也不可能达到 100%的同一颜色或规格。二审判决无视申请人提供的重庆市[redacted]区[redacted]商会的证明，批量砂石合格率达到90%以上即为合格，二审拒不查明批量砂石合格率的事实，显然事实不清。(二）二审关于“上诉人分别于 2016 年 11 月及 12 月两次前往被上诉人处提货，由于货物质量问题导致提货未果”的认定错误。被申请人从 2016 年 10 月 20 日至 11 月 5 日到申请人处查验货物，然后于 10 月 30 日提货 2228 吨，被申请人提货后没有提出任何异议，被申请人 2016 年 11 月及 12 月前往所提货物与 10 月 30 日货物属于同一批次。罗[redacted]根据《中华人民共和国民事诉讼法》第二百条的规定申请再审。

本院经审查认为，本案的争议焦点在于 2016 年 11 月及 12 月罗[redacted]供货的鹅卵石是否符合合同约定的质量标准。本院具体分析如下：第一，[redacted]雨花石厂、许[redacted]民作为需方，罗[redacted]作为供方于 2014 年底签订的《鹅卵石购销合同》合同第二条约定，产品规格为 2cm-6cm，产品颜色为重庆市[redacted]区常规褐色。该约定包括两方面的质量要求，一是规格要求，二是颜色要求。但从一审勘验笔录显示，申请人备货的货品仅大部分规格符合合同约定。从勘验现场的照片显示，颜色也存在参杂不一的情况。虽然重庆市[redacted]区[redacted]商会证明批量砂石合格率达到90%以上即为合格，但是该证明只针对砂石的规格，没有包括颜色的合格率问题。

第二，由于被申请人需要购买鹅卵石生产雨花石，其采购价格为一般鹅卵石的数倍，就是需要通过机器及人工筛选的方式将达不到合同要求的鹅卵石筛除，被申请人支付的费用包括了机器及人工筛选的成本费用。双方对鹅卵石的规格及颜色的特殊约定不能用普通鹅卵石的质量标准予以约束。第三，被申请人支付了租用费将运输鹅卵石的船舶开到[redacted]提货，如果不是因为质量出现问题导致其无法提货，被申请人没有必要提前支付租船费用。所以，原审法院认定被申请人分别于2016年11月及12月两次前往被上诉人处提货，由于货物质量问题导致提货未果，并无不当。

综上，罗[redacted]的再审申请不符合《中华人民共和国民事诉讼法》第二百条规定的情形。依照《中华人民共和国民事诉讼法》第二百零四条第一款、《最高人民法院关于适用〈中华人民共和国民事诉讼法〉的解释》第三百九十五条第二款之规定，裁定如下：

驳回罗[redacted]的再审申请。

审 判 长　赵[redacted]
审 判 员　杨[redacted]
审 判 员　黄[redacted]

二〇一八年六月二十八日

书 记 员　陈[redacted]

太好了！

这个双双驳回，对于我们来说，意义是何等重大呀。它使我们处于动摇中的根基，立刻稳定了！它使我们0007号案件，立刻变得有意义了。它就是我们全局的定海神针。

我不禁问自己，为什么能取得如此骄人的成果呢？原因或许有很多，但最根本的一条，那就是我们不输理！人，不管他嘴上说什么，还是他行动上表现什么，其实内心总会有一杆秤，他会用这杆秤自己先来称称，而后再作出内心的评判。

当初，看上去这个女法官骨子里就有股正气，她一定用过自己的心称，对这个事作过整体的评价，她知道谁是谁非，出于公平和正义，她对此作出秉公的处理。在我的心目中，她俨然成为真、善、美的化身，我不禁联想到但丁《神曲》中描绘的女神贝缇丽彩。

第十五章

掌握分寸，诉讼代理勿忘张弛有度

第一节　刚柔并济，不失为有效之举

0007 号案件的上诉状寄出后，我主动和吕法官联系过，询问上诉费交纳事宜，并派专人去办理。

一转眼，0007 号案件判决已是 2 个多月了，时间已是 2018 年 7 月下旬了。按常规，上诉流转应该在一个月内完成，可这个上诉的案件还是一点消息也没有。我总是等不到 × 中院的开庭传票。

我打通 × 中院电话，方知 0007 号案件卷宗还在 J 区法院。

论案件，我是一点儿都不急。因为 × × 高院的裁定就像基石，已使案件不会有变数。换句话说，目前是大局已定。但是，在本案中，我申请冻结罗虎账户 80 万元，是 2018 年 1 月 17 日实施的。按照法律规定，首冻期限是 1 年，即到 2019 年 1 月 16 日止。延长冻结期限的需要提前交申请，续冻期限不得超过 1 年。如果拖延下来，不能赶在 2019 年 1 月 16 日前申请执行并扣划，我就要提出申请续冻，说不准为这个续冻，又得多跑一次重庆，说不准因这个续冻，又节外生枝。而二审的审理期限常规是 3 ~ 6 个月，所以，我不能让时间拖延下来。

我打通吕法官电话，告诉她我查询×中院的情况，问她迟迟不移送卷宗是怎么回事？她说查一下给我回电。

不一会儿，她告诉我，现在卷宗确实在立案庭，卷宗是被中院退回来的，因为对方在上诉状上没有签名，需要对方签名。

我愕然，好像不相信自己的耳朵一样地问："是对方没有交纳上诉费，还是没有签名？"

"上诉费他已交纳了，票据在我卷宗里，是因为对方没签名。"吕法官解释说。

我一听，有点不客气地对她说："现在许民对你们法院的投诉已经是够多的了，还想让许民再加上一条么？这个案件你判决以后，许民反感情绪大得不得了，我已经做了许民不少工作，你说你这么判决对吗？"

"我是这么认为的，只是观点不同而已。"她在电话里面冷冷地说。

"你不用再这样说了，每次提货就只能提一船？就算是一船，那我方要过4次货物呢，10月30日现场提货2200吨1次，11月6日船舶放空未提到1次，11月7日《催告函》1次，12月7日视频送达《催告》要货1次，4次怎么就变2次了？这个案件没有其他情况就会这样判吗？我不要你承认或是不承认，也不要你说什么，这样的判决结果正常吗？"我火气挺大。

对方真的不再说话。

我接着说，"你说，是对案件的观点问题，你应该已经知道罗虎的再审申请被省高院驳回了，那么，为什么你们的观点与×中院的观点不一样？为什么你们的观点和高级法院的观点又不一样？为什么高级法院的观点和×中院的观点又是一样的？"

对方依旧没有说话，我想对方也是无法解释什么，即使发再大的火，还是需要她把事情赶紧办好，为这个鸡毛蒜皮的事产生矛盾，其实也不值。于是，我放低了音量对她说，“现在，投诉的情况够复杂的了，你把办理上诉的事情做好，尽快将卷宗报给中院，再不要忙中生乱了。”

“这样吧，我跟踪一下，回头把情况告诉你。”她应该是明白了我的意思。

许民知道这件事后，很是气愤，说J区法院确实搞得不像话，我不能不继续干我的事。我知道，他又要加强举报和投诉的火力。

第二天下午，许民给我打来电话，说已经跟J区法院陈纪检联系过了，陈纪检在电话上解释了近20分钟。

7月27日，吕法官发来手机短信：“经到本院立案庭查询，案卷已移送至×中院。”

“谢谢！”我回复时的礼貌还是需要的。

“不客气，应该的。”吕法官又回短信。法官这么客气，也是很少见的。一般情况下，你给法官发的短信，他们几乎都很少回复，可能是法官回信会落下字面的证据，而很不情愿吧。法官往往会很敏感，常常担忧给当事人抓住话柄，这可能是法官职业特点所决定的。

我依然在静静地等待着×中院的开庭通知。

没几天，我开庭后翻看手机，发现吕法官给我发来手机短信，“卷宗又被×中院退回了，电话详谈。”接着是吕法官的未接来电提醒。

我遂将电话拨打过去。

“是这样，我们把卷宗报上去了以后，×中院又给我们退了回来，说上诉的诉讼费发票，不应该盖我们J区法院的公章，因为盖了J区法院的公章，这就变成J区法院收费而不是×中院收费了。”吕法官在电话中解释说。

“那怎么处理？”

"我已经写好了一页纸的一个说明，放入卷宗，告诉×中院，诉讼费已经交入×中院的账户，钱在×中院账户里。"

"你们其他案件怎么做的呢？"

"也是这样做的呀。"

我对吕法官说，"这样吧，我将×中院立庭法官的电话号码给你，你可以直接跟立案法官沟通一下。"因为我知道法院的审理庭和立案庭，并不是垂直对应的关系，所以，我希望吕法官与×中院的立案法官直接对接。

"好的。"吕法官顺从地答应了我。

挂断电话，我将号码发了过去。我想，这下应该不会出现问题了。

一周后，吕法官又发来短信："昨天立案庭有事没有移送案卷，说是下周才去。"

"请继续跟踪吧。"我回复后，心里也在暗自欣慰，从目前的情况看，吕法官对这事，已经是非常重视了，毕竟，她所裁判的案件，内心应该是不够坦然的。

又一周后，吕法官发来短信："据立案庭记录，已移送。"

第二节　为瓦解对方阵营，不妨敲山震虎

在我催促吕法官移送卷宗之际，一天，许民打来电话，异常激动地说："张律师，刚才J区公安来电话了。"

"什么情况？"我问。

"来电话的是一个姓孟的，他介绍自己是J区公安局的副局长，分管打黑办的，他是问我举报刘勇的事。"许民说："电话中，他问我到底受了什么委屈，到底受什么欺负了，我说，'他带罗虎来蒙我，签

了合同后，跟他要货没有货，一颗石子也没有给我，就敲我诈我，要我 375 万元。’孟局长说，‘还有这事？’我说，‘J 区法院有案卷，J 区法院一审判决我输，我上诉，二审和重庆高级法院都把判决改了，判决我赢，我是咽不下这口气。’”

“我带人去协调，他叫社会上的人抓我们，我逃跑了，我朋友曹达被围了起来；曹达在深圳工作过，见过点儿世面，立即报警，先到 ** 派出所，出来后，又被社会上人跟进车里，只好将车开进第二个派出所，一直被困三四个小时，乘社会上人在门外监视不注意，偷偷翻墙才得以逃脱。”

“局长说，‘我会把案件交给刑警队和督察队，你保持手机畅通，他们会跟你联系的。’我说，‘想不到重庆公安做事真不错’，我给他的感觉是很感动。”

许民最后几句话的意思我也很明白，是在恭维局长，争取对自己有利局面。

我夸赞许民：“你处理得不错，处理的水平很高！下面既然说他们会打电话来，你是不是可以做一下准备。你用一张纸，分三个部分先准备一下：一是你亲历的情况；二是你怀疑的情况；三是你能提供的查案线索。每部分列出个一二三，放在包里，随时来电话随时拿出来对着说，就更好了。”

“我知道，会这么做的。”

停了停，我对他又说：“你知道当初为什么我不拦阻你投诉和举报吗？”

许民期待我继续说下去。

“我之所以不拦阻你，是因为除了你的投诉和举报具有正当性以外，我考虑你这样实名一举报，刘勇会身陷麻烦，往轻了说，他对付我们的精力就会大打折扣；往重了说，如果查实他真的违法或犯罪被处理，那正好‘扳倒大树捉乌鸦’，案件的幕后真相就自然能揭开。退一步说,即使你扳不倒刘勇,在目前这种'扫黑除恶'的高压态势下,我估量刘勇也不敢再抛头露面、再轻举妄动,更不敢继续到二审搞'小动作'。至于你投诉陈木的办案不公,客观上起码能有两个作用:一是让陈木不会在二审中有可能地再帮对方;二是让二审法官不敢冒险袒护陈木,使二审法官依法办事。"我一语道破地说。

许民恍然大悟,十分赞许地说,"张律师思考问题真的很深啊!"

第三节 随庭审流程强化主张,对不重要争议果断退让

终于收到×中院的开庭通知,开庭时间是2018年9月18日上午10时。

时间是何等的巧合呀,记得0003号和0004号案件的开庭时间,是去年的9月19日,整整间隔一年。

重庆的秋天,还是那么清凉,所不同的是,天空中飘落着密密的细雨,山城像是蒙上了一层薄薄的面纱,朦朦胧胧的,就像我的案件走向不明一样。

用不着打伞,沿小路穿行,秋雨给人温柔,给人清醒。一路上,我盘算着如何在×中院打好这一仗。

主审法官一人坐在审判席上,看着卷宗,他五十岁左右的年纪,头发卷曲,下巴宽大,面容粗犷,眉毛浓厚乌黑,五官端庄,只是一双眼睛略显冷峻。他应该就是本案的主审人熊庆法官了。之前,我网上查过,熊是×中院**庭的副庭长。

对方还没来,我直接在上诉人席位入座。

这一次,对方来几个律师呢?先前的代理人洪腾不可能来吧,来出庭的抑或是一审出庭的曹律师?抑或申请再审时陈、曹两位律

师？这三个代理人代理对方的结果，都曾败诉，该不会再换新的律师来吧？其实，来什么样的律师，对我来说真是无所谓。

时间已经指向了十点，对方怎么还没到庭呢？正困惑间，熊法官面向书记员问："与另一方联系过没有？"

"联系过了，"书记员一面说着，一面拿出一封被退回的信件，站起来回转身递给熊法官，"我先头打过罗虎的电话，罗虎说他的律师今天到其他地方开庭了，可能来不了，他要求改天再开庭。"

对方竟然不到庭，这倒是我一点儿都没想到的事。最高人民法院 2017 年 7 月 19 日施行的《关于进一步加强民事送达工作的若干意见》第 6 条规定："当事人在送达地址确认书中确认的送达地址，适用于第一审程序、第二审程序和执行程序。当事人变更送达地址，应当以书面方式告知人民法院。当事人未书面变更的，以其确认的地址为送达地址。"对方是不来开庭了，还是会迟来，我心里暗暗思忖着。

熊法官也不说话，用他那因吸烟而发黄的指头，继续翻看卷宗，又好像还在等对方。

对方为何不来呢，在这空隙我的思维高速旋转，对方不出庭究竟是什么原因呢？罗虎葫芦里卖的什么药？对方也是交了上诉费的，交了上诉费又不出庭，这是下的什么怪棋？我分析着种种可能：

第一，因为重庆高院申请再审的败诉，罗虎对曹、陈两律师不再信任，当事人与律师之间不睦，甚至闹翻，没有找到合适的代理律师；

第二，一审判决金额不过 7.5 万元，对方估量二审也不会过大改判，与其花律师费去请律师到二审抗辩，还不如不花费，任由二审法院处置；

第三，对方故技重演，让我方开庭多跑跑，故意折腾，打一场拖延战；

第四，案外人刘勇再次被投诉后，由于打黑办介入，刘勇要求罗虎不要再刺激许民了，已经示弱；

第五，一审法院可能已经与二审法院沟通好了，案件不会改判的，并且，这个消息已经到达对方。

分析下来，第三、四、五种可能性比较大一些。若是第三种，那也无妨，顶多再到重庆去开个庭而已；若是第四种，那真不是坏事，对方等于是自己投降；若是第五种……那一定是最头痛的事了。罗虎葫芦里到底卖的什么药？或许，这将是我日后再也无法解开的谜团。

十来分钟后，熊法官像是看完了卷宗，抬起头，直接宣布开庭，轻车熟路地交代着流程事项。

程式化的询问过后，熊法官要求我陈述上诉诉求及事实、理由。

既然对方不到庭，那我有的是时间，可以慢慢地把上诉状的内容说全、说透，希望通过我的陈述，能够影响法官。

熊法官也不打断我，他依然埋头又在看他的卷宗。说实在的，我也不知道他到底听进去多少。

我刚说完，熊法官就单刀直入：

“你们认为应当按照合同约定来计算损失？”

“应当按照合同约定的供货量，减去已提货的 2200 吨，余下 47800 吨，应该按 15 元/吨计算。”

“一审诉讼请求 71 万元也是按这个标准计算的？”

“是的。”

“本案二审中有无新的证据举示？”

“有呢。”

我不急不忙地按照证据目录进行举证。

我把重庆市高级人民法院 0005 号和 0006 号驳回罗虎再审申请的两份裁定书，作为证据提交。这两份裁定肯定了 × 中院 0003 号和 0004 号两案判决的正确性，再次确定了罗虎因货物质量不合格和数量不足应该承担违约责任，借此证明罗虎应该赔偿许民可得利益损失。

当我说到回避申请书时，熊法官开始说话了，“你方申请回避的对象，不是本案的审判人员，对不对？”

“陈木虽不是本案的审判人员，但我方要求回避的另一人员——即缓交、免交诉讼费的副院长，则是审判委员会的委员。按照一审法官当庭对回避对象的交代，这个副院长，属于回避的对象。此外，陈木与本案一审主审法官吕法官，是同庭并且同为副庭长，他有可能会影响吕法官对本案的审判。”我回答说。

“这个案件并没有经过审判委员会，对不对？”熊法官继续追问。

“应该没有上审判委员会，因为判决书上没有写。但是，”不等法官说话，我继续说，“法院对回避与否，依法是由院长作出决定，而不是由审判员在庭上口头说不让他们参加，对不对？”

熊法官被我这一问，愣了一下。迟疑了一下，立即反问我，“那你还继续主张这个回避吗？”

他这一问，倒是把我也愣了一下。我知道他这个问话的含义。也就是说，如果继续这一项的主张，他有可能什么问题都不再深入地审理下去，因为回避事项是程序上重大事项，若违法无疑应该发回重审，这个结果并不是我追求的，因为这会增加我再从头经历一审，而后，再上诉，再回到今天。

当初，举这项证据的目的，也不是真的要求将案件发回重审，就连上诉的诉讼请求都没有提出这一条，真正的目的就是要让二审法官知道，一审法院审判程序是有瑕疵的。现在，二审法官已经知道了，再持这样的争议没有意义。

“那不再主张了吧。”我回答。

熊法官舒服地喘了口气，“那你继续举其他证据吧。”好像印证了我的判断：这个庭差点没能继续进行呀，因为若坚持，他就休庭，真有可能将案件发回重审，而且是因为程序上的缘故。

“我的证据举示完毕。”我回答说。

熊法官翻开一份资料，看了看，对我说，“罗虎的上诉状你方收到了吧？”

“是的。”

“你方可陈述答辩意见。”

于是，我针对罗虎的上诉状，概括性地陈述了我方的观点。

熊法官放开卷宗，将两手指尖交叉，半靠在椅子背上，听我说完又开口了，“对一审判决查明的事实有无异议？”

“有”，我说，“其一，我方是起诉罗虎后，才收到罗虎起诉我方案件的应诉材料，才知道对方已先对我方起诉，一审判决对此没有明确；其二，一审判决遗漏认定了我方曾于2016年11月7日向对方发出《催告函》要货的事实。”

“这个事实，判决书里有提及，没有提及《催告函》是吧？”熊法官问。

“是的，判决书只说到此后有要货的电话，但没有提及发过函。”我回答。

熊法官又翻起卷宗，好像不知道《催告函》在哪儿。我于是找出我卷宗里面的《催告函》，向熊法官举示。熊法官明白了。沉思了一会儿，熊法官问：“你们要货有没有讲到数量？”

“讲到，数量就是按合同。此外，给对方发的函中，要求的是供给全部的、下余的货物。”

“那你们怎么知道要派多少船舶去？”他问的这个问题，对我来说倒是比较棘手。因为我的上诉状上说：“对方货场没有那么多的货物，如果我们派船蜂拥而至，岂不头脑进水了？”也就是说，我们每次提货前，是知道对方货场上有多少货的，因此，不可能提货前不沟通的。

“噢，我们交易的过程是这样的，”我回答说，“因为我们船舶已经放空一次，所以再派船前去，是事前跟对方电话联系，根据对方现有的合格货物数量的多少，再来决定派船多少。”

熊法官开始整理桌面的卷宗。

“有无其他异议了。”看样子，熊法官是要收工了。

“还有一个比较重要的问题，就是一审认定我方提货是要经过对方同意，并且由此还产生出后续约定，这是十分错误的。”我想利用庭审这个最后的机会，把自己想要强调的都强调出来，“再有，一审法院对当事人差别对待，用双重标准判案。刚才，我进入法庭的时候，我看见大厅里高挂着‘让人民群众在每个司法案件中都感受到公平正义’很受鼓舞，请求二审人民法院从公平正义出发，依法纠错，公正裁决。”

熊法官宣布庭审结束，要求核对笔录并签名。

熊法官站起身要离开时，我乘这个时机，对他说：“熊法官，现在闭庭了，我可以跟你聊上几句了。”

“噢”熊法官停住了脚步。

“这宗案件，当初在黄文法官、杨静法官审理时，就认定了我方没有违约，”我继续说，“也就是说，对方违约了，我方的利益损失是客观存在的。”

熊法官走近我，低声说“这个我知道，”随即，又若有所思地说，“这个案件，每次提货没有个数量，一审法院这么判，也……”他没有把话再说下去。

“数量是有的呀，我们的《催告函》和《催告》上说得很清楚的，是供给所有的、下余的货物。”我刚这么一说，他发觉我似乎在申辩，脸上瞬间的表情和他那变换了的眼神，显现出他内心深处，已很不情愿再继续同我交流。

他一边转身向门外走去，一边说：“你若有其他意见，用代理词补充吧。”

书记员拿来笔录。我一边看，一边问他，“对方今天为何不来呢”？

“我之前打过他们的电话，可能是他老婆吧，她说罗虎病了，开庭来不了。今天，罗虎又说律师没有空，要求改期，谁知道呢。”书记员的回答直截了当。

“哦，是这样。最高院不是有送达的规定吗？”

“你说的是一审当事人留下的地址适用于二审和执行吧，这事还得熊法官处理。”

我把笔录上的字签好，又拍了笔录照片。

熊法官退庭后，唯一跟我交流的一句话，即“这个案件，每次提货没有个数量，一审法院这么判，也……”这倒是十分重要的一句话啊。不要小看了这一句话，他反映了审判人员视角的重心，他等于告诉你，什么才是他最关心的问题。

几天后，我打通熊法官电话对他说：“这个案件的处理，我方不要您偏袒我们，也不要您偏袒他们，只要公正裁判就行。”

熊法官只“噢”了一声，没有其他一点声音。电话里，熊法官既不说长，也不说短，也不跟你交流，他甚至没有丝毫的态度和观点流露，让你对他根本无从把握。古书说，万言万当，不如一默。他现在就是这么做的。

老道啊老道，这个熊法官。

第四节　面对亦喜亦忧的判决，是进是退当适度把握

时间在慢慢地流淌，转眼已是 2018 年 12 月 26 日。

接过快递小哥的送件，一掂里面分量很轻，我估计案件的处理结果应该被维持了——一般如果是改判，文书会写得较长一些，分量当然会加重一些。

0008 号案判决书

重庆市第[redacted]中级人民法院

民事判决书

(2018)[redacted]民终[redacted]号

上诉人（原审原告）：[redacted]雨花石工艺品厂，住所地江苏省[redacted]市[redacted]乡[redacted]村[redacted]。

诉讼代表人：许[redacted]民，该厂投资人及厂长。

委托诉讼代理人：张怀奇，北京市君泽君（南京）律师事务所律师。

上诉人（原审原告）：许[redacted]民，男，汉族，1972 年 9 月[redacted]日出生，住江苏省[redacted]市[redacted]乡[redacted]村[redacted]组 5 号，公民身份号码[redacted]。

委托诉讼代理人：张怀奇，北京市君泽君（南京）律师事务所律师。

被上诉人（原审被告）：罗[redacted]，男，汉族，1972 年 6 月[redacted]日出生，住重庆市[redacted]区[redacted]街道[redacted]村 10 组[redacted]，公民身份号码[redacted]。

上诉人[redacted]雨花石工艺品厂[redacted]、许[redacted]民因与被上诉人罗[redacted]买卖合同纠纷一案，不服重庆市[redacted]区人民法院（2017）[redacted]民初[redacted]号民事判决，向本院提起上诉，本院受理后依法组成合议庭进行了审理。本案现已审理终结。

雨花石厂、许[redacted]民上诉请求：撤销原判，依法改判支持其一审全部诉讼请求。事实和理由：原审判决认定合同履行周期有误，对提货次数及数量的认定违反基本的商业常识，对提货须经罗[redacted]同意的认定亦属错误，其已按照合同约定提前20天通知罗[redacted]明确的要货数量，罗[redacted]不能提供符合合同约定的货物，应当按照要货数量赔偿其可得利益损失，以及差旅费、律师费损失。原审判决程序违法，对申请回避事项未依法作出决定，违反独任审判的规定。原审判决适用法律错误。

罗[redacted]未答辩。

雨花石厂、许[redacted]民向一审法院起诉请求：1. 罗[redacted]赔偿因违约而造成的合同履行后其可以获得的利益损失717000元；2. 罗[redacted]赔偿因违约而产生的实际损失的律师费[redacted]元；3. 罗[redacted]赔偿因违约而产生的实际损失的差旅费损失5000元；4. 罗[redacted]承担诉讼费用。

一审法院认定事实：2014年12月26日，雨花石厂、许[redacted]民（需方，乙方）与罗[redacted]（供方，甲方）签订《鹅卵石购销合同》，主要约定："……一、合同概况 1、乙方在重庆市区范围内，使用甲方的鹅卵石，甲方保证按时按需按规格向乙方供应鹅卵石。2、供货期：从2015年1月1日至2016年12月31日止。3、乙方年购买量不得低于贰万伍仟吨左右。二、产品名称、规格、颜色 ……2、产品规格：（2cm-6cm） 3、产品颜色：重庆市地区常规褐色（以样品封存大致颜色为准）。三、交货时间、地点及运输方式 1、交货时间：由乙方电话通知，但乙方必须提前20天通知甲方所需数量。2、交货地点：重庆市区甲方生产地。3、运输方式：乙方自行组织运输方式，运输过程中所产生的一切费用和全部责任均由乙方自行承担。四、价格、结算和付款方式 1、鹅卵石155元/吨（不含税），涨水季节另议……五、违约责任 1、乙方购买量若未达到约定购买量所差数额按150元/吨补偿给甲方。2、因甲方人为因素造成不能及时履行合同，应赔偿给乙方造成的损失……"。

2015年，许民与罗联系提货事宜，但未通知要求罗供货的时间及数量。罗由于机器故障，不能正常生产，遂与案外人签订若干鹅卵石购销或供应合同。其中，2015年2月8日，罗（乙方）与案外人胡波（甲方）签订《购销合同》，主要约定："……一、甲方将自己筛选的2-6公分的褐色鹅卵石交由乙方自行销售。二、单价：145元/吨（含运输上船交货）。三、数量：甲方必须保证每年向乙方供货1万吨……"。2015年全年，雨花石厂、许[redacted]民未在罗[redacted]处实际提货。

因雨花石厂、许[redacted]民2015年未实际提货，罗[redacted]于2016年8月22日向该院提起诉讼，诉请雨花石厂、许[redacted]民支付其2015年未按约定数量采购鹅卵石而造成的损失，后该诉讼请求被本院终审判决驳回。2016年10月30日，雨花石厂、许[redacted]民向罗[redacted]采购鹅卵石2200吨，同年11月10日，该批货物到达雨花石厂、许[redacted]民所在地码头。同年11月6日，雨花石厂、许[redacted]民再次到罗[redacted]处提货，因双方对货物质量问题发生争议，雨花石厂、许[redacted]民未予提货。经重庆丰都朝天门船务有限公司证实，本次拟运输鹅卵石的数量为2500吨。同年11月12日，许[redacted]民打电话通知罗[redacted]"按合同把货准备一下"、"按合同上把规格、数量准备一下"，罗[redacted]表示同意。同年12月7日，许[redacted]民到重庆市[redacted]区向罗[redacted]主张提货，双方见面前许[redacted]民电话告知罗[redacted]自己来[redacted]提货了，罗[redacted]表示自己有货，让许[redacted]民来提，但许[redacted]民明确表示，不接受上次那个货（同年11月6日双方发生质量争议的货物）。双方见面后，雨花石厂、许[redacted]民向罗[redacted]递交《催告》，罗[redacted]看了一眼后拒绝接收，许[redacted]民便将该《催告》张贴于罗[redacted]的车辆上。该《催告》载明："贵方务必在本月27日前抓紧备好双方合同约定的符合合同要求的所有数量的货物"。因双方对货物质量问题仍有争议，本次交易仍未成交。2016年11月至12月期间，许[redacted]民及其随行人员前往[redacted]产生差旅费2710元。2016

年12月19日，雨花石厂、许民因货物质量问题向该院提起诉讼，诉请罗赔偿2016年11月6日因货物质量不合格未实际提货而产生的船舶空运费、差旅费等损失。2017年11月3日，本院终审认定上述货物不符合合同约定，并判决罗赔偿雨花石厂、许民船舶空运费、差旅费等损失。

2016年10月8日，许民（甲方，供方）与案外人周忠（乙方，需方）签订《购货合同》，主要约定："……一、甲方按照乙方要求规格2-6cm左右，颜色褐色及时向乙方提供货物。二、供货时间从2016年11月20日至2017年11月20日。供货数量40 000吨以上，每吨价格为172元/吨。三、2016年11月20日前乙方必须向甲方支付订金计肆拾万元。四、提货地点为甲方在重庆市区（罗）供货货场，甲乙双方应现场验货合格后乙方自提，运费由乙方负责承担……"。2016年11月19日及次日，周忠通过转账方式两次共计向许民支付定金40万元。

2016年11月7日，雨花石厂、许民（甲方、委托人）与北京市君泽君（南京）律师事务所（乙方，受托人）签订《诉讼代理合同》，约定甲方与罗买卖合同相关的各纠纷案件，委托乙方指派律师作为代理人，甲方应当于合同签订之日起三日内支付基础代理费3万元。嗣后，雨花石厂向北京市君泽君（南京）律师事务所支付律师费元。2018年1月3日，雨花石厂、许民（甲方）与北京市君泽君（南京）律师事务所（乙方）签订《补充协议》，约定甲方再另行增补乙方代理费元，乙方负责“打包”完成甲方与罗之间的已经发生或可能发生的相关法律事务。嗣后，雨花石厂向北京市君泽君（南京）律师事务所支付律师费元。

2015年1月17日，许民前往重庆，产生机票费用530元。2016年12月19日至2018年3月15日，雨花石厂、许民的委托诉讼代理人张怀奇为处理双方前述两件诉讼案件及本案支出机票费用5008元、重庆本地交通费用139元、住宿费1823元、邮递费用40元、打印费用34元，共计7044元。

一审法院认为，雨花石厂、许民与罗之间的买卖合同关系依法成立并有效，双方应当全面履行自己的义务。本案的争议焦点有：1.罗是否应当对雨花石厂、许民的损失承担赔偿责任？2.雨花石厂、许民是否有可得利益损失？如果有，数额是多少？3.雨花石厂、许民的可得利益损失是否超出签订合同时罗预见到或应当预见到的损失？4.罗是否应当赔偿雨花石厂、许民律师费、差旅费损失？对此，该院评议如下：

1.关于罗是否应当对雨花石厂、许民的损失承担赔偿责任的问题。该院认为，如果罗违约，则应对雨花石厂、许民的损失承担赔偿责任。罗是否违约需考虑以下因素：(1)如果雨花石厂、许民按照合同约定提前20日通知罗所需供货数量而罗未备足符合约定的货物则为违约；(2)在雨花石厂、许[redacted]民通知供货数量不明确的情况下，如果罗[redacted]同意供货却未备足符合约定的货物则为违反后续约定，也应当视为违约。根据上述标准，2015 年，虽然许[redacted]民与罗[redacted]联系过提货事宜，但未按合同约定提前 20 日通知罗[redacted]所需供货数量，也无证据表明罗[redacted]曾承诺供货，因此现有证据不足以证明罗[redacted]2015 年违约。2016 年罗[redacted]是否违约的问题评析如下：（1）雨花石厂、许[redacted]民是否通知了罗[redacted]所需供货数量。2016 年 11 月 12 日、12 月 7 日，许[redacted]民通过电话、当面递交《催告》等方式主张提货，在电话中要求罗[redacted]“按合同上把规格、数量准备一下”，在《催告》中要求罗[redacted]备好“符合合同要求的所有数量的货物”。而在双方签订的《鹅卵石购销合同》中，仅约定了雨花石厂、许[redacted]民年购买量不得低于 25000 吨左右，而无关于每次购买数量的约定，且“不得低于”“左右”均表示概数，全年购买量也不明确。在庭审中双方对于电话及《催告》中关于供货数量的表述又不能达成一致意见，概难认定雨花石厂、许[redacted]民已通知罗[redacted]明确的供货数量。(2) 罗[redacted]是否违反了后续约定。2016 年 11 月 6 日，雨花石厂、许[redacted]民派船到罗[redacted]处拟购买鹅卵石 2500 吨，从双方对货物质量发生争议的情况看，本次供货是经罗[redacted]同意的。罗[redacted]同意供货后却因货物质量不符合约定导致雨花石厂、许[redacted]民未予提货，已构成违约。对于上述 2500 吨鹅卵石买卖未成交给雨花石厂、许[redacted]民造成的损失，罗[redacted]应当赔偿。

2016年12月7日，罗[redacted]同意雨花石厂、许[redacted]民来提货，却只能提供质量不符合约定的货物从而导致本次买卖未成交，已构成违约。对于本次拟交易的数量，根据同年10月30日雨花石厂、许[redacted]民提货2200吨、同年11月6日雨花石厂、许[redacted]民拟提货2500吨的事实及其代理人关于“每船一般在2000吨左右”的陈述、罗[redacted]代理人关于“长江水域江津段的通航能力在2000吨左右的船只”的陈述，该院酌定雨花石厂、许[redacted]民每次提货量为2500吨；又因为是时已是2016年12月7日，按照合同约定的履行期间、备货时间及船舶航行周期，该院酌定雨花石厂、许[redacted]民还可提货一次，故而本次交易的数量该院认定为2500吨。对于上述2500吨鹅卵石未成交给雨花石厂、许[redacted]民造成的损失，罗[redacted]应当赔偿。综上，罗[redacted]应当对两次交易共计5000吨货物未成交给雨花石厂、许[redacted]民造成的损失承担赔偿责任。罗[redacted]辩称其已多次要求雨花石厂、许[redacted]民及时提货，但雨花石厂、许[redacted]民以种种理由拒不提货，违约在先，罗[redacted]不应对雨花石厂、许[redacted]民的损失承担责任。对此，该院认为，上述两次交易未成交其原因在于罗[redacted]提供的货物不符合约定，不管罗[redacted]先前是否要求过雨花石厂、许[redacted]民提货，雨花石厂、许[redacted]民对上述损失的发生均没有过错，不能因此扣减罗[redacted]的赔偿额，更不能免除罗[redacted]的赔偿责任。

2.关于可得利益损失有无及数额问题。在雨花石厂、许[redacted]民催告罗[redacted]供货前，许[redacted]民已于2016年10月8日与案外人周[redacted]忠签订了《购货合同》，约定许[redacted]民以172元/吨的价格向周[redacted]忠销售相同规格的鹅卵石40 000吨，如果双方之间的鹅卵石买卖能够成交，则雨花石厂、许[redacted]民可以通过转售获得差价利润，因此雨花石厂、许[redacted]民的可得利益损失具有现实可能性。关于可得利益损失的计算单价，上述《购货合同》约定了销售价格及数量，并约定双方现场验货合格后周[redacted]忠直接在罗[redacted]货场提货，并自行承担运费。据此，如果双方之间的合同能够履行，则许[redacted]民可赚得差价17元/吨。根据上述《购货合同》的约定，许[redacted]民在交易中需要付出的成本主要是许[redacted]民随船陪同验货的差旅费等费用。根据2016年11月至12月期间许[redacted]民及其随行人员前往[redacted]产生差旅费2710元这一事实，许[redacted]民单次前往[redacted]的差旅费应当不超过2710元，在每次提货2500吨的情况下，每吨的成本应当不超过1.084元。因此，扣除许[redacted]民随船陪同验货的差旅费等成本，可得利润通常也会高于15元/吨。关于可得利益的计算数量，由于罗[redacted]在两次交易中违约导致双方对共计5000吨货物未成交，可得利益损失的计算数量为5000吨。按雨花石厂、许[redacted]民主张的15元/吨的差价计算，转售后可得利润75000元。

3. 关于可得利益损失是否超出签订合同时罗[redacted]预见到或应当预见到的损失问题。罗[redacted]主张，罗[redacted]在签订合同时对雨花石厂、许[redacted]民提货后能否销售及销售的价格、利润等均不能预见。对此，该院认为，虽然能否销售是不确定的，但雨花石厂、许[redacted]民购买鹅卵石是为了营利而非消费，提货后能够通过加工、转售等方式获得利润，应当是常态。且从双方在合同中的相关约定来看，合同专门约定了因罗[redacted]人为因素造成不能及时履行合同时应赔偿给雨花石厂、许[redacted]民造成的损失，说明罗[redacted]至少应当预见到其若不按约定发货则可能给雨花石厂、许[redacted]民造成损失。再者，雨花石厂、许[redacted]民购买鹅卵石的单价仅为 155 元/吨，但如果其购买数额未达到约定购买量，则所差数额需按 150 元/吨补偿给罗[redacted]。由此，罗[redacted]应当预见到，如果雨花石厂、许[redacted]民购买鹅卵石不能获得利润或获利较低，则难以接受如此高额的违约金条款。因此，按照 15 元/吨的标准计算可得利益损失，并未超出签订合同时罗[redacted]预见到或应当预见到的损失。

4. 关于律师费、差旅费损失的问题。雨花石厂、许[redacted]民举示的证据显示，差旅费绝大多数为其委托诉讼代理人处理相关诉讼事宜发生的交通费、住宿费等费用，律师费及上述差旅费与罗[redacted]违约没有必然因果关系，在双方并未约定一方违约应当向另一方赔偿律师费及实现债权的费用情形下，雨花石厂、许[redacted]民诉请罗[redacted]赔偿上述费用损失，该院不予支持。雨花石厂、许[redacted]民举示的证据中，另有一项系 2015 年 1 月 17 日许[redacted]民到[redacted]的机票费用，该项证据不足以证明该费用系因罗[redacted]违约所产生的损失，对于雨花石厂、许[redacted]民诉请罗[redacted]赔偿该项损失的主张，该院不予支持。综上，对于雨花石厂、许民诉请罗赔偿其律师费、差旅费损失的主张，该院均不予支持。

综上所述，因罗违约导致雨花石厂、许民不能提货，罗应当赔偿给雨花石厂、许民造成的可得利益损失75000元。雨花石厂、许民诉请罗赔偿其律师费、差旅费损失于法无据，该院均不予支持。依照《中华人民共和合同法》第六十条、第一百零七条、第一百一十三条、《最高人民法院关于审理买卖合同纠纷案件适用法律问题的解释》第二十九条、第三十条、《中华人民共和国民事诉讼法》第六十四条第一款、《最高人民法院关于适用〈中华人民共和国民事诉讼法〉的解释》第九十条规定，判决：一、罗在本判决生效之日起十日内赔偿雨花石厂、许民可得利益损失75000元；二、驳回雨花石厂、许民的其他诉讼请求。案件受理费11580元，减半收取计5790元，由雨花石厂、许民负担4952元，罗负担838元；保全费4520元，由雨花石厂、许民负担3720元，罗负担800元。

二审中，雨花石厂、许民提交重庆市高级人民法院（2018）民申号民事裁定书，拟证明罗不能按照合同约定供货，构成违约。雨花石厂、许民提交的其余证据均在一审中举示，而前述证据对本案基本事实的认定并无意义，故本院对其二审提交的证据不作为新证据采纳。

二审查明的事实与一审查明的事实一致。

本院认为，罗[redacted]虽就一审判决提出上诉，但经传票传唤，无正当理由拒不到庭，依照《中华人民共和国民事诉讼法》第一百四十三条、第一百七十四条之规定，本院按自动撤回上诉处理。

本案争议焦点在于罗[redacted]应赔偿的可得利益损失金额，以及应否赔偿差旅费、律师费损失。雨花石厂、许[redacted]民上诉认为，根据合同期限两年、其年购货量不低于25000吨的约定，在已提货2200吨的情形下，其通知要求罗[redacted]按合同约定的规格、数量备货，即明确通知罗[redacted]所需数量为47800吨。当事人应当按照约定全面履行自己的义务。当事人应当遵循诚实信用原则，根据合同的性质、目的和交易习惯履行通知、协助、保密等义务。按照合同约定，雨花石厂、许[redacted]民必须提前20天电话通知罗[redacted]所需数量。雨花石厂、许[redacted]民应在每次要求提货时向罗[redacted]明确通知其所需数量。合同中虽有“雨花石厂、许[redacted]民年购买量不得低于25000吨左右”的约定，但雨花石厂、许[redacted]民在履行中仍应按照前述约定履行通知义务。罗[redacted]未按合同约定的产品规格供货，构成违约。可得利益损失金额的确定有赖于雨花石厂、许[redacted]民通知的供货数量。雨花石厂、许[redacted]民在2016年11月12日的电话通知和12月7日的《催告》中均未明确其所需数量。一审判决综合全案查明的事实，酌情认定雨花石厂、许[redacted]民的可得利益损失为75000元，并无不当。雨花石厂、许[redacted]民的前述上诉理由与审理查明的事实，以及合同约定不符，本院不予采纳。律师费不是违约造成的必然损失，且案涉合同并无律师费由违约方承担的有关约定，一审判决驳回雨花石厂、许民的该项诉讼请求，并无不当。雨花石厂、许民所举示证据不足以证明其诉请的差旅费由罗违约造成，一审判决予以驳回，并无不当。综上，雨花石厂、许民的上诉请求不能成立，一审判决认定事实清楚，适用法律正确，依照《中华人民共和国民事诉讼法》第一百七十条第一款第(一)项之规定，判决如下：

驳回上诉，维持原判。

本案二审诉讼费10830元，由上诉人雨花石工艺品厂、许民负担。

本判决为终审判决。

审　判　长　熊　庆

审　判　员　夏

审　判　员　章

重庆市第 中级人民法院

二〇　　三日

本件与原件核对无异

书　记　员　刘

这一份判决，让人“爱又不能爱，恨又不能恨”，真是爱恨交加。喜的是，经历了两年多的这一场对决，虽充满各种艰辛，但最终还是以胜利收场了。恨的是，这一份终审判决，许民再一次没有要到“司法公正”。因为，判决里有几道无法愈合的硬伤：

一、许民的合同目的没有实现，没有提到47800吨货物，这是客观事实，由此产生的可得利益损失未得到填补。

二、许民的2016年12月7日的《催告》，其中要货的“数量”已是十分明确，对方要在20天内按“合同约定”供给“所有数量的”货物。对照合同约定的5万吨，“所有数量”清楚明了。只要对方能够足额供给，许民的合同目的，在合同履行期内就能实现。

三、再说许民的2016年11月7日的《催告函》，其中要货的“数量”，也是十分明确，对方要在20天内供给“该合同约定的”“下余”货物。“下余”货物是多少？50000吨－2200吨＝47800吨。只要对方能够足额供给，上诉人的合同目的，在合同履行期内也能实现。

四、暂不谈2015年要货的事，2016年证据证明了上诉人要货的有4次，分别是：(1)上诉人10月30日第1次当面要货并提货2200吨；(2)同年11月6日第2次当面要货（船舶放空）未果；(3)同年11月7～12日第3次函告和电话要货未果；(4)同年12月7日第4次当面和函告要货未果。毋庸置疑，上述无论哪一次要货，只要对方足额供给，上诉人都能实现合同目的。

五、2016年，对方两次书面通知我方提货，没有具体明确的“数量”；同年，我方也两次书面通知对方供货其中涉及数量，情况基本一模一样。法院在有利于对方而判决我方败诉时，不谈每“次”而谈每“年”，并据“年”判我方偿付违约金37.5万元；完全相同的情况反过来，在不利于对方而判决对方败诉时，法院不谈每“年”而谈每“次”，据“次”判对方每次偿付违约金3.75万元。

六、我方中途退货，导致对方不能实现销售获利，我方须赔对方

37.5 万元/年;反过来,对方不能供货,导致我方不能实现销售获利,对方就只须赔我方 3.75 万元/次。情况完全相同,判决大相径庭。

七、判决认为“虽然合同里有数量约定,但在每次提货时仍要说明数量”,显然违反逻辑,强词夺理。反过来,既然我方没有要货数量,那么推导在“没有数量”下要货为一船,岂不空穴来风。

不能不说,一审和二审的判决,法院无疑采用了“双重标准”。其实,这样的“双重标准”,在涉案处理中,早已客观存在,反复出现。

许民还要再为“公正”继续抗争吗?

以我个人做事的风格,凡事做到 90% 就够了。放人一线生机,于人于己都会有益。

如今,这个案件的处理结果,虽然没有满足许民最大诉求,但也实现了许民当初希求的奢望,应该说结果已经很不容易了。回顾本案走过的历程,从原告索赔 375 万元——一审判赔 37.5 万元—二审改判被告不赔并令原告倒赔 1.871 万元—被告反向原告索赔 77.8 万元——一审法院反向判赔 7.5 万元—最后到二审法院维持判赔 7.5 万元,其诉讼内和诉讼外的斗争是何等的艰难曲折,能够取得这样反败为胜的结果,这在司法实践中应该是十分罕见了。

只是,周忠的那个问题,还没有得到很好的解决啊。

第五节　没有矛盾就勿制造矛盾,适可而止不失明智之举

许民笑眯眯地坐在我的面前。

“张律师,昨晚我都没怎么睡得着。这个案件在我脑海中,就像放电影一样,一幕一幕的。我们在远隔千山万水的异地打官司,如今追求到这个结果,也是很不容易了,真是想不到呀”,他一边说一

边笑，“不管怎么说，是我赢了，真是出口恶气了。想想这些法官，有正直的，也有不正直的，你看这个二审熊法官判的什么案子啊，我真想干到底！”许民说到这儿，脸上的笑容开始回收。

“我考虑的倒不是干不干下去的问题，而是周忠要追究你的那40万元的定金损失如何解决，如果周忠不让步，这倒是个麻烦事。”我说。

“噢，是这样的，张律师，上一天，我找了一个跟周忠从小玩到大的朋友，一起出面与周忠协调，我把几份判决书都带给他看了，告诉他真的不是故意违约的，并告诉他有生意长久做，没必要这么认真，这么生气。那朋友也劝了他不少，最后他同意不再追究我了，让我把40万元本金早点给他。现在看来，这件事应该问题不大了。我前两天忙，都忘记告诉你了。”许民歉意地笑了笑。

“那倒是挺好。”我高兴地说。

“张律师，我们还要继续跟他们干下去吗？”许民问。

我想了想，对他说，“其实，干下去，还是不干下去，都可以成为我们的选项。倘若干下去，我们基础厚实，法理、事理都在我们这一边，尤其熊法官那个‘合同有数量还要说要货数量’的荒唐理由，很难不被攻破；倘若不干下去，我们心理上也完全可以接受。当初我们就曾说过，哪怕只赢一分钱也是成功，也是胜利。现在我们这个目的已经基本达到了。再后退一步想想，如果当初是熊法官是一审承办法官，就凭因为没有要货数量，说不定一审就判一分不赔呢。”

“那也是。”许民不自觉地点点头。

“我们是不是可以考虑见好就收呢？这样吧，我们还是先申请执行吧，其他的以后再讨论如何？”我说。

“好吧！”

按照我与许民的商量，就这么区区几万元，我们再亲往J区办理执行事项，是划不来的，于是，我们委托那个叫张国的法律工作者去承办。

我把申请书等材料全部做好寄给了张国，并嘱咐他要尽早立案执行，因为我们冻结罗虎账户截止的日期是 2019 年 1 月 16 日，故而时间上要抓紧，否则又要申请续冻。

2018 年 12 月 24 日，执行法官打来电话，要求我们将《执行结案说明》写好寄过去，而后他将执行款划转给我们。我随即照办。

随后，我收到 J 区法院的裁定书，一切如愿。

………

重庆市[redacted]区人民法院

结案通知书

(2018)[redacted]执[redacted]号

许[redacted]民、[redacted]雨花石工艺品厂、罗[redacted]：

申请执行人许[redacted]民、[redacted]雨花石工艺品厂与被执行人罗[redacted]买卖合同纠纷一案，重庆市[redacted]区人民法院于2018年5月8日作出的（2018）[redacted]民初[redacted]号民事判决书已发生法律效力。被执行人罗[redacted]逾期未履行该判决书确定的义务，申请执行人许[redacted]民、[redacted]雨花石工艺品厂于2018年12月14日向本院申请执行，请求被执行人支付可得利益损失75000元和保全费800元，本院依法受理。

在执行过程中，本院依法向被执行人送达了执行通知书、传票、报告财产令、限制高消费令。逾期被执行人未履行义务，本院依法划拨了被执行罗[redacted]在银行的存款77675元，用于支付申请执行人案款75800元，缴纳案件受理费838元，缴纳本案执行费1037元。至此，生效法律文书确定的内容已全部执行完毕，申请执行人基于执行依据的权利全部得到了实现。依照《最高人民法院关于人民法院执行工作若干问题的规定（试行）》第108条第（1）项的规定，现通知如下：

本院(2018)[redacted]执[redacted]号执行案件执行完毕，于2018年12月26日结案。

重庆市[redacted]区人民法院

二〇一八年十二月二十六日

第六节　成功源于底蕴的沉积，彩虹总在风雨后

转眼，时间来到2019年。

在悠然的日子里，我在慢慢等待J区法院解除当初对许民用于诉讼保全担保房屋的查封。这或许是我代理这宗案件所需要做的最后一件事务。

我同J区法院保全组电话联系，法官倒也是一个很实在的人，实打实地对我说，如果急需解除，我们就派人去房管部门办理；如果不急，该房屋查封3年期限没几个月就到了，到期就自动解除查封了，并表示解封办理与否会尊重我们的意见。

我电话问许民是何意见，许民说无所谓，自己尚没有卖房的打算。既然如此，我考虑到现在法官案多人少，真没必要去增加法官额外的劳动，于是告诉法官，若无急需我们等待自然解封，法官听后立即表示了谢意。

辞不掉许民的盛情，许民要我一定见见他的朋友们，并且开车来接我。

春日的黄昏，夕阳还没有完全退去。晚霞映照下的莫愁湖，水面泛起片片鱼鳞状的金光。水天相接处，一片淡淡的驼红。

多么美丽的莫愁湖景色啊！我真不明白，在民间传说中，为何要把莫愁女的故事描写的那么凄婉、悲凉？那种“挖去双眼，蒙冤投湖”的悲惨结局，令人痛惜和愤慨。若莫愁女活在今天，给她电脑，教她投诉；或给她普法，得以援助，结局一定不至于此……

正遐想之际，许民咧开大嘴向我走来，牵起我的一只手就往车旁走。

一路上，我们谈笑风生。路边的樟树，在微风中摇曳着鲜嫩枝

头,像是与夕阳欢快地挥手作别,又像是迫不及待地迎接下一个黎明。

许民邀请了一桌子的知己好友,早已等候。

我刚入座,许民眉开眼笑地介绍说,“这就是我平时跟你们说过的张大律师,他料事如神,本领可大了!”

众人一片啧啧之声。

这时,一个40多岁的女人,面无笑容地看着我,用十分平静的口气对我说,“张律师,许总刚才说你料事如神,也就是说,你会算命喽,你能不能给我算算,我今天遇到了什么事?”

我一听,心想自己哪会算什么命呀。于是,我上下打量了她一下,又注视了她一会儿,头脑飞速旋转,果决地对她说:“你今天车子被人家撞了。”

这女人一听,眼睛瞪得圆圆的,右手半捂着已经张大的口,吃惊地看着我。

一群人看看她,又看看我。不用说,大家都知道我是说对了。

众人不解,忙问其故。

我故意笑而不言。

许民也很惊讶,急忙问我,“张律师,你是不是真的会算命呀?”

“哪会呀,”我大笑了起来,对他说,“我是分析出来的。”

“那你是怎么分析的?”许民和大家一样,急于知道答案。

“你看,我和这位女士素不相识,今天才是第一次见面。按照常理,第一次见面,她不会向我提出这样的问题。但她今天一开口,就这样问我了。这说明,她今天真的遇上了什么事情。”

“一个女人,这一天,能遇上什么事呢?如果遇上严重的事,她今晚不可能还坐在这里参加宴席;如果遇上不严重的事,她又怎么会如此介意地放在脑海里。”

“是什么事既不严重,又让她这么不能释怀呢?若是家庭内部有纷争,她一定不会好意思在大庭广众之下说,那么,她遇上的必定是家庭以外的事。”

“家庭以外的又会是什么事呢?如果与同事、朋友闹矛盾、吵架什么的,她在这个场合也一定不会好意思说,那她一定是遇见了意外的情况。”

“什么意外的情况,使得她不能释怀而又好意思当众说出来,我看她这个年龄,以及她的穿着打扮,一定是个开车一族,那她今天遇到的事,应该就是跟这个车子有关,跟车子有关的会是什么事呢?应该就是撞车了。”

“如果是她撞了别人的车,是她自己的错,她不会这么郁闷或是纠结,只有别人撞了她的车,她才会这样。所以——我推导的结论是——她的车被别人撞了。”

众人听后,一片惊叹之声。一个矮胖子咧着嘴说,“许总,难怪你的官司能打赢呢,有这样的律师帮你,当然不会输。”

众人又是不住点头称赞。看样子,我今晚要火啊,只是不要被灌醉才好。

席间,围绕0008号案件的裁判结果,产生了对立的两派,争议激烈,好不热闹。一派认为,应该乘胜追击,向重庆高院申请再审,彻底纠正明显的错误,彻底教训哪些不公不义之人,不达目的绝不收兵,不遗余力维护公平和正义;另一派认为,要正视司法现状和现实,天下不平的事哪儿都有,要求每件事都公平也不现实,凡事得饶人处且饶人,做到一定程度就够了,绝对不要做得过头,俗话说,狗急了还会跳墙。

许民笑着,听听这个,听听那个,时而点头,时而沉思,看他那样子有点摇摆不定,又想再审,又想作罢。

那个40多岁的女人,一直竖耳听着,时不时发出笑声,一转眼看到我,又开口说话了,“张律师,如果许总申请再审,你给算算他是赢还是输?”

“哎呀,这个问题——要比你先头问我的那个问题难算多了,”我嘿嘿地笑着,“按我的掐指推算,如果许民今天喝醉,结果就一定会赢;反过来,结果就一定会输。当然,若他今天是在半醉半醒之间,那结果也就在半输半赢之间,所以这个结果完全取决于许民今天的表现喽”。

众人听后哈哈大笑,个个要许民喝酒。

玩笑归玩笑,其实,我认为,作为职业律师,应该养成观察、分析、推理的习惯。当你面对一个普通人时,他还没有开口,你就可以从他的指甲、鞋子、裤子的膝盖处,从他的表情以及他的袖口等任何一点上,明显地看出他的来历、行业和职业,这种锻炼能使一个人的观察力变得敏锐,分析力变得高强。对一宗案件的分析、推导也是一样,善于从纷繁复杂的现状中,预测事物未来的走向,这也是律师应该学会和应该掌握的技能。当初,我分析许民诉讼的结局,会有三种不同的形态,结果呢,事实就是这样一步一步地呈现了出来。所庆幸的是,我们追求到了最好的形态——一个反败为胜的上佳结局。

后　　记

历史上，赤壁之战、官渡之战、巨鹿之战，是我国古代三大经典反败为胜之战，每战都蕴涵着令人惊叹的谋略和智慧。用兵之道所承载的哲理，与诉讼之韬略，实际是同宗同脉。

这起地跨两省，历时两年有余，经历一审、二审、申请再审、执行等多个诉讼阶段和三级法院审判的案件，许民不占有半点天时、地利、人和，最终为何能得到反败为胜的结果？

从大的方面来说，法律武器是本案制胜的根本所在；与此同时，党和国家要求司法公正，倡导公平、正义，为本案的胜诉营造了良好的法制环境；此外，法官队伍的素质不断增强，执法水准的不断提高，也起到非常重要的作用。

从案件本身来讲，足智多谋，奇招频出，为赢得胜诉奠定了基础。这其中最主要的还是把握好了案件的几个重点环节：

其一，尺量卵石规格，得出货物质量不合格的结论。大凡买卖合同，质量争议总是破局的计策之一。倘若货物质量没有问题，当然就不存在这个“搏击点”。

其二，现场勘验，是核心之核心。单方取证证明对方质量不合格，包括规格不合格，那仅仅是单方证据。这样的证据，对方不会认可，法官认定起来也会很难，且若强硬认定，风险极高。有了三方的现场勘验并且现场签字，这就完全能够将事实固定死。

其三，通知要货和多头送达，是造成对方被动的重要因素。一方面,对方在短时间内没有能力供给全部的货物。对方供货不能,必然授人以柄;另一方面,用各种形式固定许民要货的意思表示,只要已送达到罗虎,就会使罗虎日后失去反击能力。

其四,“以后贡(供)货就没问题了”是关键性证据,对扭转败局起到重要的作用。

其五,将计就计、顺水推舟地使用法院判决基数和对方提交的卵石价格依据,成为主张可得利益损失计价的神来之笔;否则,可得利益价格无论如何确立,都没有坚实的根基。

上述这五个重点环节,是缺一不可的要素。

俗话说,“用兵如孙子,策谋三十六”,概括的是古人用兵之“韬略”和“诡道”。在诉讼代理之中,我们若能懂得去借鉴和运用,胜算就会增强。举例来说,在本案中我们明知货物不合要求,还将船舶放空提货;我们明知对方没货可供,还通过多种形式再三要求对方供货;我们明知反诉最为简单,不去反诉而搞成另诉强化抗衡力度;我们明知管辖异议是无稽之谈,还故意提出异议以换取自己想要的进展……这些奇招都为我们的制胜,起到非常重要的支撑和帮助作用。反过来,倘若代理对方,站在对方的角度思考诉讼之策,若是深谋远虑,胸怀大略,不是在合同期之内就“开炮”,而是坐等合同期结束再“动手”,此况之下,恐怕高手也难以破敌。

显而易见,诉讼代理需要丰富的智慧、谋略和经验,需要扎实的专业基础和法律知识,更需要奇巧的技战术。

2020 年 2 月

图书在版编目(CIP)数据

出奇制胜 ：诉讼代理技战术 / 张怀奇著. -- 北京 ：法律出版社，2020
ISBN 978－7－5197－4260－7

Ⅰ. ①出… Ⅱ. ①张… Ⅲ. ①民事诉讼－代理(法律)－研究－中国 Ⅳ. ①D925.104

中国版本图书馆 CIP 数据核字(2020)第 026616 号

出奇制胜
——诉讼代理技战术
CHUQI ZHISHENG
—SUSONG DAILI JIZHANSHU

张怀奇 著

策划编辑 周丽君
责任编辑 周丽君
装帧设计 汪奇峰

出版 法律出版社
总发行 中国法律图书有限公司
经销 新华书店
印刷 中煤(北京)印务有限公司
责任印制 张建伟

编辑统筹 独立项目策划部
开本 A5
印张 10.75
字数 260 千
版本 2020 年 4 月第 1 版
印次 2020 年 4 月第 1 次印刷

法律出版社/北京市丰台区莲花池西里 7 号(100073)
网址/www.lawpress.com.cn
投稿邮箱/info@lawpress.com.cn
举报维权邮箱/jbwq@lawpress.com.cn
销售热线/400－660－8393
咨询电话/010－63939796

中国法律图书有限公司/北京市丰台区莲花池西里 7 号(100073)
全国各地中法图分、子公司销售电话：
统一销售客服/400－660－8393/6393
第一法律书店/010－83938432/8433　西安分公司/029－85330678　重庆分公司/023－67453036
上海分公司/021－62071639/1636　深圳分公司/0755－83072995

书号:ISBN 978－7－5197－4260－7　**定价**:49.00 元
(如有缺页或倒装,中国法律图书有限公司负责退换)